行为设计学

Made to Stick

[美] 奇普·希思　丹·希思 _ 著　姜奕晖 _ 译

让创意更有黏性

Why Some Ideas Survive and Others Die

中信出版集团 | 北京

图书在版编目（CIP）数据

行为设计学．让创意更有黏性 /（美）奇普·希思，（美）丹·希思著；姜奕晖译．-- 北京：中信出版社，2018.10（2024.1 重印）

书名原文：Made to Stick: Why Some Ideas Survive and Others Die

ISBN 978-7-5086-9518-1

I. ①行… II. ①奇… ②丹… ③姜… Ⅲ．①商业心理学－研究 IV. ① F713.55

中国版本图书馆 CIP 数据核字（2018）第 219127 号

行为设计学：让创意更有黏性

著　　者：［美］奇普·希思　［美］丹·希思
译　　者：姜奕晖
出版发行：中信出版集团股份有限公司
（北京市朝阳区东三环北路 27 号嘉铭中心　邮编　100020）
承 印 者：河北鹏润印刷有限公司

开　　本：880mm×1230mm　1/32　　印　　张：12.5　　字　　数：245 千字
版　　次：2018 年 10 月第 1 版　　印　　次：2024 年 1 月第 13 次印刷
京权图字：01–2007–1883
书　　号：ISBN 978-7-5086-9518-1
定　　价：68.00 元

服务热线：400-600-8099
投稿邮箱：author@citicpub.com

关于封面设计的故事

找到你的核心想法，让它变得简单而且深刻，然后分享它。希思兄弟在《行为设计学：让创意更有黏性》一书中“简单而且深刻”地分享了他们让创意、想法被理解、被记住，进而行之有效的六个纲领性原则”——简单、意外、具体、可信、情感和故事。

“黏性”界面意在具体化和视觉化地表达这六个原则，事实上，这本书的封面设计就是这六大原则的践行。六大原则演化成界面的六个可控参数，通过合理参数的配置，产生界面中心的“勾搭”手势——创造脱颖而出的想法，增强用户黏性。

周滕家二郎

本书设计师

目　录

前言 何为创意黏性?

电影院爆米花的真相

阿特·西尔弗曼（Art Silverman）盯着一包电影院爆米花。这种东西放在办公桌上显得格格不入，整间办公室都弥漫着挥之不去的人造黄油味。西尔弗曼所在机构的研究结果证明，桌上的爆米花并不健康。不，实际上是极度不健康。西尔弗曼的职责就是想方设法地把这则信息传达给美国电影院里毫不知情的观众。

西尔弗曼效力于美国公共利益科学中心（Center for Science in the Public Interest，简称 CSPI），该中心是一所旨在向社会大众传授营养知识的非营利组织。公共利益科学中心收集来自 3 座大城市共计 10 余家电影院的爆米花，并将其送到实验室进行营养分析。实验结果让每个人都大吃一惊。

美国农业部（The United States Department of Agriculture，简

称 USDA）建议成人每日正常饮食摄入的饱和脂肪不超过 20 克。然而实验室的分析结果显示，每包爆米花平均含有的饱和脂肪高达 37 克。

其罪魁祸首是电影院用来爆玉米的椰子油。与其他油类相比，椰子油具有几项突出优势：既能让爆米花更漂亮、更光滑，又能让它散发出的香气更怡人、更自然。但遗憾的是，实验结果表明，椰子油富含饱和脂肪。

西尔弗曼桌上那包爆米花的分量不大——可以将其当成两餐之间的点心一扫而光——其含有的饱和脂肪却将近达到每日推荐摄入量的两倍。中等包装的爆米花就含饱和脂肪 37 克，那电影院售卖的大桶装爆米花的饱和脂肪含量无疑会暴涨到 3 位数。

西尔弗曼意识到，这项工作面临的挑战在于，鲜有人知道"37 克饱和脂肪"意味着什么，大多数人也不会把美国农业部的每日营养建议牢记于心。37 克脂肪到底好还是不好呢？即使直觉告诉我们那是不好的，我们还会想知道，究竟是"很坏的不好"（比如抽烟），还是"普通的不好"（比如吃饼干或者喝奶昔）呢？

老实说，"37 克饱和脂肪"这个表述容易让人感到乏味。西尔弗曼解释说："饱和脂肪四个字的吸引力为零，这字眼儿枯燥又学术，谁会去关注呢？"

其实，西尔弗曼可以借助视觉对照的手段，比如把爆米花所含的饱和脂肪量与美国农业部推荐的每日摄入量做成对比宣传广告。试想一幅柱状图，一根柱是另一根的两倍那么高。

这样做显得太过深奥，也太过理性。从某种意义上来说，针对爆米花含有饱和脂肪的指责并不合理，应该是荒谬可笑才对。公共利益科学中心需要一种方法来充分传递这条荒谬的信息。

对此，西尔弗曼想出了一个解决方案。

* * *

1992 年 9 月 27 日，公共利益科学中心召开记者会，发布了如下信息："城市普通电影院出售的'黄油'爆米花所含的饱和脂肪可能导致动脉血管阻塞，一份中号爆米花的饱和脂肪含量比一份培根加鸡蛋的早餐、一份巨无霸加薯条的午餐和一份充满配菜的牛排晚餐加起来还要高！"

公共利益科学中心的专家也没有忽略视觉效应，他们在电视摄像机前展示了电影院中的全套油腻大餐。人们一整天摄入的不健康食物悉数摆在桌上，而其中所有的饱和脂肪，才刚刚匹敌一小包爆米花。

这则新闻旋即轰动一时，迅速跻身哥伦比亚广播公司、美国国家广播公司、美国广播公司和美国有线电视新闻网等各大媒体头条；登上《今日美国》《洛杉矶时报》头版，以及《华盛顿邮报》时尚版面；就连知名脱口秀节目主持人杰伊·莱诺和戴维·莱特曼也都编了段子来调侃充满饱和脂肪的爆米花；妙趣横生的新闻标题更是层出不穷，比如"爆米花获评为限制级""灯光！开始！胆固醇！"和"电影院爆米花是脂肪的两片连映"等等。

就这样，这个创意产生了“黏性”。电影院的观众被这些研究结论弄得惶惶不安，一窝蜂地开始远离爆米花，爆米花销量也随之大跌。一天到晚都有顾客询问爆米花是不是用“劣等”黄油爆出来的，这类问题服务员都听得耳朵起茧了。不久后，包括联美影业、美国多厅影院和洛伊斯在内的美国各大连锁院线都宣布停用椰子油。[1]

关于黏性

这是一个创意获得成功的故事。更棒的是，这是个创意获得成功的真实故事。公共利益科学中心希望向世界分享一些必要信息，于是想出了这种传播理念的方式，试图得到人们的信任和关注。最后，这个创意产生了黏性。

坦白说，公共利益科学中心的“胜算”本来颇为渺茫。“电影院爆米花饱和脂肪过多”的故事缺乏一种骇人的吸引力。这个故事并不危言耸听，也不是特别富有娱乐性。此外，这则新闻还缺少天然的受众，我们很少会花时间对“爆米花新闻”穷追不舍。新闻里既没有当红的明星、模特，也没有可爱的宠物。

简而言之，有关爆米花的观念就像我们每天生活中的诸多想法一样——有趣但不惊人，真实但不震撼，重要但不关乎生死。除非从事广告或者公关行业，否则你可能不会有太多资源来助推你的创意。你并没有数百万美元的广告预算，也没有专业的炒作团队，你的创意要成功，还得靠它自身的本事。

我们写这本书的目的，就是要帮助你把自己的创意变得富有黏性。所谓“黏性”，是指你的创意与观点能让人听懂，能被人记住，并形成持久的影响。（换言之，它们能够改变受众的思想或行为。）

谈到这一点，我们有必要扪心自问：为什么需要让自己的创意产生黏性呢？毕竟，我们的日常交流不太需要黏性，类似“请把调味汁递给我”的这种对白一样也不必被牢牢记住。我们向朋友倾诉自己的感情问题，也并非希望这些话产生“持久的影响”。

所以说，并不是每个想法都需要黏性。笔者曾询问别人多长时间需要一个有黏性的想法，他们答复说频率通常是每月一次到每周一次之间，也就是每年 12~52 次。比如，经理希望员工记住有关新战略方向和行动方针的“重要构想”；老师努力将课程的主题、争议和趋势尽数传达给学生——盼着他们即便忘记具体的事例也能长久保留话题类别和思维方式；专栏作家总是试图改变读者对政策问题的看法；宗教领袖想要与自己的信众分享心灵的智慧；非营利组织则设法说服志愿者奉献自己的时间，鼓励捐赠者将他们的钱捐给有价值的事业。

虽然让创意产生黏性很重要，我们却绝少关注黏性的议题。我们平常接受的沟通建议不外乎这么几种，要么是关于表达方式的：“身子挺直，眼神交流，善用手势。练习、练习，再练习（但不要机械重复）。”要么是结构化方面的：“先跟他们讲你想讲的重点，再跟他们讲一些老话。”又或者：“首先要抓住对方的注意力，先讲个笑话或说个故事。”

还有一类忠告是要了解你的受众：“知道听众关心什么，才能投其所好。”最后还有沟通建议里最常听到的叠句：重复、重复，再重复。

诚然，以上建议确实有效，不过强调不断重复的这条忠告或许要除外。（如果说同样的事情你必须对别人讲10遍，那么这个想法本身的设计可能就有问题。世上可没有哪个都市传说需要重复10遍才能被人们记住。）但这些建议都有一个明显的共同缺陷：当阿特·西尔弗曼想要用最有效的办法告诉别人，电影院出售的爆米花确实有害健康时，这些建议没有一条能帮得上忙。

西尔弗曼当然知道要有眼神交流，也明白要事先多加练习。但他应该练习什么信息呢？西尔弗曼了解他的目标受众：喜欢爆米花但又意识不到爆米花很不健康的人。所以他应该跟受众分享什么信息呢？更棘手的是，西尔弗曼知道自己不可能随心所欲地重复——他只有一次曝光机会来吸引媒体的关注。

或者再来看看小学老师的例子。她明白自己的目标：讲授国家课程委员会指定的教材。她清楚自己的受众：具备一定知识水平和技能的三年级学生。她也知道如何有效演讲：不论是身体姿态、措辞还是眼神交流，样样都很在行。于是，目标很清晰，受众很明确，形式也很清楚，不过信息本身的设计却糊里糊涂。学生需要在生物课上学习有丝分裂，好，那接下来怎么办？教有丝分裂有无数种办法，哪一种会更有黏性？你如何才能预知最终效果呢？

本书缘起

由此，我们引出一个更为宽泛的议题：该怎样设计自己的创意，并使之更富有黏性？

笔者希思兄弟（奇普与丹）一直在研究创意如何产生黏性，已经长达十余年。我们的专业背景截然不同，但殊途同归：为什么有些创意能成功，有些却终告失败？

丹对于教育满怀热忱，与人合伙创办了一家名为思睿（Thinkwell）的出版公司，同时提出了一个稍显异类的问题：如果要从零开始编一套教材，用视频和新科技代替课本，应该怎么做？身为思睿公司的总编辑，丹必须和他的团队一起决定如何更有效地讲授各种科目，包括经济、生物、微积分和物理等。丹有机会与全美最杰出，同时最受学生爱戴的教师携手合作：微积分老师曾是位喜剧演员，生物老师曾获美国年度最佳教师头衔，经济老师还兼有牧师和剧作家的身份。本质上，丹从这些老师那上了一堂速成课——领会了伟大的教师何以伟大。丹还发现，虽然每位老师都有独特的个人风格，但整体的教学方法不谋而合。

奇普是斯坦福大学教授，他花了10年左右的时间研究为何糟糕的想法有时也能在社会市场中获得关注。错误的观点何以取代正确观点？某些想法何以更具有病毒般的传播性？为了探讨这些议题，奇普选择从“天生具有黏性”的想法领域入手，比如都市传说和阴谋论。这些年来，奇普对创意史上最不堪、最荒谬的传闻也如数家珍，再听什么也都不新奇了。以下只是极小的一部分例子：

- 如果你向迎面而来却前灯不亮的车闪大灯，黑帮成员就会朝你开枪。
- 中国长城是太空中唯一可以用肉眼看到的人工建筑。[万里长城的确很长，但并不宽。试想一下，如果在太空中能看到长城，那么也应该能看见任何一条美国州际公路，或许还能找到几家沃尔玛（Wal-Mart）大卖场呢。]
- 普通人只使用了大脑的 10%。（如果此条为真，那么大脑受伤也就没那么多后顾之忧了。）

奇普跟他的学生一起花费了数百小时搜集、整理和分析诸多天生具有黏性的概念：都市传说、战时传闻、谚语格言、阴谋论调和奇谈笑料……都市传说多半是编造的，但有许多天生具有黏性的观点所言不虚。事实上，众多天生就有黏性的观点中，最古老的类别恐怕要数谚语了：谚语就是一种能流传后世并能跨越文化的浓缩智慧。举例而言，“无风不起浪”这句谚语就可以在全球至少 55 种语言里找到相似的版本。

奇普研究了形形色色的天生具有黏性的想法，这些想法有的微不足道，有的意义深远。与此同时，奇普也对 1 700 多名受试者开展了 40 余项调查研究，实验课题包括：

- 为什么法国占星家诺斯特拉达姆（Nostradamus）的预言在400年后的今天仍有拥护者？
- 为什么《心灵鸡汤》（*Chicken Soup for the Soul*）的故事能鼓舞人心？
- 为什么无效的治病偏方仍能流传于世？

几年前，奇普开始在斯坦福大学讲授一门课程，名为“如何让创意具有黏性”。这门课的设想是，我们如果能了解创意何以天生具有黏性，就能更好地让自己的创意产生黏性。过去几年里，奇普这门课的学生已累计达数百人，这些人后来成了经理人、公共政策分析师、记者、设计师和电影导演。

言归正传，我们接着把本书的缘起讲完。2004年，我们突然顿悟，兄弟二人其实是从不同角度来探讨同一个议题的。奇普一直在研究和传授创意何以具有黏性，丹则在设法找出切实可行的办法来使创意产生黏性；奇普比较的是各类都市传说和创意故事的成功路径，丹则对比了许多数学和公共政策得遂所愿的经验之道；奇普是研究员兼老师，丹是从业者兼作家。（此外我们也深知，兄弟二人如此搭档合作，会让其父母感到何等欣慰。）

于是，我们想把富有黏性的创意（不论是先天生就还是后天创造）抽丝剥茧，逐步弄清其产生黏性的根由。为何都市传说如此吸引人？为何有些化学课程比其他课程效果更好？为何几乎每个社会都会流传一套谚语？为何有些政治理论广为盛传而有些则不然？

一言以蔽之，我们想深入理解“黏性”。“黏性”一词是从笔者欣赏的作家马尔科姆·格拉德威尔（Malcolm Gladwell）那里引述而来的。格拉德威尔在2000年出版了一部精妙绝伦的著作《引爆点》（*The Tipping Point*），书中剖析了引发社会现象倾覆、爆发的力量，驱动小圈子发展为大群体的力量，正如传染病传播范围扩张到某个临界程度后突然爆发一般。为什么暇步士品牌（Hush Puppies）能够起死回生？为什么纽约市的犯罪率突然直线下降？为什么《丫丫姐妹会的神圣秘密》（*Divine Secrets of the Ya-Ya Sisterhood*）这本书能大红大紫？

《引爆点》一书分成三个部分。第一部分论述要找对人，第三部分强调要找对环境，中间的第二部分则介绍了“黏性”。作者认为，如果创意观点具备“黏性”要素，就很容易引爆流行。《引爆点》出版问世后，奇普发觉“黏性”二字恰好完美概括了他在研究创意市场时一直看重的属性。

从某种意义上看，本书可谓是对《引爆点》的补充。我们将指出哪些特质为创意增加黏性，这在格拉德威尔的书中未能尽述。格拉德韦尔的兴趣在于研究社会流行现象的根源，我们则侧重研究有效的创意是如何构成的，为何有些创意产生黏性而有些则最终消失。虽然我们的关注点远离《引爆点》讨论的领域，但笔者仍要为“黏性”二字向格拉德威尔致以敬意。“黏性”这个词确实很有黏性。

谁让万圣节蒙上阴影？

万圣节期间，孩子们总会挨家挨户索要糖果等礼物。20 世纪六七十年代，“不给糖果就捣蛋”的习俗广受抨击，美国各地流传着万圣节虐待狂会在苹果和糖果里藏入剃须刀片的说法。这一传闻甚至影响到全美范围内的万圣节传统，父母们开始仔细检查孩子的糖果袋；学校在夜间敞开大门，好让孩童们能在安全的环境里玩要糖果的游戏；医院也自愿提供用 X 光（可供透视的电磁辐射）检查糖果袋的服务。

美国广播公司新闻节目在 1985 年举行的一项民意调查结果显示，60% 的家长担心自己的孩子会成为受害者。直到今日，很多家长还是告诫孩子，不要吃任何没有完整包装的零食。这个故事真令人难过，一个温馨美好的家庭节日被一群莫名其妙想伤害孩子的坏人给糟蹋了。这个事件在 1985 年出现了奇妙的转机，研究人员震惊地发现，所谓利用糖果害人的流行说法，原来不过是虚构的故事而已。

美国两位社会学研究学者乔尔·贝斯特（Joel Best）和杰拉尔德·霍里乌奇（Gerald Horiuchi）仔细查阅了自 1958 年以来的所有万圣节报警案件，结果没有找到任何一起陌生人用问题糖果来伤害孩子的案例。

的确曾有两个孩子在万圣节期间丧生，但都不是由陌生人造成的。其中一个 5 岁小男孩翻出了叔叔藏的海洛因，死于用药过量。孩子的家人最开始还给糖果撒上海洛因，企图转移自己的过失。另外一起案例则是父亲为了骗取保险金，在自己儿子的糖果里混入氰化钾将之毒死。[2]

换句话说，社会学研究证据明白无误地告诉我们，接受陌生人送的糖果完全没有问题，你该提防的恐怕是自己的家人。

过去 30 年间，有毒糖果的故事改变了数百万家长的行为。悲哀的是，这个谣言让邻里相互猜疑、不再信任。虚构传闻甚至改变了美国的法律，加利福尼亚州和新泽西州都通过新法案，勒令对糖果下毒者严惩不贷。那么，这个传言何以变得家喻户晓呢?

黏性创意的六大原则

某种程度上，万圣节有毒糖果的故事堪称前面所说的爆米花案例的邪恶版孪生兄弟。

两者都突显了寻常活动中隐含的意外危险（吃万圣节糖果可能受伤，吃电影院爆米花很不健康），两者都倡导了简单行动（检查孩子的糖果，拒食电影院爆米花），两者都运用了鲜明生动、易于记忆的具体形象（藏有刀片的苹果，满桌的油腻食物），两者也都抓住了情感要素（对万圣节毒糖果的恐惧，对电影院爆米花的反感）。

以下我们将会看到，创意终获成功的案例虽然包罗万象，但大多体现出相同的主题和特性。我们基于奇普所做的研究，综合数十位民俗学者、心理学家、教育研究员、政治学家和谚语搜集者的学术成果，得出这条结论：具有黏性的创意，往往也具有某些关键特征。我们不想夸大其词，黏性创意并没有“公式”可言，但这些共同特性使之更容易获得成功。

这就好比讨论杰出的篮球运动员所具有的特征一样。可以肯定的是，任何一位优秀球员都有自身的特质，像身高、速度、敏捷度、力度和球场感等。不过，你不需要所有这些特质才能变得伟大：有些人身高不足 1.8 米，而且骨瘦如柴，照样可以是出色的后卫。另外，拥有所有特质的人也未必就能出类拔萃：毫无疑问，很多 2.1 米以上的“高个子”动作又慢又笨。但很明显，如果你在自家附近的球场上打篮球，并且得从陌生人里挑队友，你大概更可能把赌注押在身高 2 米有余的家伙身上。

观点传播的成功也异曲同工。与之类似，我们能学会的一样技能是如何发掘观点中的“天赋异禀”者，就好比那位 2.1 米高的陌生球员。本书稍后将谈到赛百味（Subway）公司的品牌宣传活动，主角是超胖的大学生贾里德（Jared），坚持每天吃赛百味三明治后体重减轻了 200 多磅。这场广告攻势大获全胜。创意并非出自麦迪逊大道上那些知名的广告公司之手，而是源自一家加盟店老板善于发现动人故事的敏锐嗅觉。

不过我们跟篮球队员的类比到此为止：在创意领域，我们可以根据需要，对我们的“球员”进行基因改造。我们能够以提升黏性为目标，创造出特定的创意。

我们仔细研究了数百条具有黏性的创意，在其中反复看到六项原则在发挥作用。

原则一：简单（Simplicity）

如何才能找到观念的根本核心？一名成功的辩护律师指出："如果你从10个角度去辩护，即使每条论点都有理有据，但陪审团进了休息室后，一条也记不住。"要剥去层层外壳，直至核心议题，我们必须精通舍弃之道，毫不留情地区分主次。简单，并不是一味追求至简，甚至断章取义，而是努力提炼精要箴言。我们必须让表达既简短又深刻。黄金法则是简单的终极模型：一句话如此深刻，以至于一个人可以花一生的时间去学习跟随它。

原则二：意外（Unexpectedness）

如何才能吸引听众注意到我们的想法？如何在叙述过程中维持对方的兴趣？我们必须打破人们的期待，违反直觉。一袋爆米花对身体的危害程度相当于一整天摄入的油腻食物总量！我们可以出奇制胜，利用对方的出乎意料来提升警觉性和关注度。不过，单靠出乎意料并不能持久，要让想法延续下去，我们必须激发他人的兴趣和好奇心。如果让你来教本学年的第48堂历史课，你如何才能吸引学生的注意力呢？要长时间保持听众的好奇，我们可以先系统地给学生挖下一系列知识的"缺口"，然后再逐一填满。

原则三：具体（Concreteness）

如何才能把自己的观点表达清楚？我们必须借用身体行为和感官信息来加以阐释。很多商业领域的沟通正是在这一步上出了差错：宗旨声明、协同作用、战略方针和未来愿景……诸如此类的描述总是模糊得不明所以。天生具有黏性的观点都不乏具体形象，就像装满冰块的浴缸和藏了刀片的苹果，因为我们的大脑总是乐于记住具体的事物。以谚语为例，抽象的真理每每会改编为具体的词句，比如"双鸟在林不如一鸟在手"。信息具体化，是确保每一位对象都能真正接收到同等观点的唯一办法。

原则四：可信（Credibility）

如何才能让别人相信我们的创意？美国前公共卫生部部长埃弗里特·库普（C. Everett Koop）谈到某项公共卫生议题时，人们一般会毫不犹豫地接纳其说法。但在日常生活中，我们很难享有这等权威。创意要有黏性，必须具备相应的信用背景。我们必须设法帮助他人亲自证实这些构想，也就是观念世界中"先试再买"的行事哲学。我们每次想要论证某个说法时，总会本能地去寻求大量的数据支持，但在许多情况下这种做法并不明智。1980 年，罗纳德·里根（Ronald Reagan）与吉米·卡特（Jimmy Carter）在美国总统大选辩论会上狭路相逢，里根本来可以尽情地举出一堆统计数据来证明当时经济不景气，但他没有那么做。里根只问了选民一个可供亲身体验的简单问题："各位投票前请先问问自己，你目前的经济状况有没有比 4 年前更好？"

原则五：情感（Emotions）

如何才能让别人关注我们的创意？答案是必须得让他人产生某种情感。在电影院爆米花的案例中，我们让观众对危害健康一事感觉到厌恶，而"37 克"之类的统计数字并不能激起任何情绪。研究表明，人们总是更愿意捐助一个一贫如洗的人，而不是整片的穷乡僻壤。人们更容易产生感觉的对象往往是人，而不是抽象的事物。有时候，困难之处在于引发哪种情绪最有效。举例来说，想劝青少年戒烟，仅用威慑恐吓的方式给他们灌输吸烟导致的可怕后果，大概很难奏效，但如果激起年轻人对大烟草公司（Big Tobacco）欺诈行径的憎恨之情，就比较容易达成戒烟的目的。

原则六：故事（Stories）

如何才能让别人依照我们的创意行动？我们可以讲故事。消防队员自然会在每场火灾后交流彼此的故事，因而才积累了救灾经验。长此以往，他们便在脑中建立了更丰富、更完整的危机应急百科大全，以便根据不同的情境找到恰当的应对措施。研究显示，在脑中预演某一场景有助于我们在现实环境中表现更佳。同理，听故事也类似于一种心理上的飞行模拟器，让我们在回应时更快速，也更有效。

*　*　*

这便是创意得以成功的六项原则。归纳起来，就是我们用于打造成功创意的六项检查表：简、奇、具、信、情、事，亦即简单、意外、具体、可信以及带情感的故事。眼尖的读者或许已经发现，黏性创意六大原则的英文单词首字母可以缩写为 SUCCESs（成功）。好吧，这等巧合当然纯属“无心插柳”。[老实讲，第一项原则起初命名为“核心”（Core），但首字母缩写显然不及现在这样好记。]

成功	S	U	C	C	E	S	s
原则	简	奇	具	信	情	事	
	简单	意外	具体	可信	情感	故事	

运用这些原则并不需要特殊技能，世上可没有“黏性学家”这种职业执照。再者，好多原则听起来根本就是常识：我们不是单凭直觉就知道应该“简单”，应该多讲“故事”吗？喜欢冗长无趣的论说文的读者群想必也多不到哪里去。

且慢。我们既然断言这六大原则易于应用，而且多半又相当具有常识性，那为什么我们没见到铺天盖地而又经过完美设计的黏性创意呢？为什么我们日常生活中充斥的琐碎记事远多过谚语格言呢？

很不幸，我们的故事里有一位“大反派”。这个罪魁祸首是一种自然的心理倾向，它总是不断地破坏我们运用六项原则来创造观念的能力——“知识的诅咒”。[3]（本书将为这个词语一律冠上引号，以赋予它应有的戏剧效果。）

击节者与听猜者

1990 年，美国斯坦福大学研究生伊丽莎白 · 牛顿（Elizabeth Newton）[4] 凭借一项研究获得了心理学博士学位。她研究的是一个简单的游戏，受试者分别扮演“击节者”和“听猜者”两类角色。击节者拿到一份列有 25 首著名曲目的清单，包括《祝你生日快乐》和美国国歌《星条旗永不落》等耳熟能详的歌曲。每位击节者选定一首，然后在桌上把曲子的节奏敲给听猜者听。听猜者的任务是根据敲击的节奏猜出正确的歌名。（顺便说一下，要是身边能找到合适的“听猜者”，这个游戏在家里玩儿倒也很有意思。）

这个游戏里听猜者的工作相当不轻松。在伊丽莎白的实验过程中，击节者一共击打了 120 首歌，听猜者只猜对了 3 首，成功率仅为 2.5%。

凭这项结果怎么能拿到心理学博士学位呢？原来在听猜者猜歌之前，牛顿先让击节者估计猜中的概率。击节者预测的成功概率是 50%。

击节者满以为每表演两首曲子就能让对方猜中一首；但实际上，他们在平均击打了 40 首歌后，听猜者才成功听懂了一首。原因何在？

击节者一边在击打节拍，脑中难免会随之响起歌曲的旋律。

你不妨自己动手试试，把《星条旗永不落》的节奏敲出来，耳边肯定会听到这首歌。而此时，听猜者不可能感知到旋律，他们只能听见一串不连贯的敲击声——类似摩斯电码（Morse Code）那样古怪的节奏。

在这项实验中，击节者个个都非常惊讶，听猜者为什么费那么大力气还辨别不出曲目：这调子难道还不够明显吗？当击节者看到听猜者把美国国歌猜成《祝你生日快乐》时，脸上的神色更是难以言喻：你怎么会这么蠢呢？

击节者的处境也不容易。问题就在于，击节者一旦事先掌握了某种知识（比如歌曲名），就很难想象缺乏这种知识的情形。击节者击打节奏时，想象不出听猜者听到的是一个个离散的敲击声，而不是连贯的歌曲旋律。这就是“知识的诅咒”。我们一旦知道某种知识，就无法想象不知道这种知识时会发生什么，我们的知识“诅咒”了我们。我们很难与他人分享这些知识，因为我们无法轻易摸透听猜者那一方的心理状态。

其实，击节者 / 听猜者的实验每天都在世界的各个角落上演。“击节者”和“听猜者”，就是首席执行官和一线员工、老师和学生、政客和选民、营销者和消费者、作家和读者。每一组群体双方本该依赖持续不断的交流进行互动，但他们像击节者和听猜者一样，都受困于信息的高度不平衡之中。首席执行官高谈“释放股东价值”时，脑袋里正播放着一段员工听不到的旋律。

这个问题很难避免——首席执行官每日沉浸在这套商业逻辑

和例行公事里可能已长达30年之久，要一下转变这种习惯，就好比让射出的箭回头一样不切实际。木已成舟，覆水难收，人不可能重新学习脑中已有的“知识”。事实上，只有两种办法能真正克服“知识的诅咒”：第一种是什么也不学，什么都不知道；第二种则是彻底改造你已有的观点。

本书就是要教你如何改造自己的观点，从而打破“知识的诅咒”。之前提出的六项原则将是你的最佳武器，你可以将之视作一份检查表。我们一起来分析那位向员工宣布“股东价值最大化”的首席执行官。

这种说法简单吗？就字数而言确实很简短，但缺乏像谚语那样的简练。意外吗？不意外。具体吗？不具体。可信吗？也只不过是出自首席执行官之口而已。有情感吗？嗯，没有。是故事吗？不是。

我们来对照另一个例子。1961年，时任美国总统的约翰·肯尼迪发出一项著名呼吁：“10年内要将人类送上月球，再平安接回来。”简单吗？简单。意外吗？料想不到。具体吗？非常具体。可信吗？目标看似天方夜谭，但说话者倒是很可信。有情感吗？有。是故事吗？是超短篇。

肯尼迪若是某家公司的首席执行官，他大概会这样宣布：“我们的目标是依靠高度团结的创新机制，以及战略指向的航天创举，成为太空工业的全球领导者。”幸好肯尼迪比如今的首席执行官更追随直觉，他深知模糊而抽象的任务不能抓住人心，也无法激起遐想。美国登月任务正是宣传者极力避开“知识的诅咒”的经典案例。这个构想非同凡响，美妙绝伦，短短的一句话就动员数百万美国人为之奋斗了整整 10 年。

系统化的创意

请稍微花点儿时间，想象一下你认为特别擅长创意的那类人。脑海中浮现出这个人的模样了吗？这时，可能很多人都会描述出同一种刻板形象——“创意天才”，也就是当红广告公司里那些会不断蹦出宣传妙语的人。可能大家的想象相差无几：这些“创意天才”头抹发胶，衣着时髦；一本页角折起的笔记本从不离手，里面记满了讽刺文句和即兴语录；随时可以抛下一切，跑进举目皆是咖啡因和办公白板的房间里，开始长达 4 小时的头脑风暴会议。也可能，你心目中的刻板形象还没有具体到这等地步。

毫无疑问，某些人确实要比其他人更有创意。这或许是天生使然，但如果这样想，你大概永远也成不了黏性创意领域的迈克尔·乔丹。本书的前提：黏性创意可以后天养成。

1999 年，以色列一支研究小组 [5] 搜集了 200 例广受好评的广告，它们都是各大顶级广告竞赛中入围决赛甚至获奖的作品。研究人员发现，获奖广告中有 89% 都可以归入 6 种基本类型，或称为 6 套模板。这一发现相当惊人。我们可能以为伟大的创意都个性十足，但都是天生的创意大师突发奇想的成果。事实表明，6

套模板看似简单，却有力拨千斤之作用。

这些模板大部分与“意外”这项原则有关。比如说，其中的“极端结果”模板就是突出产品某项特性所带来的意料之外的结果。有一则汽车广告为了强调车载音响的威力，采用了这样的创意：当车载音响播放歌曲时，桥梁便会伴随音乐节奏摇晃起来；当音量调大后，桥梁晃动幅度也跟着加大，甚至到了几乎坍塌的地步。美国非营利组织广告委员会（Ad Council）为其他非营利组织和政府机构策划了大量公益广告，还曾为二战提出著名口号：“一言不慎，千帆尽沉。”说到极端结果，更不能不提20世纪80年代的反毒品宣传广告——“这是你嗑药时的大脑”——用煎鸡蛋比喻大脑［这个创意来自无毒美国伙伴组织（Partnership for a Drug-Free America）］。当然，“极端结果”模板也出现在各类天然具有黏性的故事里，牛顿因为苹果砸到头上而发现万有引力的故事便是一例。（如欲了解其他几套模板，请见本书末尾的注释部分。）

研究人员还从同类出版物和广告竞赛的落选作品中挑选出了另外200例广告，并尝试同样套用6套模板来进行分析。令人惊讶的是，当研究人员尽可能将这些“较不成功”的广告逐一归类时，只有2%的广告能归入某套模板。

这项研究留给我们的教训多少有些令人错愕：极富创意的广告要比没有创意的广告更循理守常。正如俄国大文豪托尔斯泰所著的《安娜·卡列尼娜》（*Anna Karenina*）中的经典开篇：“幸福的家庭都是相似的，不幸的家庭各有各的不幸。”富有创意的广告都是相似的，失败的广告各有各的枯燥无味。

如果说创意广告有规可循，总可以套用同样的基本模板，那么或许“创意”也可以后天学会。或许即便是毫无创意经验的初学者，只要掌握这些模板，也能创作出好的创意作品。以色列研究小组对创意的可习得性十分好奇，因此决定看看模板究竟能起到多大的教学作用。

研究人员找来三组广告新手参加实验，首先向每一组受试者简单介绍了三件产品，分别是洗发水、减肥食品和运动鞋。第一组广告新手在听完产品简介后立刻开始制作广告。接着，由一位经验丰富的创意总监从中选出 15 份最佳作品，这位创意总监并不知道广告制作人是否经过培训或者接受过怎样的培训。随后，15 则广告交由消费者评判。第一组受试者制作的广告相当惹眼，因为消费者大多认为广告“很烦人”。（这会不会就是车行广告总那么让人讨厌的原因？）

第二组广告新手接受了两个小时的培训，由一位经验丰富的创意讲师传授头脑风暴法。头脑风暴是创意教学的标准方法，不仅能拓宽联想，激发意想不到的关联，还能把大量的创意观念展示出来，供人们做出最佳选择。要是你以前旁听过头脑风暴的课程，那么老师所教的可能就是这种方法。

同样，由同一位创意总监从中挑出 15 份佳作，其同样不知道该组的受训方式。随后，这些广告再交由消费者评判。测评的结果显示，第二组受试者制作的广告不像第一组那么烦人，但创意好评度也相差无几。

最后一组广告新手也接受了两小时的培训，传授内容是如何运用 6 套创意模板。同样，同一创意总监挑选了 15 份最佳广告，然后交给消费者评判。根据测评结果，这组受试者的创意水平突飞猛进，原创性比其他组高 50%，广告作品给人留下正面印象的比例甚至高出 55%。只花两小时学习几套基本模板，这样的成效堪称惊艳！看来，创意观念确有系统化的生产方式可循。

*　*　*

以色列研究团队为广告制作所做出的改进，正是本书将为你的创意观念提供的帮助。我们会给你一系列建议，教你怎样让自己的想法变得更具创意，从而为受众带来更大影响。前面列出的六项原则检查表就是为此目的而设计的。

模板或者检查表的效用岂非十分局限？我们该不会是在主张“照数字涂颜色”比在空白画布上作画更有创造性吧？

没错，我们就是这个意思。你要是希望把自己的想法传达给他人，就应该遵循多年来已让各种想法先后获得成功的规则。你需要发明的是新构想，而不是新规则。

我们可以保证一点：不论你的“天生创造力”如何，我们都可以告诉你，只要一点点专注，一点点努力，就可以让几乎所有的创意都富有黏性，而黏性观念将产生至关重要的影响。你需要做的就是，理解并掌握黏性创意的六大原则。

01

简　单

精炼核心信息

简单是指我们应该“找到创意的核心”，剔除那些多余的干扰因素，因为我们在不可预测和混乱的情况下是很难做出明智的决定的。无论是美国西南航空公司取得的骄人成绩，还是克林顿成功竞选美国总统，都因为创意具有简单这一共同点。

美国陆军的每一项行动，都得经历严密周全的计划过程，甚至可以上溯到美国总统最初下达的命令。美国总统命令参谋长联席会议完成某项任务，接着由参谋长联席会议制定具体任务内容，随后这些命令和计划再逐级向下传达，从上将到上校到上尉，层层下达。

这些计划相当周详，“行动策略”和“火力规划”都必须详细规定：各个单位执行何种动作，使用何种装备，军需品如何补给，如此等等。各种命令都像雪球一般滚下去，一直滚到每一位步兵在每一个时刻该做出哪一项动作都有清晰的指令为止。

美国陆军在规划阶段投入了大量的精力，多年来计划流程也不断精益求精。这个系统是通信的奇迹，但它还是有一个缺点：计划到头来往往以失败告终。

西点军校行为科学与领导学系负责人汤姆·科蒂茨（Tom Kolditz）上校说：“我们老生常谈，‘一旦与敌方交手，一切计划就完蛋’，刚开始你可能还会坚持原计划投入战斗，但敌军也可能获得掌控战局的机会。常常会碰上意想不到的事情——天气变化、关键资源被毁和敌方突出奇兵。很多战争败北的原因就是事先将全部精力集中在创建计划上，但开战 10 分钟后计划往往就变得毫无用处。”

美国陆军面临的挑战，就好比你给一个替你下棋的朋友撰写每一步棋招。你可能把国际象棋的规则烂熟于心，对朋友和对手也了若指掌。但如果指望写下每一步棋的走法，你必输无疑。你顶多只能预测几步棋而已。当对方走出奇招，你的朋友绝对会抛开你的详细计划，转而依赖自己的直觉。

科蒂茨上校指出：“随着时间推移，我们慢慢才可能理解如何在复杂行动中制胜。”科蒂茨认为计划固然有用，但用处仅限于反映我们的确有过计划，计划制定过程强迫我们把众多重要议题逐个思考一遍。不过科蒂茨上校也坦言：“计划本身‘在战场上全然派不上用场’。”因此，美国陆军在 20 世纪 80 年代修改了一贯遵循的规划流程，提出了一个名为“指挥官意图”的概念。

“指挥官意图”是位于每道命令最前面的一种直白陈述，它能清晰地说明计划目标，明确指出该项任务所期望达成的最终结果。对于美国陆军的高层，“指挥官意图”可能比较抽象：“瓦解东南地区敌军的士气。”对于上校和上尉所处的战术层面，“指挥官意图”就显得非常具体：“我的目标是率领第 3 营攻占 4305 号山头，清扫山上的全部敌军，只留无战斗力的残兵，进而掩护第 3 旅侧翼安全穿越防线。”

“指挥官意图”绝不会悉数阐明诸多琐碎的细节，否则将在突发状况下失去用武之地。科蒂茨也说："无法执行原定计划倒也无妨，但你永远有责任执行原定意图。"换句话说，即使4305号山头只剩下一名第3营的士兵，他也得尽其所能掩护第3旅弟兄的侧翼。

"指挥官意图"可以在各个层面指导士兵的行为，无须上级长官下达每项行动的详细命令。只要知道了预期目标，大家就可以伺机行事，待时而动，想方设法达成目标。科蒂茨上校举了一个例子："假设我在指挥炮兵营，并且下令'我们在行进途中要穿过这支步兵部队'。这一指令对不同单位会有不同的意义。机械部队知道他们一路上要提供许多维护和支持，因为假如坦克在桥上抛锚，整个行动就会停滞不前；炮兵知道他们需要在步兵部队前进的交锋地带发射烟雾弹或由工程部门制造烟雾，从而保证步兵通过时免受射击。身为指挥官，我当然也可以花很多时间交代每项任务的细节，但其实只要大家知道最终意图是什么，就能审时度势，自己想出解决办法来。"

战斗演习训练中心是负责军事模拟演练的单位，该中心建议军官在确立"指挥官意图"时问自己两个问题：

（一）如果明天只能完成一项任务，我们必须__________。

（二）明天我们必须做的最重要的一件事是__________。

"一旦与敌方交手，一切计划就完蛋。"毫无疑问可以迁移到与军事背景毫无关系的领域："一旦与客户交手，一切销售计划就完蛋”“一旦与学生交手，一切教学计划就完蛋”。

当人们面对嘈杂混乱、难以捉摸的环境，实在很难使观点传达出去并为更多人牢记。若要使观点产生黏性，第一步就是要使其变得简单。所谓简单，绝不是指“化智为愚”或“断章取义”，也不是说一定得用粗浅词汇。我们这里所说的“简单”，是指找到观点的核心。

“找到核心”是说剥去外壳，直击本质。要找到核心，我们必须拔去“杂草”，剔除多余和不相干的元素。不过做到这一点还算容易，真正的难题是要把非常重要但并不是最重要的观点也给“拔掉”。美国陆军的“指挥官意图”迫使军官把军事行动中最重要的目标找出来，其价值就在于万法归一。我们不该有 5 颗北极星，不该有 5 个“最重要目标”，也不该有 5 个“指挥官意图”。找到核心的过程，就好比写下那句唯一的“指挥官意图”，就得丢弃许多精彩见解而让最重要的观念脱颖而出。

法国飞行员兼作家、世界畅销童话小说《小王子》（*Le Petit Prince*）作者安托万·德·圣埃克苏佩里（Antoine de Saint-Exupéry）曾为“优雅设计”下了这样的定义：“工业设计师知道自己的作品在臻于完美时，并不在于无以复加，而在于无从删减。”创意设计师在塑造简单想法时，也应该追求同样的目标：了解某个创意在触及其本质之前可以“榨出”多少东西。

事实上，我们接下来就要遵照自己提出的建议，为这本书去芜存菁，只留下核心。本书的核心就是，要让创意产生黏性有两大步骤：第一步，找到核心；第二步，借助六大原则检查表转换核心。就这么简单。我们将在本章的后半段开始讲解第一步，然后在本书其余部分阐述第二步。首先我们一起来探讨——为什么美国西南航空公司（Southwest Airlines）要故意忽视乘客的用餐需求。

西南航空的核心："全球票价最低的航空公司"

众所周知，西南航空是一家成功的公司，该公司的业绩遥遥领先。虽然从美国航空业整体来看，其利润空间不大，但西南航空 30 多年来长期保持着盈利状态。

西南航空的成功原因数不胜数，可能得另写一本书来详谈，但最重要的一项因素应该是始终如一地坚持降低成本。每家航空公司都想降低成本，但西南航空已奉行数十年之久。要让这项战略生效，公司必须协调数千名员工，从市场营销人员到行李搬运工，无所不包。

西南航空就有这样一个"指挥官意图"、一个核心，用来担纲指导员工协调工作的至高准则。詹姆斯·卡维尔（James Carville）和保罗·比加拉（Paul Begala）如是说：

> ［西南航空任职最久的首席执行官］赫伯·凯莱赫（Herb Kelleher）曾告诉别人："我可以在 30 秒内告诉你运营这家航

空公司的秘诀：我们是全球票价最低的航空公司。一旦认清这一点，你就可以给公司的未来做出任何决策，绝不会逊色于我。”

“给你举个例子，”凯莱赫说，“市场部门的特蕾西走进办公室告诉你，她的问卷调查显示，休斯敦开往拉斯维加斯航班上的乘客更想要一份清淡的小菜。我们目前只提供花生，特蕾西觉得来一道鸡肉凯撒沙拉应该会大受欢迎。你意下如何？”

对方支吾了一阵，于是凯莱赫接着说道：“你应该说，‘特蕾西，加一道鸡肉凯撒沙拉会让我们在休斯敦到拉斯维加斯航线上成为全球票价最低的航班吗？要是这没法帮我们成为所向无敌的最低价航空公司，我们就不会提供什么鸡肉凯撒沙拉。’” [1]

凯莱赫的“指挥官意图”就是“我们是全球票价最低的航空公司”。这个观点很简单，但足以奏效，因为它已经指导西南航空的全体员工长达 30 余年。

当然，“全球票价最低的航空公司”这个核心并不是其成功的唯一要素。比如，西南航空在 1996 年有 5 444 个职位空缺，却收到了 124 000 份申请，因为应聘者都认为这里是极佳的工作场所，这还真令人意外。给吝啬鬼干活本来不该是什么有意思的事儿，很难想象沃尔玛大卖场的员工会笑着忙上一整天。

西南航空做到了。我们不妨把西南航空的指导原则看成一圈又一圈的同心圆。最靠近中心的那个小圆，是核心——“全球票价最低的航空公司”。不过，外圈紧邻的那一个圆可能就是“上班快乐”。西南航空的员工都知道，在上班时间享乐完全没有问题，只要不影响公司保持“全球票价最低的航空公司”这个领先地位就可以了。新入职的员工也很容易把这些原则综合在一起，运用到意想不到的偶发状况中。比如说，我们能不能借用飞机扩音器来跟某位空乘人员开个生日玩笑呢？当然可以。那么为了给她庆祝生日，在飞机上抛撒彩色纸屑呢？这个，可能不行——纸屑会给清洁人员增加额外的工作，额外的清洁时间就等于抬高票价。这个例子正类似于步兵根据“指挥官意图”见机行事的趣味版本。考虑周详的简单原则可以成为力拔千钧的行为指导准则。

友情提醒：将来，在你读完本书的几个月后，你还会记得黏性创意成功检查表里有“简单”这一项。接着，你脑中的辞海便会自然而然地检索“简单”的同义词，然后你就会找到像寻找最简公分母、简化和傻瓜化等关联词语。而在那一刻，你应当提醒自己不要忘记我们讨论过的案例。本章所提及的“全球票价最低的航空公司”等例子之所以符合简单原则，并不是因为其用语浅显，而是因为其反映出了“指挥官意图”。简单原则追求的是简练精确和轻重有序，而绝对不是化智为愚。

善用倒金字塔结构，避免埋没导语

新闻记者一定都学过，报道开头部分应该点明全文最重要的信息。新闻的第一句话被称为导语，它包含了这则报道的诸多要旨。好的导语可以传达大量信息，例如下面两段导语就摘自获得美国新闻编辑协会奖（American Society of Newspaper Editors）的报道文章：

> 周五，在一次被医生们形容为长达4小时的、一帆风顺的移植手术之后，一颗健康的17岁心脏通过34岁的布鲁斯·默里（Bruce Murray）之手再度搏起生命的脉动。[2]
>
> * * *
>
> 耶路撒冷，11月4日——以色列总理伊扎克·拉宾（Yitzhak Rabin）今晚遭一名犹太右翼激进分子射杀身亡，当时拉宾正要离开特拉维夫一个由10万余人参加的和平示威集会。此次事件令以色列政府和中东和平进程陷入混乱。[3]

在导语之后，其他信息按照重要性递减的顺序呈现。新闻从业人士称之为“倒金字塔”结构，亦即最重要的信息（金字塔最宽处）位于最顶端。

倒金字塔结构对于读者而言非常重要。不管读者注意力维持多久，也不管读者只读导语还是通读全文，倒金字塔结构都能让读者获取尽可能多的信息。反过来想，如果新闻报道写得像悬疑小说，戏剧性的高潮安排在结尾，那么半途而废的读者就永远看不到重点了。我们能想象，非得读到新闻报道的最后一句话才知道谁赢得美国总统大选或者超级碗冠军的情况吗？

倒金字塔结构也能让报纸及时出炉。试想，如果传来一则最新的突发消息，迫使编辑必须占用其他新闻的版面。若没有倒金字塔结构，编辑就得字斟句酌地仔细删减其他文章；而有了倒金字塔，编辑只要从末尾开始砍掉几段就可以了，因为倒金字塔结构告诉我们那些末尾段落是最不重要的。

根据一种不太可靠的说法，倒金字塔结构始创于美国南北战争时期。当时所有记者都得用军用电报把新闻稿传回通讯社，但电报随时可能中断，记者随时可能被军事人员推开，通讯线路也随时可能完全切断——这些事在战场上都很寻常。记者永远无法估计还剩多少时间可供传送稿件，所以只得先发送最重要的信息。[4]

新闻记者对导语的拟写极为考究。多次获得社论写作奖的唐·威克利夫（Don Wycliff）说："我一直认为，如果我只有2个小时写完一篇报道，那么最佳计划是花前1小时45分钟写成一段出彩的导语，之后的内容自然就水到渠成了。"

既然好的导语就是成功的一半，那为什么有的人就是做不到呢？因为这些记者常犯的毛病正是纠缠于细枝末节，却看不到报道的核心，从而抓不住读者认为重要或感兴趣的内容。资深新闻撰稿人埃德·克雷（Ed Cray）是南加利福尼亚大学传播学教授，有近30年新闻教学经验。克雷认为：“一篇稿子写得越久，就越容易迷失方向。你会变得像盲人摸象一样，只见树木不见森林，最后连文章主旨都给忘了。”

迷失方向，漫无主旨，这类问题实在司空见惯，而新闻业界还为之起了个名字：埋没了导语。要是新闻记者让稿子的核心要素滑到远离故事框架的边缘，就叫“埋没了导语”。

撰写导语，避免埋没，正是找到核心的一大绝妙譬喻。找出核心和撰写新闻导语一样，都必须强迫自己排定优先顺序。假设你是一位战地记者，电报线路中断前只能发送一则消息，那会是什么呢？结果只能有一句导语，一个核心。你必须做出选择。

强迫自己排定优先顺序相当痛苦。聪明人从整件事中能看出价值，发现各种差别细微而又多姿多彩的角度；也恰恰因为洞察情境的复杂性，他们往往沉溺其中无法自拔。通往复杂的倾向，排定先后的必要，两者总是相生相克。要在复杂的情况下分辨出轻重缓急，这项艰巨任务正是詹姆斯·卡维尔在1992年比尔·克林顿竞选总统时所面临的难题。

信息传递的轻重缓急

竞选活动真可谓滋生决策焦虑的温床。你要是觉得目前所在的工作单位已经状况百出了，那么请试想下文的这项挑战：你必须从零开始，打造一个全国性的组织，依赖的人手全是些毫无经验的义务工作人员；你只有一年左右的时间来组建这支团队，还得无止境地供应甜甜圈；组织里每个人都要按照同一本赞歌歌谱合唱同一首歌，但你又腾不出时间给合唱团排练；各路媒体恨不得让你每天都能唱一首新歌。火上浇油的是，你还得时刻提防竞争对手，这些人成天在你的歌词里横挑鼻子、竖挑眼。

比尔·克林顿1992年的竞选活动可谓是困难环境中运用黏性创意的经典案例。除了总统竞选通常会遭遇的难题之外，克林顿自己更是让竞选雪上加霜。克林顿本人天生是个政策白丁，每逢别人提问某项议题，他都会武断生硬地说教半天，根本答不到关键点上。

身为克林顿的重要政治顾问，詹姆斯·卡维尔必须迎难而上，应对这些复杂状况。一天，卡维尔为了让自己保持专注，便在白板上写下三句话给全体助选工作人员看。其中一个临时想出来的句子："关键是经济啦，笨蛋。"这句话后来成为克林顿成功竞选的核心观点。

"笨蛋"两个字是他为了要取笑助选成员加上去的，为的是要提醒他们别忘了问题的真正焦点。"这句话很简单，也很自我否定，"卡维尔解释道，"我的意思是说，'我们别想着要小聪明，别总自以为是。只要记住基本问题就行了。'"[5]

应当关注焦点，这番道理其实也适用在克林顿本人身上，或者说特别应该用在他身上。克林顿曾一度因为必须听从他人劝告不再讨论政府预算平衡问题而相当不悦，与此同时，第三方总统候选人罗斯·佩罗（Ross Perot）却因预算平衡的主张而大获好评。克林顿大为不解："这个问题我已经谈了两年，为什么佩罗参选后我就不该再谈呢？"克林顿的智囊团只好告诉他："问题得分轻重缓急。你要是说三件事，就等于一件也没说。"

"关键是经济啦，笨蛋"，这正是克林顿故事的导语，而且是很恰当的导语，因为1992年美国经济正处于很不景气的低潮。但如果"关键是经济啦，笨蛋"已是导语，那么政府预算平衡问题就不该登上头条。于是卡维尔只得阻止克林顿，以防他把导语亲手埋没了。

抓住核心，有效避免决策瘫痪

排定先后次序为何这么困难？从理论上来看，这个问题并不难。只需要把"重要"目标放在"次要"目标前面，把"关键"目标放在"有用"目标前面。

如果难以分清"关键"和"有用"呢？有时候两者的区别并不明显。这时往往必须在一个"未知"和另一个"未知"之间做出选择，这种复杂状况往往让人无从选择。事实上，心理学家研究发现，过度的复杂性和不确定性会使人做出不理智的决策。

1954年，美国经济学家伦纳德·吉米·萨维奇（Leonard

Jimmie Savage）描述了他所观察到的人类决策基本规律，并称之为“确定事件原理”。[6] 萨维奇使用下面这个例子详加说明：一名商人打算购置一处房产。当地不久即将举行选举，他推想的选举结果可能影响到这笔生意的收益状况。为了明确自己的决定，他预先设想了两种可能的情境：其一，如果共和党胜出，他决定买；其二，如果民主党胜出，他也一样会买。既然两种情况下他都会买，那就不必等到选举结果揭晓就可以直接买下来了。这个决定似乎相当明智，而且应该很少有人会质疑萨维奇的逻辑。

事实上还真有两位心理学家提出了异议。以色列心理学家阿莫斯·特沃斯基（Amos Tversky）和埃尔德·沙菲尔（Eldar Shafir）随后共同发表的论文就证明，“确定事件原理”并不总是确定。[7] 两位学者研究发现，人们在做决定时会受到不确定性情境的影响，即使这种不确定性跟选择的结果毫无关联（就像商人购入房地产的例子）。比方说，假设你是位大学生，圣诞假期的两个星期前刚考完一场重要的期末考试。此前你已经为这场考试准备了好几个星期，因为这是一门将会左右你未来职业生涯的科目。

现在，你还得多等两天才能知道考试成绩。而就在此时，你偶然看见一条广告，圣诞期间去夏威夷度假可享受超低价折扣。于是你面临三个选择：要么今天马上购买下来；要么今天就放弃；要么先付 5 美元订金把这个特惠价位预留两天，等成绩出来以后再做决定。你会怎么做呢？

你可能比较希望先知道考试结果再做决定，参与这项实验的学生多半也这样想。于是，特沃斯基和沙菲尔干脆为其中两组受试学生解除了这一不确定性，他们把考试结果提前告诉了这两组学生。一些学生获知自己考试通过，共有57%的人决定出发去度假（毕竟这是很棒的庆祝活动）；其他学生得知自己考试没能过关，结果其中54%的人也选择去度假（毕竟这是很棒的减压发泄方式）。不管考试有没有通过，学生们都巴不得马上飞往夏威夷。

接下来，更有意思的事情发生了。实验中还有一组学生跟你一样还不知道期末考试结果，这批人的想法却截然不同：其中大多数人（61%）都选择花5美元多等两天。仔细想想看吧！考过了，想去夏威夷；没考过，也想去夏威夷；不知道自己考没考过，反而要……再等等看？这可不太像“确定事件原理”的运作方式。这就相当于，我们之前那位商人打算等到选举结果出来以后再决定，尽管明明不论结果怎样他都很乐意买入房产。

特沃斯基和沙菲尔的研究告诉我们，不确定性（即使是毫不相干的不确定性）会让人决策瘫痪。沙菲尔和另一位心理学家唐纳德·雷德梅尔（Donald Redelmeier）所做的另一项研究表明，选择过多也可能导致决策瘫痪。比方说，假设你还在念大学，某天晚上面临以下选择，你会怎么做？

（一）去听一位让你心仪作家的讲座，他只在当晚来校访问；

（二）去图书馆学习。

一边是机会稍纵即逝的演讲，一边是看书学习，后者听起来可不太吸引人。第一组受试学生面临这项决策时，只有 21% 的人决定去图书馆学习。

然而，假设把选择增加到了 3 项：

（一）去听心仪作家的讲座；

（二）去图书馆学习；

（三）去看一部一直想看的外国影片。

难道说答案会有所不同吗？令人吃惊的是，另一组受试学生面临 3 种选择时，决定去图书馆学习的人占到了 40%，几乎是前一组的两倍之多。在学习之外提供两种有趣选项，而不是仅有一种，这样反倒让学生不想选其中的任何一项。这种行为虽不“理性”，却很人性。

排定先后次序可以将人们从决策焦虑的困境中解救出来，因此找到核心就显得至关重要。读者朋友必将反复遇到充斥着不确定性的环境，还得勉强做出决策。选择常常使人饱受焦虑之苦，即使面临两个好选择也是如此，就如同必须在听讲座和看电影之间做决定。

核心信息可以提醒你真正重要的东西，进而帮助你避免做出坏的选择。就以赫伯·凯莱赫与西南航空的故事为例，如果你必须在提供鸡肉沙拉和不提供鸡肉沙拉之间做出选择，那么“全球票价最低的航空公司”这一观点就能帮助你放弃鸡肉沙拉。

创意诊断

本书旨在帮助你使自己的创意更有黏性。因此，我们将在本书中不定时插入“创意诊断”，借助实际案例来阐明如何加强创意的黏性。开设创意诊断的灵感来源于瘦身中心常用的“减肥前/减肥后”对比照片——减肥效果往往一目了然。创意诊断的“接诊”观点正如打算节食瘦身的顾客，多半都需要不同程度的调整和修正：有些需要动用“激烈”的手段，像是胃缝合术、抽脂手术等；有些只需要腰部减掉几磅赘肉即可。

创意诊断的初衷绝不是要向读者炫耀我们的创意天赋，因为我们并非创意天才。创意诊断的用意是给大家做示范，展现黏性创意的详细过程。传统的免责声明会敬告人们请勿模仿，但创意诊断恰好相反，我们希望你尽量学着做。不论你有什么想法，都可以尝试思考如何利用本书提到的原则加以改进。

创意诊断并非本书的主干内容，而是由笔者补充写就。你完全可以跳过创意诊断的部分继续往下读，但我们还是期待你可以从中有所获益。

创意诊断

警告：日晒危险

背景

美国俄亥俄州立大学的健康学者希望告知社会大众：日晒具有危险性。

* * *

信息一

以下文字摘自俄亥俄州立大学介绍日晒问题的一个网页[8]。为了方便分析，我们为每个段落增加了数字标号：

日晒：预防和保护

(1) 人们往往认为，皮肤晒成小麦色或古铜色是一种身份的象征。在一般人的观念里，能够长时间躺在太阳下晒黑或是能够在寒冬时节跑到热带地区旅行的人，一定比“平常人”更有钱和有闲。无论如何，很多人总是一心想在早春时节就把自己晒黑，又或者带着健康热情的肤色度假归来。姑且不论晒黑是否真的象征着社会地位，但不当的日晒有害健康。日光中的紫外线不仅损害皮肤，还会引发视力问题，产生过敏反应，进而破坏免疫系统。

（2）皮肤晒黑和皮肤灼伤都是由日光中的紫外线造成的。紫外线看不见、也摸不着，但能穿透皮肤，刺激含有褐色色素（称为黑色素）的细胞。黑色素能够吸收和散射紫外线，进而起到保护皮肤的作用。肤色较深者体内含有大量的黑色素，与肤色较浅者相比更具有防紫外线的自然能力，也更容易晒黑。金发、红发以及浅肤色的人所含黑色素较少，因此较容易晒伤。

（3）黑色素在受到紫外线刺激后，便会上升到皮肤表面形成深色肤色，保护皮肤免遭更多的日晒伤害。肤色较深者（如橄榄色、褐色和黑色的人）对不当日晒所造成的伤害也没有免疫能力。

（4）日光中含有两种紫外线：紫外线 A（UVA）和紫外线 B（UVB）。紫外线 B 会造成皮肤灼伤及发红、提前老化和皮肤癌等危害。紫外线 A 能刺激肤色变深，但同时也会导致其他问题，如视力受损、皮疹、过敏以及其他药物反应。

（5）过度日晒所造成的皮肤损伤会经年累积，并且无法逆转。伤害一旦造成，就无法复原。严重持久的损伤大多数在18岁以前形成。因此，采取防护措施应当越早越好，尤其应保护喜欢在户外太阳下玩耍的孩童。

在你阅读下面的评析之前，请先回头重读一遍这则信息。你觉得哪些地方需要改进？怎样改写？

信息一评析

这段文字的导语在哪里？核心是什么？文章第一段从晒黑象征社会地位切入，但这只是用来吸引读者的注意力。（事实上，说到“姑且不论晒黑是否真的象征社会地位……”的时候，文章自己也承认了这一点。）在笔者看来，文章直到第五段才提出了核心问题：“过度日晒所造成的皮肤损伤会经年累积，并且无法逆转。”哇，这不正是我们想告诉日光崇拜者的最重要的事吗？相比之下，第二段至第四段所提供的只有原理性的多余信息。打个比方，烟民真的需要了解肺部的工作原理才能懂得吸烟的危害吗？

* * *

下面这篇文章中，我们将前文段落重新排序，文字也稍加修改，希望能把埋没了的导语重新挖掘出来。

信息二

日晒：未老先衰之源

（5）过度日晒所造成的皮肤损伤就像皮肤老化：经年累积，不可逆转。伤害一旦造成，就无法复原。严重持久的损伤大多数在18岁以前形成。所幸的是，皮肤损伤和皮肤老化不同，前者可以有效预防。人们应当尽早采取防护措施，尤其应保护喜欢在户外太阳下玩耍的孩童。

以上（2、3、4）皮肤晒黑和皮肤灼伤都是由日光中的紫外线造成的。紫外线能让皮肤晒黑，而晒黑正是皮肤深层受伤的暂时表象。肤色变黑最终会消退，但深层损伤将保留下来，最终可能导致皮肤提前老化或皮肤癌。

（1）讽刺的是，人们往往认为皮肤晒成小麦色或古铜色是一种身份象征。但实际上，日光中的紫外线不仅损害皮肤，还会引发视力问题，产生过敏反应，进而破坏免疫系统。因此，我们恐怕不该再称之为“健康的黑皮肤”，而该改称为“有病的黑皮肤”。

信息二评析

文章想要传达的核心：皮肤损伤经年累积并且不可逆转。因此，我们进行了改写，突出了重点，删去了无关信息。我们用这个范例阐明如何强迫人们排定优先次序的过程，我们总得舍弃一些有趣的内容（比如黑色素那一段）才能让问题的核心显露出来。

值得指出的是，我们在强调突出核心时用到了几种方法。第一，挖出导语，把核心直接放在最前面；第二，借用类比（老化），使读者印象深刻、牢记于心（损伤无法逆转）；第三，加入具体并有几分意外的结果（晒黑是皮肤深层受损的预兆，虽然表面的黝黑会消失，但深层的伤害却持久存在）。

记分卡

检查表	信息一	信息二
简单	○	●
意外	○	●
具体	○	●
可信	○	○
情感	○	○
故事	○	○

* * *

小结

切勿埋没导语。不要为了吸引读者而用有趣但不相干的段落开篇。相反，应该设法让核心信息本身变得更吸引人。

人名、人名，还是人名

美国北卡罗来纳州邓恩镇坐落在该州首府罗利市以南约 40 公里的地方。邓恩镇有 1.4 万人口，劳动力主要是蓝领阶层。每天早上，当地小餐馆里都会挤满人，他们美美地吃着丰盛的早餐，惬意地喝着咖啡，女服务员亲切地称呼顾客“宝贝儿”。小镇最近新开了一家沃尔玛超市。

总的来看，邓恩镇真是再平常不过了，只有一点例外：小镇里几乎每个人都会看当地的报纸《邓恩日报》(*Daily Record*)。事实上，这份日报在那儿人手还不止一份。

《邓恩日报》在该镇的覆盖率是 112%，位居全美报纸的本地占有率之冠。如果某片地区的报刊占有率突破 100%，那么下面两种情况必有其一为真：(一) 邓恩镇以外的人口（可能是外地前来工作的人）也在订阅这份报纸；(二) 有些家庭购买的报纸不止一份，或许小镇里有些夫妻不愿意合看一份报纸吧。

如此惊人的成功，原因何在？邓恩镇居民要了解时事新闻，当然有很多其他选择：《今日美国》、罗利的《新闻与观察》（*News & Observer*）、CNN、互联网以及其他数百种途径。那么，为什么唯独《邓恩日报》这等受欢迎呢？

* * *

1950年，胡佛·亚当斯（Hoover Adams）着手创办了《邓恩日报》。亚当斯的血液里天生就流淌着墨水，他署名的处女作是从童子军营派出的急件。读高中时，他就开始给罗利市的报纸担任自由撰稿人了。第二次世界大战后，亚当斯成为《邓恩快报》（*Dispatch*）的编辑。之后，壮志难酬的亚当斯离开了《邓恩快报》，决定自己办报。1978年，《邓恩快报》在与其经过28年的激烈竞争后最终放弃，并由亚当斯出资收购，成为今天的《邓恩日报》。

亚当斯在出版业界沉浮了55个年头，他始终坚守着非凡的编辑理念。他认为本地报纸的新闻报道必须彻头彻尾地保持本地化。事实上，亚当斯可谓本地新闻的狂热人士。

1978年，亚当斯因为这份报纸在报道本地新闻上力度不够而心生不满，于是他给员工发了一份备忘录，阐明了自己的看法：

> 我们都很清楚，大家读本地报纸主要就是想看到当地的人名和照片。这是我们能够做得比其他所有报纸更好的一点，

也是我们的读者在别处找不到的东西。请永远牢记这一点：安吉尔镇（Angier）镇长和利灵顿镇（Lillington）镇长对小镇民众的影响力，与纽约市市长对纽约市民的影响力相比，两者没什么差别。

在此我们得说明一点：亚当斯专注于强调本地的新闻报道，这并不是什么惊世骇俗的观点。老实说，在小报出版商眼里这个想法根本不算什么新鲜念头。不过很显然，大多数报纸并没有实现这个想法。翻开随处可见的地方报纸，通篇都是国际事务连线和职业球队分析，还有许多幅连人脸都没有的现场照片。

换句话说，找到了核心并不等于就能把核心传达给别人。管理阶层可能知道如何排定问题的优先次序，但也可能根本做不到分享和执行这些优先次序。亚当斯既能找到核心，又能分享核心。他是如何做到的呢？

一句话传递核心观念

首先，亚当斯找到了报纸运营问题的核心：聚焦本地新闻。接着，亚当斯着手分享这个核心，并让所有员工牢记在心。本章的其余部分，还有本书的其他章节，我们都将继续讨论如何让核心观点产生黏性，被人牢记。我们先来研究亚当斯的案例，看看他是怎样让“聚焦本地新闻”这个观点产生黏性的。

很多出版人口口声声说要重视本地新闻，但亚当斯绝不是说说而已，亚当斯可谓是践行这个观点的“极端分子”，他在坚持聚焦本地新闻方面可是完全没有底线的：

> 老实说，本地报纸用上再多的本地人名也不嫌多。我非常乐意多招两名排版工人，再给每份报纸增设两个版面，只要我们有足够多的本地人名把那两页填满。

亚当斯甚至愿意为了聚焦本地新闻而走上无聊的路：

> 我敢打赌，要是今晚《邓恩日报》印出全城的整本电话号码簿，一定有半数的人会仔细检查自己的名字有没有在里面……如果有人问：“唉，你们不会真想要登那些人名吧。”请向他们保证，这正是我们想要的，而且是最想要的！

亚当斯为了强调聚焦本地新闻的重要性，有时还会将其吹得天花乱坠。比如亚当斯援引一位本森市经营地方报纸的朋友拉尔夫·德拉诺（Ralph Delano）的话：

> 要是有颗原子弹投到罗利市，除非有碎片或核辐射灰烬落到本森市，否则这则消息在本森就算不上新闻。

事实上，当有人问起《邓恩日报》的成功秘诀时，亚当斯这样回答："靠的是三样东西——人名、人名，还是人名。"

这是怎么回事？亚当斯找到了他想传达给别人的核心问题，"聚焦本地新闻"就是这份报纸的成功之道——那只是第一步。第二步就是把这个核心传达给其他人，这一点亚当斯做得非常出色。

我们一起来看看亚当斯在传达对当地焦点问题的观点时所使用的策略。他用到了类比法：把小镇镇长和纽约市市长相类比。（本章稍后将继续详谈类比法。）他还说，如果记者能搜集到更多的人名，他就愿意雇用更多的排版工人。这就是强迫排定优先次序：聚焦本地新闻比节省开支重要！（普通的小城报纸可不会持有这样的理念。参见本书"意外"一章。）

他使用的语言清晰准确，也很切实可行。他想要什么？人名。他想要报纸上每天都出现很多的人名。（参见本书"具体"一章。）这个观点非常具体，报社里人人都能理解，也能付诸行动。还会有误解的可能吗？还有哪位员工会不懂亚当斯所说的"人名"的意思吗？

"人名、人名，还是人名"就是这种类似核心的简单表述。人名可不仅限于"有用"而已。在亚当斯的心目中，人名胜过成本开支，人名胜过文笔流畅，人名胜过邻近城市发生的核爆炸。

在亚当斯办报以来的 55 年间，核心指导原则"聚焦本地新闻"帮助报社数百名员工面对数千种情境做出了正确的决策。身为出版人，亚当斯负责监督了近 2 万份报纸的发行过程，其中每一份报纸都得经过数不胜数的决策：该报道哪些新闻？新闻的看点在哪里？该刊登哪些照片？该删除哪些内容来节省版面？

这样琐碎的决策浩如烟海，亚当斯不可能每次都亲力亲为。但他的员工并没有因此患上决策瘫痪，因为亚当斯的“指挥官意图”相当清楚：“人名、人名，还是人名。”亚当斯不可能面面俱到，无处不在。不过，亚当斯找到了问题的核心，并将之清晰地传达出去，因而让自己变得面面俱到。这就是黏性创意的力量。

简单＝核心＋精炼

亚当斯才思敏捷，善用文字，但“人名、人名，还是人名”恐怕是他最拙劣、却也最有用的一句话了。“人名”这个词有用又好记，因为高度具体且高度简练。这个例子告诉我们简单的两个方面：信息的简化既要寻找核心，又要尽量精炼。

从某种程度上来说，精炼这一原则似乎已被普遍认同。不太可能会有人建议你使用复杂冗长的文句，除非你是在替信用卡公司撰写利率说明。我们都知道，句子比段落好，2 条重点比 5 条重点好，简单比晦涩好。这是个“带宽问题”：表达中含有的信息量越少，就越容易增加黏性。

我们也必须指出，只有精炼还远远不够。我们很容易接受一个非核心但精炼的观点；换句话说，那就只是一个无法反映“指挥官意图”的简洁口号而已。精炼的语句或许很“黏”，但不一定具有很大的传播价值。精炼的句子可能违背事实（“地球是平的”)，也可能毫不相干（“山羊喜欢嫩芽”），还可能欠考虑（“不可一日不买鞋”）。

还有些时候，精炼本身看起来也不像是个值得追求的目标。我们大多数人都有各自专长的领域，而“专业性”本身就意味着对事物的精微之处和复杂之处感兴趣。这也正是“知识的诅咒”起作用之时，即我们会忘掉不具备这些知识的人将会面对何种状况。这种情况下，我们会认为简单化即“弱智化”。身为专家，我们可不希望被人指责为片面化，或者刻意迎合公众口味。简言之，我们担心的是，简单化可能演变成过度简单。

因此，如果要将“简单”定义为“核心＋精炼”，我们就得说服自己“精炼”确实是有意义的努力方向。既然已经找到了核心，为什么还需要精炼呢？观点洗尽铅华后难道会比完好无缺时更加有用吗？要是把精炼推到极端，还能在只言片语中说出有意义的内容吗？

谚语的力量

数千年来，人类一直传诵着一种“只言片语”，它被称为“谚语”。谚语虽然简单，却很深奥。西班牙小说家塞万提斯（Miguel de Cervantes）把谚语定义为“长期经验提炼出的简短句子”。我们就拿一句英文俗谚为例：“双鸟在林不如一鸟在手”。这句话的核心是什么？核心就在于提醒人们不要为了想象中的利益而放弃手中现有的东西。这则谚语虽然简短，却承载了众多场合都适用的哲思睿想。

事实上，这句谚语并不只是英文世界独有的。瑞典人说“宁可一鸟在手也不要十鸟在林”；西班牙人说“一鸟在手胜过百鸟飞天”；波兰人说“手中麻雀强过屋顶鸽子”；俄罗斯人说“山雀在手好过白鹤在天”。

不仅如此，我们还可以在罗马尼亚文、意大利文、葡萄牙文、德文、冰岛文甚至中古拉丁文中找到这则谚语的其他类似版本。这个说法在英文中的最早记载是英格兰基督教作家约翰·班扬（John Bunyan）写于1678年的宗教寓言诗《天路历程》（*Pilgrim's Progress*），但其历史可能还要更加悠久。《伊索寓言》里就有这么一则故事：饥饿的老鹰逮住了一只夜莺。夜莺苦苦求饶：“我的个头太小，不能让你饱餐一顿，你应该去抓那些个头更大的鸟。”老鹰则回答：“我如果真放了到手的小猎物，去捕捉没影儿的鸟，那可真是太小看我了。”要知道，这是公元前6世纪的故事。[9]

如此看来，“一鸟在手”谚语正是令人震惊的黏性观点。短短一句话，便已流传了2 500年之久，遍布全球各个大陆，跨越文化和语言的界限。我们不要忘了，并没有人出资赞助“一鸟在手”，也没有人为其广而告之，这句话流传不绝完全靠的是它自身的力量。当然，同样长盛不衰的还有许许多多其他的谚语。其实人们也已发现，几乎所有人类文明都有一套自己的谚语。这是为什么呢，这些谚语目的何在？

面对具有共同标准的不同环境，谚语有助于指导人们做出具体的决策。这些共同的标准通常是指伦理道德层面的。谚语可以为人们的行为提供经验教训。“己所不欲，勿施于人”这条黄金戒律正是因其含义深刻，从而能影响人一生的行为。黄金戒律也为本章所追求的目标树立了很好的榜样：说法之精炼，不仅黏性足够强、意义深远，还能影响他人。

简单又精彩的伟大观点往往简洁而实用，因此会产生像谚语那样的效用。塞万提斯对于“谚语”的定义恰好跟我们对于简单说法的定义不谋而合：长期经验提炼出的（核心）简短句子（精炼）。我们对断章取义持有审慎怀疑的态度，这其实没有错，因为只言片语常常空泛而又容易误导人——虽然精炼，却并非核心。我们所追求的“简单”可不仅仅是断章取义的短句，我们要的是谚语：精炼加上核心。

亚当斯就设法将自己的核心观点（绝对聚焦本地议题）转变成一则新闻业界的谚语。对于一个享有共同价值准则的群体而言，“人名、人名，还是人名”就能帮助人们做出决策。假设你是位摄影师，那么客观讲，这句话的字面意义并没有什么价值，除非你要去拍人名标签。但如果你发现你所在的工作单位是靠“人名”（亦即本地社区内某些成员进行某些行为）才能兴旺发达，意识到这一点就能帮助你决定寻找何种拍摄题材。到底是该去拍无聊的委员会议，还是美丽的落日余晖呢？答案是，无聊的委员会议。

掌上电脑为什么只有四个功能

精炼的观点有助于人们理解并且记住其核心信息。而当人们判断什么是正确的行为时，精炼的观点就更显重要，特别是面对大量选择的情境时。

为什么遥控器上的按键数量总是超出我们实际使用的需要？要回答这个问题，先得从工程师们体贴关切的出发点说起。大部分技术和产品设计工程项目都免不了要对抗“功能蔓延”；功能蔓延指的是让产品越来越复杂，乃至无法正常操作基础功能的一种倾向。录像机就是一个很好的例证。

功能蔓延的过程其实没有什么恶意。工程师看着一只遥控器模型，心里可能就会想：“咦，这控制面板上还有这么多额外空间，内部芯片也还有些处理功能没用上。与其白白浪费，不如让用户通过按这个键切换阳历和阴历怎么样？”

这位工程师只是出于好心——再增设一项很特殊的功能，似乎让遥控器看起来更全能了。团队里的其他工程师或许对阴历阳历切换不感兴趣，但即使他们觉得这个主意不好，也不至于到强烈抗议的地步——“要是日历切换功能键不去掉，我就不干了！”就这样，遥控器按钮越来越多，功能也越来越多。同理，其他科技产品也难逃相似的命运。

美国手持设备制造商奔迈公司（Palm）的掌上电脑（Palm Pilot）团队就很清楚这个道理，因此他们对待功能蔓延倾向采取了强硬手段。20 世纪 90 年代初，该团队刚刚开展研发工作，此时可谓个人数字助理（PDA）节节败退之时，进军这一领域者从无胜绩。就连苹果公司推出牛顿掌上电脑（Newton PDA）也一败涂地，前人的教训令其他厂商畏葸不前。

1994 年，一家公司推出的一款掌上电脑看起来有些营养不良：外观笨重、自带键盘，还有用于连接各种周边设备的多重接口。奔迈掌上电脑研发团队领导人杰夫·霍金斯（Jeff Hawkins）当即立下军令状——他们的产品绝不能落得这等下场。霍金斯要求奔迈掌上电脑必须简单，并能做 4 件事：日历、联系人、记事本和任务列表。奔迈掌上电脑只能完成这 4 项任务，但必须完成得很好。

霍金斯想出一种方法来对付功能蔓延，他总是随身携带一块像掌上电脑一样大小的木块。奔迈五代（Palm V）设计团队成员特雷·瓦萨洛（Trae Vassallo）回忆称："那块木头很蠢，与产品技术追求的'简单'目标相吻合；但体积很小，产品也就会很精良，很不一样。"霍金斯常常在开会时拿出木块"做做笔记"，或是在走廊上用木块"查查日程安排"。每当有人向他提议再增加一项功能时，霍金斯就会掏出这块木头反问对方：你看哪里还放得下？

瓦萨洛认为，奔迈掌上电脑之所以能成功——"很大程度是因为界定了它不该有什么，而不是该有什么。"美国硅谷知名设计公司 IDEO（艾迪欧，由三家设计公司合并而成，分别是大卫·凯利设计室、ID Two 设计公司和 Matrix 产品设计公司）的汤姆·凯利（Tom Kelley）也持有类似的观点："早期 PDA 的真正障碍……在于人们希望它无所不能。”[10]

霍金斯深知，这项产品的核心特征必须是精巧和简单（而且必须竭力避免功能蔓延的倾向）。为了推行这一原则，霍金斯和团队采用了一种本质上可称为“视觉谚语”的办法。那块木头始终提醒大家：只做几件事，并且要做到最好。

奔迈掌上电脑的研发过程和詹姆斯·卡维尔领导的克林顿竞选工作之间存在惊人的相似之处。两者的工作团队都由知识渊博、充满热忱的人组成。两者都不乏既有能力，又有意愿从事多方面工作的人才——能辩论任何议题，也能设计任何功能。两者也都需要一个简单的对象来时刻提醒自己来抵制贪多求全的诱惑：要是说三件事，就等于一件事也没说；要是遥控器上有 50 个按钮，就等于什么功能按钮都找不到。

利用已有认知，再加一点儿

我们所传达的信息必须精炼简洁，因为人一次能学会和记住的东西实在有限。假如我们已经判定了核心信息，但内容确实太多，无法压缩成谚语那样精炼呢？假如我们必须传达大量的信息，又该怎么办呢？下面的测验旨在再次强调精炼的必要性，并且提示各位如何在精炼信息时塞入更多的内容。

测验规则如下：首先请花 10~15 秒时间研究下列字母，不得超时；然后合上本书，拿出一张纸，尽量写下你所记得的字母。

警告：测验做完前请勿往下读。

J FKFB INAT OUP SNA SAI RS

你可能和大部分人一样，能写出前面 7~10 个字母。这些信息并不算多。信息精炼的作用举足轻重，因为我们在短期内能处理和接受的信息量有限。

好了，现在请接着往下读，再做一次测验。

这次我们动了一点儿手脚。字母及其次序并没有变动，我们只是改变了字母的组合方式。同样，请先阅读下列字母 10~15 秒钟，然后合上本书测验自己的记忆力。

JFK FBI NATO UPS NASA IRS

很有可能你会发现，这次测验的成绩要好得多。突然间这些字母变得有意义，也更容易记了。第一轮测验里，你得绞尽脑汁记忆不知所云的字母。而在第二轮，你所记住的是一系列概念：约翰·肯尼迪（JFK）、美国联邦调查局（FBI）、北大西洋公约组织（NATO）、联合包裹服务（UPS）、美国国家航空航天局（NASA）和美国国家税务局（IRS）。[11]

且慢。为什么记住“约翰·肯尼迪”要比记住随意排列的 F、J、K 三个字母更容易呢？约翰·肯尼迪显然比三个随机字母包含更丰富的信息！试想约翰·肯尼迪能让我们联想到的一切东西：政治生涯、感情生活、遇刺事件和显赫家族……倘若记忆像举重的话，“举起”约翰·肯尼迪比“举起”三个字母来得轻松，这种想法着实可笑！

这里的秘密就在于，我们并非在“举起”约翰·肯尼迪。我们的大脑早就完成了准备工作，记忆肌肉也已经培养好了——约翰·肯尼迪的概念以及所有相关的联想，都已经储存在我们的记忆中。我们所需要记住的就只是指向这些信息的指针——就好比在记忆领地上插一面小旗子。而面对生疏的随机字母时，我们就得插上三面不同的旗子。最后的结果是一则信息对抗三则信息，一面旗子对抗三面旗子，那么1:3容易记住也就不足为奇了。

可那又如何呢？莫非这只是讨巧的脑筋急转弯？我们的解释如下：我们已经见识过精炼的观点比较具有黏性，但想法光有精炼并没有太多价值，精炼还得有深度才会有意义。那么，要让有深度的想法变得精炼，就得在简短的信息中装进更多的内容。具体怎么做呢？请用插旗子的办法。唤起受众脑中已有的记忆，运用对方已有的知识。

葡萄柚和柚子，了解认知图式

至此为止，我们列举的情况都是一个或几个简单观点如何有效地指导行为。但老实说，世上大多数人所做的事都很复杂。我们无意强辩说复杂的事情（比如法律、医学、建筑、编程和教育）都可以简化成两三则精炼的信息，我们当然也无法用一句精炼观念取而代之全部建筑学院的课程（比如“别让楼房塌了”）。

这就把我们引向尚未讨论到的重要议题：如何把大一新生变成建筑师？简单何以呈现复杂？接下来我们将论证的是，巧用匠心可让简单生出复杂。简单的想法若能加以正确布置和合理层叠，很快就能变成复杂的想法。

现在让我们告诉你“柚子”是什么东西。（如果你已经知道柚子是什么的话，麻烦合作一下，请装作不知道。）下面是介绍柚子的一种方法：

> 解释一：柚子是最大的柑橘类水果。果皮很厚，但很软，很容易剥掉。果肉颜色从淡鹅黄到珊瑚红，从多汁到微干，从香甜可口到酸味扑鼻。

快速回答：根据以上描述，若将柚子汁和橙汁按照 1:1 混合后制成的果汁好喝吗？你可以猜猜看，但答案或许会有些含糊。我们来看第二种解释：

> 解释二：柚子基本上是一个超大号的葡萄柚，有非常厚且柔软的外皮。

解释二相当于在你已知的概念（葡萄柚）上插了一面小旗子。当我们告诉你柚子很像葡萄柚时，你脑中就自然唤起了葡萄柚的形象。然后我们再告诉你需要对葡萄柚进行哪些改造（体积超大），你脑中的葡萄柚也随之增大。

刚才我们让你比较轻松地学会了新概念，做法就是把新概念跟你已知的旧概念绑在一起。在这个例子中，旧概念就是“葡萄柚”“葡萄柚”就是你已有的一个图式。（“图式”是认知心理学中的术语，我们将在本书中反复提及。）

心理学家将“图式”定义为某种概念或类别的一般属性集合，“图式”由我们记忆中预先储存的海量信息组成。[12] 假如有人说她看到一辆拉风的新款跑车，你脑中肯定会立即浮现出一幅图景，这个形象充满通用属性。你知道“跑车”长什么样子：你会想象一部外形小巧的两门汽车，或许还是敞篷的；如果你脑中的车子形象正在移动，那么速度一定超快；车身颜色八成是酒红色……与之相同。你的“葡萄柚”图式也会有一组通用属性：柠檬黄、酸甜、垒球大小……

只要唤起你的葡萄柚图式，我们就能快速教会你柚子的概念，这比机械化逐个罗列柚子的所有属性要快得多。此外还请注意，葡萄柚图式也比较容易回答柚子汁和橙汁混合饮料的问题。你已经知道葡萄柚汁和橙汁混合后味道很好，因此柚子图式就继承了葡萄柚图式的这项属性。（在此补充说明一下，“解释一”其实本身也包含很多图式：“柑橘类”是图式，“果皮”是图式，“酸味”

也是图式……；“解释二”相对比较容易理解，是因为“葡萄柚”是比较高级的图式，是由多种其他图式组成的图式。）

解释二利用图式改善了我们的理解和记忆。现在让我们根据“倒金字塔”结构来分析一下“柚子”的两种定义方法。两者的导语各是什么？解释一的导语是“柑橘类水果”，导语后面并没有明显的层级结构。根据受众注意力的焦点不同，可能记得的信息因人而异：有的人记住果皮（“皮厚但很软，很容易剥掉”），有的人记住颜色（“从淡鹅黄到珊瑚红”），有的人则记得多汁与否、口感如何。

而解释二的导语是“像葡萄柚”，第二段是“超大的”，第三段是“非常厚且柔软的外皮”。

试想过了 6 个月以后，大家顶多也就能记得我们故事的导语而已。也就是说，解释一使人记得“水果”或者“柑橘类水果”，解释二让人记得“葡萄柚”。很明显，第二个解释要成功得多——这可不是我们贸然做出的主观判断。

好了，你这辈子可能碰上的最后一场柑橘类水果的心理学探讨就在此画上了句号。虽然“柚子”这个概念也许不值得你大费周折，但其中蕴藏的道理却极为关键：图式可以提供有深度的简单信息。

好老师本能地就会运用许多图式。举个例子，经济学老师会在课程之初提出很多精炼简约的案例来教授没有任何经济学图式的学生。“现在我们假设，你家种苹果，我家种橘子，周边只有我们两人。假设我们想两种水果各吃一部分，而不是只吃自家种的一种水果。那么我们应该交易吗？如果答案是肯定的，那么我们应该怎么交易呢？”

一开始，学生先在简单语境下学习如何开展贸易。而这些知识反过来又成为学生所掌握的基础贸易图式。一旦学会，这个图式就可以被调用，并在一些维度上拓宽。比如说，你家苹果收成突然变好了该怎么办？我们还是照原来的方式继续交易吗？要回答这个问题，我们就可以唤起图式，或者说修正图式，就好像我们利用葡萄柚图式打造出了柚子那样。

从简单到复杂

图式可以帮助我们借用简单的材料组建出复杂的信息。学校里有许多科学课程都巧妙地运用图式来展开教学。比如说，初等物理学往往研究简单、理想化的状态：理想滑轮、光滑斜面，物体在光滑平面做匀速直线运动等。当学生熟悉了“滑轮”图式以后，就可以设法将之扩展或与其他图式相融合，从而用来解决更加复杂的问题。

巧妙运用图式的另一个例子就是原子的太阳系模型，我们小时候多半都是被这么教的。这种原子模型认为，电子围绕原子核旋转，就像行星围绕太阳旋转一样。这个类比让学生对原子结构快速产生了精炼的直观认识。

同时，太阳系行星的比喻也可以帮助我们理解，为什么很多人放弃精炼简洁的图式（“超大型的葡萄柚”）而选择冗长详尽的描述（“柑橘类水果，果皮很厚但很软，诸如此类”）。这是因为，图式有时候会让我们花费更多的时间才能走向“真理”。比方说，物理学家现在知道，电子并不是像太阳系行星那样沿着原子核周围的轨道旋转。事实上，电子的运动方式是以“概率云”的方式存在。那么，你会怎样跟一个小学六年级的学生解释原子结构呢？是该告诉他比较容易理解并且很接近真理的行星运动，还是跟他讲绝不可能理解但完全正确的“概率云”呢？

这个选择看起来相当艰难：（1）准确优先，易懂其次；（2）易懂优先，准确其次。但大多数时候，这根本就是错的选择，原因很有意思：一则信息要是无法用来做预测或做决定，那么它就毫无价值，不论它有多么精确或全面。

西南航空的赫伯·凯莱赫本可以告诉空乘人员，我们的目标应该是“股东价值最大化”。从某种意义上来看，这种说法比“全球票价最低的航空公司”更加准确，也更为全面。毕竟，“票价最低”这句短语显然并不完整。西南航空大可以直接取消飞机检修或者要求乘客共用餐巾纸，这些方法同样可以达到降低票价的效果。但很显然，西南航空的经济价值核心其实还包括其他价值取向（如安全等级和乘客舒适等）。“股东价值最大化”这一说法的问题在于，表述固然准确周全，但依然无法帮助空乘人员决定是否应该为乘客供应鸡肉沙拉。准确而无用的观念，终究还是无用的。

我们已在本书前言部分讨论过“知识的诅咒”，要认清不知道的某件事是何种感觉其实很不容易。准确到无用的地步，就可谓“知识的诅咒”的一大症状。对于公司首席执行官来说，“股东价值最大化”或许是极其有用的行为准则；但对于空乘人员而言则不然。对于物理学家来说，概率云是奇妙有趣的现象；但对孩子而言，它根本就是天方夜谭。

人们总想一下子就精准无比地告诉对方一切，但实际上我们应该做的是，先告诉对方能够承受的信息，然后再一点一点慢慢增多。

好莱坞电影的高概念营销

要想避免无用的准确，打败“知识的诅咒”，有一剂良方就是善用类比。类比的力量来自图式：柚子和葡萄柚类似，出色的新闻报道和倒金字塔结构类似，皮肤损伤与皮肤老化类似。类比可以帮助我们理解精炼的信息，因为其中调用了我们已知的概念。

恰当的类比可以发挥巨大能量。事实上，好莱坞那些耗资上亿美元的电影，有时只靠一句话的类比就能享受一路绿灯的待遇。

好莱坞各家电影制片公司每开拍一部电影，都得审核数百部片子的营销策划和剧本大纲。要让我们同情制片公司经理的职业生活恐怕很难，不过姑且勉强一试吧。请想象一下经理们必须做出的可怕决定：他们每决定投资一部电影，实际上就是把数百万美元的资金，加上自己的信誉，全部当成赌注押在一个捉摸不定的想法上去。

我们不妨拿电影策划方案和房屋的设计蓝图做一番对比。如果建筑师设计了一份家庭住宅的美妙蓝图，接着有人投钱施工，你就可以很自信地认为，9 个月后你就能拥有一个与建筑师最初愿景一模一样的住宅了。

电影策划则注定无法一成不变。当找来编剧以后，故事就得修改。当找来导演以后，影片的艺术风格就得调整。当找来明星后，他们的个性会改变我们对剧中角色的理解。当找来制片人以后，故事就会受到资金和调度方面的限制。而当影片经历数月乃至数年终于完成时，市场营销团队还得想尽办法在 30 秒钟的预告片内向观众介绍故事梗概——还不许泄露重要剧情。

想想看，投下几百万美元给一个瞬息万变的构想，还得经过一连串自以为是的自大狂（导演、明星、制片和营销等）一层又一层地过滤。那个构想绝对得登峰造极才行。

好莱坞使用的核心构想称为“高概念”营销策略。有些说法你可能也听说过：《生死时速》（*Speed*）是“公交车版本的《虎胆龙威》（*Die Hard*）”，《女孩梦三十》（*13 Going on 30*）是“给女孩看的《飞越未来》（*Big*）”，《异形》（*Alien*）是“太空船上的《大白鲨》（*Jaws*）”。

高概念也不一定总要参照其他影片，比如《外星人 ET》（*E.T.*）在营销策划时就将其说成是“迷路外星人结识寂寞男孩后顺利回家”的故事。不过更多的营销策划确实在引用以往的旧影片，这是为什么呢？难道是因为好莱坞电影人只会厚着脸皮回收利用旧概念吗？

嗯，没错，这的确是原因之一，但也只是原因之一。电影《生死时速》的概念在进入营销策划之前，显然并不存在于制片经理的脑海中，就像你还不知道“柚子”这个词的时候一样。“公交车版本的《虎胆龙威》”不过寥寥10个字，却赋予了《生死时速》这个概念此前尚不存在的惊人丰富的内涵。要想理解这一点，请想想你光凭这10个字就能做出的重要决定。该请一位动作片导演还是独立片导演？动作片。投资预算应该是1 000万美元还是1亿美元？1亿美元。当红明星还是实力演员？当红明星。上映时间应该定在暑假还是圣诞节？暑假。

再举个例子，假设你刚刚受聘成为新片《异形》的美术指导，你的任务是设计电影故事发生场景的太空船。飞船该是什么样子的呢？如果你对《异形》一无所知，你可能会先参考过去的太空船设计，比方说《星际迷航》（*Star Trek*）里那艘“进取号”飞船——外形很酷，舱内洁净，完美无瑕。

接着，老板告诉你这部电影的构想是“太空船上的《大白鲨》”。于是一切都将随之改观。《大白鲨》可不酷，也绝不完美无瑕。理查德·德赖弗斯（Richard Dreyfus）饰演的鲨鱼专家马特·胡珀（Matt Hooper）在片中驾驶的船又旧又破；主人公的决定草率仓促；情节幽闭，充满焦虑；周围满是汗臭味。想到《大白鲨》的所有要素，你的脑中也会慢慢形成大致轮廓：这艘飞船应该相当落后，残破肮脏，沉闷压抑；船员们绝不会穿着光鲜亮丽的紧身制服；舱内也不可能灯火通明，更不会一尘不染。

高概念营销策划正是好莱坞版的核心谚语。正如大多数谚语一样，高概念也吸取了类比的力量。这些谚语唤起现成的图式（如《大白鲨》的人物、情节和布景等），从根本上加速了电影人制作新片时所需的学习过程。

当然，好概念并不等于好电影。一方面，若非数百名才华横溢的剧组人员付出多年辛劳，“太空船上的《大白鲨》”也可能沦为人人厌恶的烂片。另一方面，营销策划（或者谚语）出了偏差，绝对会毁掉一部电影。像“太空船上的《母女情深》（*Terms of Endearment*）”这等糟糕的概念，任何导演都救不了。

如果说高概念营销策划能在电影界发挥如此巨大的功效（要知道，电影圈里的自大狂可比其他地方多上 40 倍），那么请你相信，我们也一定能把这种力量运用到自己生活的环境中。

生成性类比

有些类比用处很大，它们不仅能向人们解释清楚某种概念，还能成为阐发新思想的平台。比如，将人脑比作电脑——极大地推动了过去 50 年来认知心理学家的研究进程。解释电脑的工作机制要比解释人脑的原理容易得多。因此，心理学家可以有效借用人们熟知的电脑部件（例如存储器、缓冲器和处理器）来定义人脑中的相似功能。

好的比喻具有“生成性”，心理学家唐纳德·舍恩（Donald Schön）借用“生成性”这个名词形容能够生成“新认知、新解释和新发明”的一类比喻。[13] 许多简单而有黏性的观点其实正是生成性类比的化身。举个例子，迪士尼乐园（Disney）就流传着这样的类比。迪士尼称自己的员工为“演员”，正如参与戏剧制作的演职人员，这个类比在迪士尼公司内部贯彻到底：

- 招募演员不是为了“工作”来“面试”，而是为了“角色”来“试镜”。
- 当员工在乐园里来回走动时，其实是在“舞台表演”。
- 来到乐园的人不是“顾客”，而是“来宾”。
- 工作即“演出”，制服即“演出服”。[14]

将乐园比作剧场，这样的类比对迪士尼员工可是相当有用。哪怕只读了最后几段话，你也可以大致推测出剧组演员在其他状况下应该做出何举动，而这些是我们还没有讨论到的。比如说，你应该可以猜到只要员工穿着演出服就不许在公共场合开小差。（舞台演员绝对不会在表演途中抽烟聊天。）你也应该猜得到，街道清洁人员的工作评价标准也不会仅限于路面干净与否。没错，清洁人员也是训练有素的演员，因为公共场合随处可见，出镜率最高，加上他们看着就是迪士尼员工，因此理所应当成为顾客频频提问的对象，他们也有义务解答各种问题。要求员工把自己的角色想象成舞台演出而非维护工作，这正是迪士尼乐园如日中天的重要原因。在迪士尼乐园里，“员工就是演员”是一则成功推行了50余年的生成性类比。

我们可以拿赛百味和迪士尼对比一下。像迪士尼一样，赛百味也给连锁店的一线员工想出了一个类比：员工是“三明治艺术家”。和迪士尼的“剧场演员”相比，赛百味的“三明治艺术家”简直是东施效颦，对于员工行为起不到任何指导作用。迪士尼期望职员工作起来像演员，而赛百味却不希望员工在工作中像个真正的艺术家。“艺术家”的典型特征体现在个性表达上。赛百味员工要是在穿着打扮、服务客人和送三明治等方面个性张扬，很难想象这样的人会在店里待多久。我们毫不怀疑，赛百味可以信任他们的“艺术家”给一块30厘米的三明治多放一把洋葱，这当然可以说是某种艺术自由。但我们很怀疑，赛百味店员的“艺术”是否也包括多放一片火鸡肉的自由呢?

简单永流传

生成性类比和谚语的力量都来自同一种巧妙的替代法：用简单易懂的东西替换复杂的东西。“双鸟在林不如一鸟在手”就是一句实在而又好用的谚语，即使面对千头万绪，面对忐忑不安，这句话也能为我们拨云见日，指引方向。生成性类比所起的作用也很相似。迪士尼乐园的一班“演员”大概都会觉得，相比普通员工的角色，以演职人员自居似乎更加容易应对陌生的情境。

谚语可谓简单之“圣杯”。要想出一段短小而又精炼的句子很容易，谁都能做得到；但要想出一句深奥而又精炼的话可就难上加难。我们在本章花了不少笔墨，正是为了告诉大家：先“找到核心”，再用“精炼观点”的形式表达出来。这工夫绝对花得物超所值，也会带来持久的效力。

02

意外

吸引和维持注意

传递信息时最首要的问题就是我们如何吸引别人的注意。这时我们就需要找到人们知识上的缺口：当人们想知道一些事却无法实现时，他们会执拗地想消除这种痛苦，把知识的缺口填满。因此，我们的创意需要出人意料，就好像寂静时发出的清脆响声。

美国联邦航空管理局（FAA）明文规定，民航客机的空乘人员必须在起飞前进行安全广播。凡是坐过飞机的人对此都不陌生，我们会听到一系列广播：紧急出口位于哪里，“舱内气压突然变化时”应该怎么做，如何将座椅垫当成漂浮装备使用，为何不能在洗手间抽烟（或破坏烟雾报警器）等。

飞行安全广播可以说是十分困难的沟通情况。因为没有人关心广播究竟说了什么内容，空乘人员如此，乘客亦如此。就连冗长的议会演说也比这来得有意思。

如果由你来播报安全广播，你会怎么办？更困难的问题是，如果你确实想要别人仔细聆听，你该怎么做？

一位名叫卡伦·伍德（Karen Wood）的空乘人员正好遇到了这种情况，并且富有创意地解决了它。在一次从达拉斯飞往圣迭戈的美国国内航班上，伍德进行了如下广播：

女士们，先生们，诸位要是愿意腾出点儿时间赏个光，我们非常希望向大家介绍介绍飞机上的安全设施。要是您从

1965年到现在都没坐过汽车的话，我可以告诉您，系紧安全带的正确方法是把扁平的那一头滑进搭扣。要想解开安全带，只要把搭扣往上提，就松开了。

话说保罗·西蒙（Paul Simon）有一首歌这么唱的，离开爱人可有50种方法，不过要离开我们这架飞机只有6种方法：前方的两个出入门，机翼上面的两个逃生窗，还有后方的两个出入门。每个出口上方都标示得很清楚。各位还可以看一下，过道地板上也有红白色的迪斯科灯指示出口方位。

嘿，大家还真看了呀！[1]

乘客没过多久就开始注意伍德的俏皮演讲。整段安全广播结束后，乘客甚至三三两两地鼓起掌来。（如果说连安全广播都能经过巧妙的设计而博得掌声的话，那我们一定都还有希望。）

信息沟通的首要难题就是吸引他人注意。有些交流者倚仗的是权威气势来吸引对方的注意力。这一点为人父母者多半很在行："小波，看着我！"但大多数时候，我们没办法强求别人注意，我们只得吸引别人注意。吸引注意无疑是更难的挑战。"你不能强迫人们注意"，这是一种常识。但是且慢，卡伦·伍德不就做到了吗？她不仅让人专心听她说话，甚至都不需要抬高嗓门。

要吸引他人注意最基本的方法：打破常规。我们适应规律性事物的速度很快，持续不变的感官刺激往往让我们视而不见且听而不闻。不妨想一想空调的嗡嗡声、交通噪声、蜡烛的气味或者书架的摆放。唯有事物发生变化时，我们才会有意识地注意到这些东西。比如空调突然坏了，或家人重新整理过书架了。

伍德在乘客抗拒信息传播的环境下成功获得了注意，靠的是避免重复对方早已听过无数次的老生常谈。她的笑话不仅抓住了他人的注意，还能一直抓着不放。如果伍德想要的只是吸引他人的注意，那大可不必如此大费周章地娱乐大众。要吸引乘客注意，只需要在开始广播后说到一半突然停顿一下，或者中间插几句俄语，都可以达到同等的效果。

人脑天生就对各种变化十分敏感，聪明的产品设计师都非常清楚这一点。因此，许多产品若是需要提醒使用者注意，就会试图发生某种变化。警报灯会明暗交替闪烁，就是因为如果灯持续亮着我们多半会无视它。老式警笛声只由两个音符组成，而如今的警笛可以发出更能抓住人们注意的复杂响声。汽车防盗器会制造出刺耳的声音，这也是利用了我们对变化的敏感。

本章将集中探讨两个根本问题："如何吸引他人的注意"和同样重要的"如何维持他人的注意"。如果我们想要传达的信息无法从纷乱无序中突出重围，吸引他人的注意，那就无法获得成功；或者，我们的信息非常复杂，如果不能维持他人的注意，我们也很难成功。

要弄清这两个问题的答案，我们得先理解两种基本情绪：惊讶和兴趣。天生具有黏性的观点通常都能激起这两种情绪。

- **惊讶：**吸引他人的注意。有些天生具有黏性的观点提出了令人惊讶的“事实”：中国万里长城是太空中唯一可见的人造建筑！你只用了大脑潜能的十分之一！你每天都应该喝8杯水！都市传说经常含有此类令人惊讶的离奇情节。
- **兴趣：**维持他人的注意。有几类黏性观点可以久而久之慢慢保持对方的兴趣。阴谋理论能让人孜孜不倦地搜集新资料，小道传闻则让我们不断地回到朋友那里探听最新进展。

天生具有黏性的观点往往出人意料。要是我们能让观点愈加让人意外，其黏性也就愈强。不过，“意外”岂是能人为造出来的？“计划好的意外”岂不是自相矛盾吗？

吸引他人的注意

意料之外的广告方案

别克汽车公司新昂科雷多功能休旅车（Buick Enclave）有一则电视广告——开场是一部昂科雷停在公园前，一个男孩拿着橄榄球头盔爬进车里，两个妹妹紧跟在后面。此时响起女声旁白：“别克推出全新车型昂科雷。”爸爸手握方向盘，妈妈坐在副驾驶座上，车内立着保温杯架。爸爸发动车子，从路边驶出。它是“史上最宽敞的小型厢式车”。

汽车缓缓驶过郊区街道。旁白继续响起："本车功能包括遥控滑动门、覆盖150个频道的车载电视、全景天窗、自动保温杯架和六点定位导航系统……它是专为家庭出行设计的小型车。"

昂科雷停在十字路口。摄像机拉近男孩，男孩正透过侧窗向外望，车窗上倒映着枝叶繁茂的大树。爸爸开车驶入十字路口。

意外就在那一刻发生了。

一辆超速行驶的车子冲进十字路口，从侧面撞上了别克车。车祸相当惨烈，金属外壳变了形，玻璃一下子变成碎片。

画面渐黑，字幕浮现："没料到会发生这种事吧？"

问句淡出，回答淡入："这种事总是料想不到。"

背景音里，汽车喇叭因被卡住一直在鸣笛。最后，屏幕上飞入一行字："系好安全带，安全随时在。"

广告末尾并没有昂科雷的画面。这则广告由美国广告委员会（Ad Council）策划制作［其中这辆昂科雷由美国运输部（U. S. Department of Transportation）赞助提供］。美国广告委员会成立于1942年，推出过许多大获成功的宣传广告，从二战时期的"一言不慎，千帆尽沉"到后来的"好朋友不会让朋友酒后驾车"，比比皆是。别克昂科雷广告跟广告委员会策划的其他作品一样，都充分利用了黏性观念的第二项特质：意外。

昂科雷广告之所以令人意外，是因为它打破了我们对汽车广告认识的固有图式。我们都知道汽车广告该怎么拍：小卡车可以行驶在满是乱石的山地上，跑车应该飞驰在空无一人的弯道上，越野车不妨载着雅皮士穿越森林奔向瀑布，休闲旅行车最好接送孩子们去踢球。不会有人丧命，从来不会。

这段广告还有一点令人备感意外：它打破了我们对家庭短途出行的图式。我们整天在自家附近开车出行，绝大多数时候都很安全。而这则广告提醒我们，事故本来就是意料之外的，所以必须系好安全带，以防万一。

我们脑中的图式就好比预测机器，帮助我们预测未来发生的事，从而引导我们做出决定。昂科雷广告提出的问题：“没料到会发生这种事吧？”没有，确实没有。我们的预测机器失败了，这让我们大吃一惊。

人类情感可以巧妙地帮助我们应对特殊情境，让我们为不同的行为和思考方式做好准备。我们都听说过，愤怒使人迎接战斗，恐惧使人准备逃避。不过，情感和行为之间的联系或许有更加微妙的关系。比如说，最新研究的表明，愤怒的次生效应就是让我们对自己的判断更加坚信不疑。愤怒的时候，我们会知道自己是对的，但凡生过气的人都可以证明这一点。

如果说每种情感都带有各自的生理作用，那么惊讶的生理作用又是什么呢？惊讶可以唤醒我们的注意力。图式工作失灵就会触发惊讶，惊讶还能帮我们弄清图式失效的原因。当我们的预测机器失灵，惊讶就会抓住我们的注意力，好让我们将之修复，以备后用。

激发惊讶眉

惊讶会形成一种面部表情，这种表情几乎在全世界各文化间都相通。美国心理学家保罗·埃克曼（Paul Ekman）与同事华莱士·弗里森（Wallace Friesen）在两人合著的《揭开面具》（*Unmasking the Face*）一书中创造了一个新词——“惊讶眉”，用于形容人在吃惊时的特殊面部表情：“眉毛弯曲上扬……眉毛下方的皮肤因眉毛挑高而拉长，比平时更加显眼。”[2]

眉毛上扬后，眼睛变得更大更圆，视野也就随之变得更宽更广——惊讶眉是人体迫使自己能看到更多东西的一种方式。同时，我们可能还会再看一眼，确认一下刚才果真没有看错。相形之下，愤怒则会让我们的眼睛变小，以便聚集于某个眼前的问题上。除了两眉上挑以外，惊讶还会使我们的下巴往下伸，嘴巴张大。一时间我们会哑口无言，身体也会暂时停止动作，全身肌肉松弛。这一刻我们的身体仿佛想要确定自己此时不说话、不动弹，而应该停下来接收新信息。

因此，惊讶可谓是意外来临或者预测机器失灵时的一种紧急措施。一切停顿，活动中断，我们的注意力不由自主地专注于令人惊讶的对象。别克车广告以不寒而栗的撞车事故收尾，我们不得不停下来思索：这到底是怎么回事？

意外的事件往往黏性很强。因为惊讶让我们集中注意力思考，这份注意和思考将意外事件烙印在我们的记忆中。惊讶能吸引我们注意，这种注意有时短暂，有时却能持久。惊讶能促使我们去挖掘事件背后的原因，去想象其他的可能，去设法避免今后再发生同类的事情。

举例来说，阴谋论研究专家发现，很多阴谋论大行其道是因为人们设法想要适应意外事件带来的冲击。比如美人夭亡、英年早逝，就像约翰·肯尼迪、玛丽莲·梦露（Marilyn Monroe）、“猫王”埃尔维斯·普雷斯利（Elvis Presley）以及科特·柯本（Kurt Cobain）的突然死亡都引发了众说纷纭的阴谋论；相比之下，90岁高龄老者的猝然离世就很少能引起阴谋论者的兴趣。

惊讶激起我们寻找答案的兴趣——解答产生惊讶的源头——大惊讶常有大答案。要想刺激他人投以注意，就该充分利用大惊讶的力量。

出乎意料不是赚取噱头

不过，追求大惊讶也可能引发大问题，一不小心就容易沦为噱头。

20世纪90年代末正是互联网泡沫的巅峰时期。一批由风险资本支持的新创公司注入数百万美元广告经费，用于树立品牌形象。要想用越来越多的资金来争夺消费者有限的注意力，广告就得推陈出新、越做越大，这样才有可能激起受众的惊讶和兴趣。

2000年美国橄榄球超级碗大赛期间，有则广告的开场是一支大学军乐队在球场上练习。画面拉近，乐队表演动作精准，我们可以清楚地看到每位队员的特写。接着，镜头切换到通往球场的通道上，突然一群饿狼冲进内场。当狼追上他们并攻击他们时，队员们惊惶失措，四下逃窜。

这则广告想宣传什么？没有人知道。毫无疑问，广告非常令人惊讶，也过目难忘。直到今天，我们还记得狼群狂追猛赶和乐队成员惊恐万分的恶俗画面。不过，这种惊讶跟想要传达的信息毫无干系，终究是毫无价值的。当然了，如果想要推销的产品是“防撕咬乐队制服”的话，这则广告绝对算得上金奖作品。

如此看来，狼群广告和昂科雷广告恰好相反。虽说两者都释放了强有力的惊讶，但只有昂科雷广告成功运用惊讶效应来加强所传达的核心信息。我们在本书第一章中已经谈到，找到创意的核心是何等重要。若能让惊讶为核心信息服务，结果必将相得益彰。

HENSION 与 PHRAUG

下面列出了四个英文单词。请逐个阅读，并花几秒钟判断它是不是真的英文单词。

HENSION

BARDLE

PHRAUG

TAYBL

这项实验由两名加拿大心理学家布鲁斯·惠特尔西（Bruce Whittlesea）和莉萨·威廉斯（Lisa Williams）共同设计。两位学者解释道："PHRAUG 和 TAYBL 常让人挑起眼眉，产生'噢'式的反应，HENSION 和 BARDLE 常让人皱起眉头。" [3]

PHRAUG 和 TAYBL 之所以使人出现惊讶眉，是因为这两个词虽然看起来不认识，但听起来又很熟悉。"噢"的反应是由于我们发现 PHRAUG 只是 FROG（青蛙）的搞笑拼法，而 TAYBL 的读音则跟 TABLE（桌子）一模一样。

HENSION 和 BARDLE 则比较麻烦。这两个词看起来有种说不上来的熟悉感，因为其中的字母组合很常见、也很面熟。它们看起来就像 SAT（学术能力评估测试）词汇里的单词，我们似乎应该认识但又不认识的那种生僻词语。但其实，HENSION 和 BARDLE 都是生造出来的英文单词。每当我们发现自己搜肠刮肚，寻找不存在的答案时，我们总会感到受挫。

HENSION 和 BARDLE 这个例子向我们展现了没有内涵的惊讶。我们此前一直在谈惊讶的功能以及惊讶如何增强观点的黏性。然而 HENSION 和 BARDLE 两个词虽然产生了惊讶效果，却没有什么黏性，反而令人受挫。我们现在可以知道，光有惊讶并不足够，我们还需要有内涵。

要让人惊讶，事情就必须"不可预测"；令人惊讶和可以预测总是对立的两极。但是要让人获得满足，惊讶又得要"可以预测"。此间妙处在于，事前怎么都料想不到，事后一旦想通便可领略个中奥秘。PHRAUG 可以预测，HENSION 则不然。为了更好地体会这一点，不妨再拿这样两类影视剧做一番对比：第一类的结局出乎意料，但可以预测［比如《第六感》（*The Sixth Sense*）末尾点明的线索其实一直贯穿了整部影片］；另一类的结局则是全靠要花招，全然无法预料（比如“原来一切只是一场梦”）。

我们在本章一开始就提到，预测机器失灵时会引发惊讶。惊讶的人类情感机制生来就会让我们关注失灵问题，以便改善预测机器投入未来的工作。之后，我们将噱头式的惊讶（比如互联网公司广告）和有意义、可后测的惊讶区分开来。

从日常应用角度来说，归根结底就一句话：你要想让观点产生黏性，就得先破坏他人的预测机器，然后再将其修好。但是在使人大吃一惊、破坏预测机器的同时，该怎样避免沦为狼群广告那样的噱头式惊讶呢？要想避免弄巧成拙，同时确保意外观念也具有内涵，最简单的办法就是将目标锁定在听众预测机器中与我们核心信息相关的那部分。我们已经见识过多个运用这种策略的案例了。

我们在第 1 章中谈到胡佛·亚当斯，这位报纸出版人的座右铭是“人名、人名，还是人名”。对大多数本地报纸记者来说，这种话似乎是常识。看起来，他们眼中的“好的本地新闻”图式一定是指围绕本地社区的新闻报道。

亚当斯可不是这个意思，他的想法相当激进。于是，亚当斯用这句话打破了其他记者的图式：“要是可以的话，我甚至会印上满满几页电话簿，只要有人名就好。老实说，只要能搜集到足够多的人名，我非常乐意多招几名排版工人，多设几个版面。”突然间，记者们发现“人名、人名，还是人名”的概念跟他们脑中固有的图式并不一致。记者原来形成的图式可能是“尽量强调本地视角”，但亚当斯却将之换成“人名至高无上，甚至高于利润”。这则信息的力量就来自于意外。

我们在第一章里还讨论了另一个案例，就是西南航空的经营格言“全球票价最低的航空公司”。同样地，西南航空的职员和顾客起初就都知道这是家廉价航空公司。面对此种语境，这样的经营哲学似乎不言自明。然而，唯有等到凯莱赫将之强制推行，甚至断然拒绝顾客提出供应鸡肉沙拉的要求时，这句话的真实意义才得以显露。在凯莱赫之前，普通职员的预测图式可能是这样的：“我们要用廉价的办法来讨好顾客。”而在凯莱赫之后，预测则会相应调整成这样的：“我们就是要做全球最低价的航空公司，即使有意拒绝顾客的要求也在所不惜。”

因此，如何让你的想法及创意更具黏性呢？请遵照如下办法：（一）确定你所要传达的中心信息（找到核心）；（二）找出信息中违反直觉的部分（即核心信息中令人意外的含义是什么？为什么事情现在并没有照此发展？）；（三）在重要而又违反直觉的层面上破坏听众的预测图式，从而传递信息。然后，一旦预测图式失效，就帮助他们修好图式。

常识判断可谓黏性信息之大敌。信息要是听起来像是常识，绝对会是左耳进右耳出，但为什么不是这样的呢？若是我凭直觉就能“懂得”你想告诉我的东西，何必再麻烦自己去记住呢？不过，危险的地方在于，听起来像常识，往往并不是常识，就像胡佛·亚当斯和西南航空的例子那样。因此，要成为一个好的传达者，你就得将信息中违背常识的部分明明白白地揭示出来。

帮顾客包装其他店买的礼物

诺德斯特龙（Nordstrom）是一家以卓越的客户服务而著称的美国百货公司。获得额外的服务当然得花代价，诺德斯特龙称得上是昂贵的高档购物场所。但很多人还是乐意花稍多的价钱以换得更舒服、更开心的购物体验。

诺德斯特龙的经营战略要获成功，就必须把一线员工培养成为客户服务的狂热分子。员工不可能刚入职就能提供此类优质服务；事实上，大部分已有服务行业经验的人，过去的顶头上司总是挖空心思去降低人力成本。最普遍的客服图式：在最短的时间内把顾客送出门，还有，尽量面带笑容。

诺德斯特龙的应聘者可能都有长年奉行这种图式的工作经验，但诺德斯特龙有一套截然不同的理念：即使以牺牲效率为代价，也得让顾客满意。那么，诺德斯特龙究竟是怎样打破一套图式再以另一套图式取而代之的呢？

诺德斯特龙之所以能成功解决这一难题，有一部分靠的是许多出人意料的小故事。吉姆·柯林斯（Jim Collins）和杰里·波拉斯（Jerry Porras）合著的《基业长青》（*Built to Last*）一书中列举了诺德斯特龙公司职员令人意外的客服举动，人们亲切地称呼这些公司员工为“小诺”：

- 小诺替一位顾客熨好了当天下午开会要穿的新衬衫；
- 小诺开心地为一位顾客包装从梅西百货（Macy’s）买来的礼物；
- 小诺为冬天前来购物的顾客暖车；
- 小诺在最后关头把派对服装送到一位快要发疯的女主人手中；
- 甚至还有小诺把一套汽车轮胎防滑链的钱退还给顾客——尽管诺德斯特龙并不卖防滑链。[4]

由此你可以想象到，这些故事在诺德斯特龙新员工间所激起的惊讶，如果不是震惊的话。“包装其他店买的礼物？我真不明白，这对我们有什么好处呢？”这些小故事无形中打破了客户服务中的不成文规定，比如：客服只到本店门口为止；不要浪费时间在不买东西的客人身上；商品一旦卖出，马上转向下一个目标。

在新员工看来，帮客人包装别家店里买的礼物简直太荒唐了，跟他们原有的“服务”理念相去甚远。这些故事让他们不知所措，破坏了他们的预测机器，他们原先的“优质服务”预测机器绝对不会产生包装礼物这样有利他人的念头。这些故事也就迈出了用诺德斯特龙版客服图式去替换新员工固有“优质服务”图式的第一步。

诺德斯特龙就是这样突破了常识的禁锢。诺德斯特龙本来也可以不用向员工传播“小诺”的故事，只需要告诉员工，公司的使命是提供“业界最优客户服务”即可。这句话固然没错，但很遗憾，这听起来跟美国其他零售公司彭尼（JC Penney）或西尔斯（Sears）没有什么两样。要让信息产生黏性，你必须把常识推向非常识。“出色的客户服务”是常识，“冬天帮客人暖车”则是非常识。

各位请注意，这些故事要是发生在全球便利店连锁巨头 7–11（7-Eleven）的员工身上，恐怕会更加让人意外，也更加不合常理。“对啊，我只不过进去买包烟，结果收银员竟然帮我熨衬衫！”但事实上，这些故事的价值并不只是来自意外本身，而是源于诺德斯特龙公司宗旨和故事内容之间的完美结合。同样的故事要是放进其他环境，很可能产生负面作用，7–11 便利店管理层可不想见到自己的员工集体帮客人包装礼品。

诺德斯特龙的故事堪称“意外”原则发挥效力的经典案例。这些故事丝毫没有噱头之嫌，因为惊讶背后紧跟而来的是内涵，故事告诉我们怎样才能成为真正优秀的诺德斯特龙员工。这也是核心信息巧妙借用非常识来实现传播的典范。

一堂别开生面的新闻入门课

诺拉·依弗朗（Nora Ephron）是美国电影剧作家，她创作的

《丝克伍事件》(*Silkwood*)、《当哈利遇到莎莉》(*When Harry Met Sally*)和《西雅图夜未眠》(*Sleepless in Seattle*)等电影剧本都获得了奥斯卡金像奖提名。依弗朗的职业生涯最初是《纽约邮报》(*New York Post*)和《时尚先生》(*Esquire*)杂志的记者，而她之所以能成为记者全要归功于她的高中新闻课老师。

依弗朗至今还记得第一节新闻课上的情景。虽然学生们都没有新闻方面的经验，但走进课堂时还是带着自己对记者职业的一套想象：记者搜集事实然后报道事实。要找出事实真相，就必须牢牢抓住五要素（5W）：何人（who）、何事（what）、何地（where）、何时（when）和何因（why）。

当学生们各自在手动打字机前坐定时，依弗朗的新闻课老师布置了第一份作业：拟出一则报纸新闻的导语。老师指定的具体事件如下："贝弗利山高中校长肯尼思·彼得斯（Kenneth L. Peters）今日宣布，全体教职员工于下周四前往萨克拉门托参加一项新的教学方法研讨会。与会发言者包括人类学家玛格丽特·米德（Margaret Mead）、芝加哥大学校长兼教育家罗伯特·梅纳德·哈钦斯（Robert Maynard Hutchins）以及加利福尼亚州州长埃德蒙·布朗（Edmund Brown）。"

小记者们在打字机前正襟危坐，开始一本正经地逐字敲下记者生涯中的第一篇新闻稿。据依弗朗说，当时她和大多数学生一样，都重组了所有新闻要素，然后把导语浓缩成一个句子："州长布朗、玛格丽特·米德、罗伯特·梅纳德·哈钦斯周四将于萨克拉门托向贝弗利山高中全体教师发表讲话……诸如此类。”

老师把大家的导语收上来后，很快地扫了一眼。然后他把作业放在一旁，停顿了片刻。

最后，老师说：“这篇报道的导语应该是‘下周四不上课’。”

“那真是让人屏息的一刻，”依弗朗回忆道，“就在那一刻我领悟到，新闻报道不只是机械地复述事实，还得想出事情的关键点在哪里。光知道何人、何事、何时与何地远远不够，还得了解它有什么意义，还有它的重要性在哪里。”[5] 从那之后的整个学年里，新闻课的每项作业都藏有一个小秘密—— 一个隐藏的关键点，学生们必须努力找到这个关键才能写出好故事。

* * *

上述观点真应该入主黏性名人堂。这位老师之所以产生巨大的影响，并不是因为他是个活力四射的演讲家或是关怀备至的良师益友（虽然他也可能两者皆是），而是由于他想出了一个精妙绝伦的方法。正是这个方法，只需短短几秒钟，便改写了学生脑中有关新闻报道的图式。也正是这个方法，扭转了一位学生的职业规划，甚至在 30 年后此观念还深植于其脑海之中。

这个观念何以成功？首先，这位老师很清楚学生脑中已有的新闻图式缺陷，而且还知道此缺陷具体是怎样产生的。其次，老师借助“新闻导语”作业的方式，让学生公开实践尚有缺陷的图式。接着，老师精心构思了结构完善的“惊讶”，一举打乱了学生的阵脚。最后，老师通过揭晓标准答案（“下周四不上课”），成功抓住了学生脑中的固有图式，给以当头棒喝，并使之修复缺陷，持续改进。

创意诊断

背景

美国花在外援上的钱太多了吗？

美国花在外援上的钱到底多不多？在美国某大学的一节课中，老师向学生抛出了这一假设性问题。在这个假想案例中，背景信息是有些美国人认为联邦政府用于对外援助的资金过多，有些则不然。“9·11”恐怖袭击事件之后，美国政府外援拨款已经砍掉一半，但约半数美国人仍然认为这笔钱超支。

*　　*　　*

以下是来自天主教宣传组织“社区和平与司法中心”（Intercommunity Peace and Justice Center）的一则信息。[6]

信息一

尽管美国国务院（State Department）和其他政府机构竭力向社会大众诚恳地解释这一议题，但美国民众仍然坚信我们在外援事项上花费过多。当时的美国领导人提出的增加外援议案虽然为大家所乐见，但仍无法让美国成为慷慨外援的国家。在2003财政年度中，布什政府将在外援上投入150亿美元，但其中70余亿美元（几近一半）将用于军事援助而非经济援助。根据国会预算办公室（Congressional Budget Office）近期的估算，用于经济外援的80多亿美元还不到伊拉克战争时期一个月的开销。在所有工业化国家中，美国花在外援上的资金比例长年处于垫底位置。撒哈拉以南的非洲国家所获得的经济援助总额不过10亿美元，仅相当于一架B–2轰炸机的造价。

信息一评析

首先请注意，这里的导语被湮埋了。要打破这一图式，就应该把美国“花在外援上的资金比例长年处于垫底位置”这项事实直截了当地揭露出来。

那些以亿计的数字很难产生黏性，人们不太可能记得住——极大的数目往往很难理解、也很难记忆。信息一中也尝试了一些办法来克服“大数目问题”，那就是将撒哈拉以南非洲国家外援与B–2 轰炸机相比。我们真的很赞赏这种对比，因为它把读者引领到一个做决定的模式之中：“我会不会拿一架 B–2 轰炸机做交换，让非洲外援翻一番呢？”

要让这则信息更具黏性，我们不妨尝试下面两个办法。其一，重新安排现有材料，降低“×× 亿”之类数字的出现频率；其二，选择更能引起情感共鸣的具体对比，毕竟有些人还是会觉得 B–2 轰炸机是合理的开支。试着打造一些明显而又令人意外的对比。

* * *

信息二

美国公众以为本国花在帮助其他国家上的经费远远高于实际投入的资金。民意调查显示，大多数美国人以为联邦政府用于外援计划的资金占总预算的 10%~15%。[7] 而事实是只花了不到 1%，这个比率是所有工业化国家中最低的。

撒哈拉以南的非洲国家所获得的经济援助总额不过 10 亿美元。只要每个美国人每月少喝一瓶汽水，美国对非洲的援助就能加倍；只要每个美国人每年少看一部电影，美国对非洲和亚洲的援助就都能加倍。[8]

信息二评析

我们使用了两种手段来提高这则信息的黏性：其一，快速直接地打破“乐善好施的美国”图式，激发读者兴趣。另外，用百分比代替数字，这比以亿计的数目更容易理解；其二，将 B–2 轰炸机的类比具体化，代之以汽水和电影。汽水和电影更加贴近现实生活，它们都是琐碎可省的开支，这跟非洲地区生死攸关的迫切需求形成情感面的巨大反差。

记分卡

检查表	信息一	信息二
简单	○	●
意外	● （B–2 对比）	●● （导语和对比）
具体	●	●
可信	●	●
情感	○	●
故事	○	○

* * *

小结

吸引他人注意的最好办法是直接打破对方脑中固有的图式。

维持他人的注意

土星光环之谜

我们在本章开头提出了两个问题：如何吸引他人的注意以及如何维持他人的注意。到目前为止，我们谈到的大部分意外观点都是根据原有模式所做的相对简单而快速的调整。这些观点可以很有深度（比如诺拉·依弗朗的新闻课老师），但因为发生得很迅速，所以只需要短时间抓住别人的注意力即可。然而很多时候我们希望传达的信息要复杂得多，那么怎样才能让别人持久地记住我们的这些信息呢？也就是说，怎样才能维持他人的注意呢？[9]

几年前，美国亚利桑那州立大学（Arizona State University）社会心理学家罗伯特·西奥迪尼（Robert Cialdini）打算改善自己在著作中和课堂上讨论科学知识的方式，于是便到图书馆去找灵感。西奥迪尼一头扎进汗牛充栋的馆藏之中，找出科学家写给外行读者的所有科普著作，并且将自己感兴趣的文章段落复印下来。之后，西奥迪尼翻阅了大量的复印文章，希望从中发掘出其共通之处。

西奥迪尼在他觉得乏味的段落中，看到的多半是符合预期的结果：目的不明确、语气太严肃，夹杂着许多专业术语。而他在出彩的段落里，也找到了很多意料之中的优点：结构很清晰，例子很生动，语言很流畅。“不过，”西奥迪尼说：“我还发现了一个很意外的现象——最出色的文章全都以悬疑故事开场。作者首先描述一些看似极不合理的场景，接着邀请读者走进主题，一步步解开谜团。”

西奥迪尼脑海中一直铭记着一名天文学家写下的例子，文章以一个谜题开始：

> 我们应该如何解释堪称太阳系中最壮观的行星特征——土星光环呢？这可是世上绝无仅有的奇观了。那么，土星光环到底是什么东西呢？
>
> 接着，他设法让这个谜题蒙上又一层神秘的面纱，于是提问道：“三支享誉国际的科学家团队为何会从这个问题得出各不相同的答案呢？”剑桥大学的科学家声称那是气体，麻省理工学院（MIT）的另一组科学家坚称那是由尘埃颗粒组成的，而加州理工学院（Cal Tech）的第三组科学家则坚持那是由冰晶体组成的。这怎么可能呢？毕竟三支团队的研究对象分明是同一样东西，不是吗？答案究竟是什么呢？

接近答案的过程，有如悬疑故事的情节般层层展开。3组科学家各自牢牢追寻线索，却纷纷碰壁受挫。经过数月的努力，他们最终迎来一项突破。西奥迪尼说：“你知道翻了20页以后看到的答案是什么吗？尘埃。没错，尘埃。确切地说，是覆盖着冰的尘埃，这也是之前引发混淆的部分原因。要知道，我对尘埃可不感兴趣，土星光环的具体成分跟我自己的生活一点儿关系也没有。

但是那位作者却能让我像速读一样哗哗地翻页。”

西奥迪尼认为，悬疑谜题的作用不可估量，因为它创造出对答案结局的渴求。“我们都体会过‘啊’这种恍然大悟的反应，对不对？”西奥迪尼解释道，“而要是在‘啊’之前先有‘咦’的疑问的话，就能让人更有满足感了。”

我们的天文学家作者通过构造悬疑谜题的方式，让尘埃都变得有意思起来。他成功地维持住了读者的注意力，不仅仅是一段妙语的跨度，而是跨越了充斥着科学理论和科学实验的整整 20 页的阅读过程。

西奥迪尼也开始在自己的课堂上制造悬疑，这种方法果真立竿见影。他会在课堂开始时先引入谜题，讲课中间偶然提及，而到下课前才公布答案。不过有一堂课，西奥迪尼还没来得及揭晓谜底，下课铃就响了。他说：“平常在下课前 5~10 分钟，有些学生就开始准备下课。你也知道那些信号——铅笔收起来了，笔记本合上了，背包拉链拉上了。”但是这一回，全班学生鸦雀无声。“下课铃声响起后，没有一个人肯动身。事实上，当我打算不宣布答案就下课时，竟然激起学生的公愤。”他说当时感觉像是踩了地雷一样。

西奥迪尼认为，悬疑谜题教学的一大好处是“解开谜题的过程和科学研究的过程非常相似”。[10] 因此，老师这样做不仅能提高学生对课程知识的兴趣，也等于训练学生像科学家一样去思考。

悬疑谜题绝不是科学独享的专利，只要有问题没有得到明确解答，都会成为谜题。为什么动物园里的熊猫那么不容易繁殖？为什么顾客不喜欢我们的新产品？用什么方法教孩子们学会分数最好？

请注意这里发生的事：我们在此已经达到了更高层次的意外。在诺德斯特龙百货公司的例子中，小诺故事表现出极强的先入为主式误导：小诺会替顾客暖车！听到这则小故事，你过去的客户服务图式马上会被唤起，被驳倒，被修正，一切全都在很短的时间内完成，而悬疑谜题的工作原理则迥然不同。谜题并非仅仅诞生于意外揭开的那一刹那，而是贯穿了整个意外的旅程。我们当然很清楚自己要去向何方——揭开谜底——但是并不确定途中会依照怎样的路线行进。

打破图式是一种一次性的转化过程。砰！改变就完成了。要是有人告诉我们土星光环是由干衣机的碎布组成的话，图式同样会被打破。这种可以说是“第一级”的意外。然而真正的“土星光环之谜”要比这更延展、也更细致。我们先获知连科学家也不知道土星光环的组成成分，然后我们踏上一条前途不明的旅程。这就可谓是“第二级”的意外。就这样，我们就从瞬间的惊讶成功跳转到了持续的兴趣之中。

剧本里的“转折点”

电影《颠倒乾坤》（*Trading Places*）开场没多久，艾迪·墨菲

（Eddie Murphy）饰演的比利·雷·瓦伦丁（Billy Ray Valentine）这位没腿的乞丐就坐在滑板上，用双臂推着自己在公园里跑来跑去。他向路人要钱，又骚扰一个俏女郎，说要找她约会。两个警察走过去，把他拎了起来，这时我们才发现原来他的腿完全正常。瓦伦丁是个骗子！

后来，电影里有一对杜克兄弟掺和进来，这两位年迈的生意人想把瓦伦丁弄出监狱，便说服警察让他们来处置瓦伦丁。几个场景过后，瓦伦丁再度登场——身穿三件套西服，坐在镶木地板的办公室里。杜克兄弟把他变成了一名期货交易商。

好莱坞编剧大师罗伯特·麦基（Robert McKee）就用这个例子来说明“转折点”的概念。麦基对于如何抓住观众注意力颇有心得，他的剧本创作研讨班总是座无虚席，每位胸怀抱负的创作新人都乐意花500美元来听他讲话。纽约《村声周报》（*Village Voice*）杂志将麦基的课程称为“不但剧作家非听不可，甚至连演员、导演、影评人，还有普通影迷也一样要听”。麦基的学生写过、执导过、制作过的电视剧包括《急诊室的故事》（*E.R.*）、《山街蓝调》（*Hill Street Blues*）和《X档案》（*The X-Files*），电影包括《紫色》（*The Color Purple*）、《阿甘正传》（*Forrest Gump*）和《黑色星期五》（*Friday the 13th*）。

麦基说：“好奇心是回答问题和闭合开放模式的智力需求，故事则借由相反的做法——提出问题和打开情境——来迎合这种普遍欲望。”[11] 在《颠倒乾坤》中，瓦伦丁和杜克兄弟的“转折点”

引起了观众的好奇心：瓦伦丁这个街头骗子摇身一变成了商人，情节究竟会怎样发展呢？

在麦基看来，成功的剧本应该把每一场戏都设计成“转折点”。“每个‘转折点’都能勾起人们的好奇心。观众会猜想，接下去会发生什么事？结局会是怎样？答案不到最后一幕高潮都不会揭晓，因而观众被好奇心牢牢吸引，无法动弹。”麦基指出，“结局会是怎样”这个问题已有足够的力量让我们继续看下去，即使我们知道电影不太好看。“你可以回想一下，那些你只是为了知道结果才硬着头皮看完的烂片。”

接下来会发生什么事？结局会是怎样？我们想找出这些问题的答案，正是这种好奇心让我们保持兴趣。而好奇心能让我们勉强坚持看完烂电影，也能让我们继续读完长篇大论的科学文章。麦基和西奥迪尼给两种看似风马牛不相及的问题找到了相似的解决方法。

不过也有别的情况会让人们疯狂热衷于某些并无悬疑成分的事情。孩子们之所以迷恋神奇宝贝（Pokémon）系列形象以及各个角色的特殊技能，一定是出于某种动力驱使，但并非想知道“接下去会发生什么事”。汽车迷们精读细看每一期《人车志》（Car & Driver），也与谜题渐次展开不一致。其实，我们待会儿就会看见，皮卡丘迷和汽车迷在某些地方跟影迷与课堂学生都有共同之处。

心理学家研究“什么东西能让人产生兴趣”这个问题已有几

十年，有关兴趣研究的终极目标是找出描述“情境兴趣”的方法。换句话说，情境中的哪些特质会触发并且提升兴趣？是什么因素让某种情境显得有趣？研究结果发现，西奥迪尼和麦基其实已经回答得八九不离十了。

好奇心的“缺口理论”

1994 年，美国卡内基梅隆大学（Carnegie Mellon University）行为经济学家乔治·洛温斯坦（George Loewenstein）针对“情境兴趣”提出了最全面的解释，结果却十分简单。洛温斯坦认为，当我们觉得自己的知识出现缺口时，好奇心就会产生。[12]

洛温斯坦提出，有缺口就会有痛苦。我们想知道却不知道的时候，就好像身上痒痒的，总想伸手去挠。要解除这种痛苦，就得填满知识缺口。即使看烂片的过程相当折磨，我们还是会很有耐心地看完，因为不知道结局实在太过痛苦了。

有关兴趣的“缺口理论”似乎可以解释为什么某些情境可以激发狂热的兴趣：因为这些情境会很自然地产生知识缺口。以电影为例，麦基的说法跟洛温斯坦很像，麦基说：“故事是靠提出问题和推动情境起作用的。”电影让我们想问：接下去会发生什么？推理小说让我们想问：是谁干的？体育赛事让我们想问：哪队会赢？填字游戏让我们想问：形容“精神病学家”的 6 个字母的单词是什么？神奇宝贝收藏卡片让孩子们想问：我还缺哪几张没集齐？

“缺口理论”的一项重要含义在于，在闭合缺口之前必须先打开缺口。我们总是倾向于直接告知他人事实，但实际上，首先应该做的是让对方意识到他们需要这些事实。根据洛温斯坦所说，要让别人觉得需要我们的信息，其中的诀窍在于，要先点明他们目前缺乏这些知识。我们可以提出问题，设下谜团，让人意识到自己知识中的缺口；我们可以告诉对方，其他人知道一些他们所不知道的事情；我们也可以给对方展现一些结果未知的情境，像是选举、体育比赛或悬疑故事等；我们还可以鼓励对方猜一猜结果（此法可以产生两个知识缺口：“会发生什么事”以及“我猜对了吗”）。

举个例子，本地新闻节目多半都会给即将播出的新闻报道打广告。这些广告会预告晚间新闻头条，通常用的是诙谐夸张的口吻：“一种新药物正在青少年间盛行——可能就在你家药箱里”，“猜猜哪家知名餐厅刚刚挨罚了？——因为制冰机菌落超标”，以及“你家有一种看不见的化学物质——而且可能马上害死你”。

这些都是“缺口理论”的耸人听闻的例子，它们之所以有效，是因为用你未知的东西取笑你——事实上，你平时根本不关心这些东西，直到你发现自己不知道它。“我的女儿是不是在我的旧处方上绞尽脑汁？我想知道我是否在餐厅里吃了黏液？”

要是能在我们的日常沟通里用上一些类似新闻预告的点子，生活无疑会有趣得多。从下面的创意诊断中便可见一斑。

创意诊断

筹款活动中的内部汇报

背景

假设你是一家本地剧团的筹款部经理，你的任务是筹募各方捐赠用于维持剧团运作。现正值年末，你需要准备一份面向剧团董事会的总结汇报。

（注：以下两则信息均为虚构。）

* * *

信息一

本年度我们将筹款对象锁定为35岁以下的剧场观众。我们的目标是增加年轻顾客的捐款，因为这一群体人数比我们过去的赞助人群要大很多。我们试行了一项电话筹款计划与之接洽。该计划已经推行了6个月，反应率将近20%，我们认为相当成功。

信息一评析

这则信息是典型的总结汇报格式。我知道各项事实，我把事实按照逻辑顺序排一遍，我会一点一点报告给你。作为一种汇报形式，这种办法很正常也很稳妥，但完全不具有黏性。

要改进这则信息，我们需要思考如何引起听者的兴趣，而不是把事实强迫“喂食”给对方。接下来我们试着添入少许新闻预告的手法。

* * *

信息二

本年度我们着手解答下面这个问题：剧场35岁以下的年轻观众，人数占观众总数的40%，捐赠金额却只占款项来源的10%，这是为什么呢？据我们推测，这一群体可能并不了解我们剧团主要依赖慈善捐助来维持运作。因此，我们决定通过电话向他们简短地介绍剧团的经营状况和最新剧目。电话计划试行了6个月，我们本以为反应率能达到10%已经很成功了。在告诉各位实际结果之前，我想先介绍一下这个计划的来龙去脉。

信息二评析

信息二的呈现方式受到缺口理论的启发。目标不在于总结事实，而在于让你有欲望想要了解这件事，然后才告知你想知道的东西。这则信息与土星光环之谜类似，也是以悬疑谜题开场：为什么年轻观众不肯多捐款？接着我们引出一项假设以及实验。谜题抓住了观众的注意力，激起对方猜想：实际结果究竟如何？我们的假说理论是否得到了证实？

此处的改进主要在于结构，而非内容。说老实话，这则信息并不是特别有意思的悬疑故事，它绝对没办法跟电视剧《法律与秩序》（*Law & Order*）里的任何一集相比。不过在制造悬念层面上，我们的大脑极为宽容，这种格式本身就很吸引人。

记分卡		
检查表	**信息一**	**信息二**
简单	○	○
意外	○	●
具体	○	○
可信	●	●
情感	○	○
故事	○	○

* * *

小结

要持续抓住他人的注意力，我们可以善用好奇心的缺口理论。小小一点儿悬疑，可以往前迈进大大一步。

新闻预告式的办法可以用于形形色色的情境，用于各种各样的观点中。要让我们的沟通更为有效，我们应该把思考逻辑从“我想传达什么信息”转换为“我希望听众提什么问题”。

克服过度自信

缺口理论依靠的是我们能够提供他人不知道的信息。其中有个棘手的问题：人们总是自以为懂得很多。但研究结果表明，我们对自己到底所知多少往往过分自信。

在一项研究中，研究人员要求受试者思考自己所在大学里有关停车的严重问题，每个人都有充足的时间来想出各种解决方案。所有想法经过汇总后，一共得到 300 种，分为 7 大类。其中一类方法旨在减少停车需求（比如提高停车收费），还有一类则是建议节约利用停车空间（比如开辟“限停小型车”的专用车位）[13]。

在由专家团队所选定的最佳解决方案中，有 70% 的答案是一般受试者没能想出来的。这当然可以理解，我们不可能指望任何一个人都能提出填满数据库的解决方案。然而，当这些受试者应邀评估自我表现时，他们预计自己答出了 75%。他们以为自己想出了大多数，但实际正相反，他们大多数都没想出来。

如果人们以为自己无所不知，那么缺口理论就很难奏效。所幸，我们还是有办法克服过度自信的。举例来说，诺拉·依弗朗的新闻课老师就是利用打破学生固有的新闻报道图式来克服他们的过度自信。他先让学生沿用既定的方式思考，然后再出其不意地打乱其阵脚。

要求他人对自己的预测表明立场，也能有助于克服过度自信。哈佛大学物理学教授埃里克·梅热（Eric Mazur）发明了一种名为

“概念测试”的新式教学方法。梅热会时不时地在课堂上提出一个概念，然后要求学生就答案公开投票表决。正是这种要求对方为某个答案表态的简单做法，会让学生们更有热情投入，也会让学生对结果报以更大的好奇心。

过度自信的人倘若意识到别人的想法与自己不同，会更容易发现知识缺口。南希·劳里（Nancy Lowry）和戴维·约翰逊（David Johnson）研究过一类教学环境，五六年级的小学生被分成两组，分别要求针对同一项议题展开互动讨论。其中一组的讨论以一种促成共识的方式进行，另一组讨论的主题则被设计成尽量激发不同观点，针锋相对。

很快达成共识的那组学生对于主题的兴趣比较小，也不太用功，也不喜欢去图书馆查找资料。而最惊人的区别出现于，当老师在下课后播放一段讨论主题相关短片的时候。意见相同的学生中只有 18% 的人不顾课间休息仍留下来看短片，而意见分歧的学生中则有 45% 的人愿意留下来看短片。可见填补知识缺口（想要知道谁对谁错）的渴望确实有可能胜过玩滑翔和丛林游戏的诱惑。

知识越多，缺口越多

如果说知识缺口引发好奇心，那么我们可能会以为，人知道得越多，知识缺口越小，好奇心就越少。不过洛温斯坦的观点却恰恰相反。他说，随着信息增加和知识积累，我们反而更可能专注于自己所不知道的东西。若有人能说出美国50个州中17个州的首府，他可能会很自豪；但若有人能说出47个州的首府，他可能会更关心自己所不知道的另外3个州的首府。

有些主题自然会突显我们知识中的缺口。关乎人性的故事之所以有趣，是因为我们知道人类的普遍感情，但是并不了解某些戏剧化的经验是何种感受。赢得奥运会奖牌是什么感觉？中了彩票是什么感觉？身为连体双胞胎兄弟又是什么感觉（加上两人都已各自结了婚，还有10个小孩……这自然又引发另外一连串问题）？

人人都爱聊八卦，因为我们对某些人虽然所知甚多，但就是有些信息还不知道。我们闲话的对象不会是完全不认识的人，明星八卦往往特别吸引人。我们大概都知道泰格·伍兹（Tiger Woods）或者朱莉娅·罗伯茨（Julia Roberts）是谁，但我们更渴望知道一些缺失的信息碎片——他们的怪癖、情感纠葛和不为人知的缺陷，等等。

好奇心出自知识的缺口，但要是知识信息本身还不够多呢？20世纪60年代，当时刚起步的电视公司美国广播公司签约转播全美大学体育协会的橄榄球赛。大学球赛是典型的小圈子话题。除了一帮橄榄球迷之外，大多数观众通常只关心自己学校的球队。但电视公司在每个地区每周只能转播几场球赛。公司若想靠这份合约赚钱，就得让观众也关心没有本校球队参加的比赛。

那么，怎样才能让得克萨斯州大学城的电视观众想去看密歇根州对阵俄亥俄州的球赛呢？29岁的鲁恩·阿利奇（Roone Arledge）就写了一份备忘录，提出一些改进大学橄榄球赛报道的建议。阿利奇此前的工作主要是分派记者去报道棒球、拳击和橄榄球等比赛。

阿利奇发现，球赛转播尚有很大的改进空间。体育现场广播员通常就是架起摄像机，调焦对准球场，静静等待赛事在眼前发生。但他们忽视了其他所有一切——热情的球迷、缤纷的色彩和热闹的现场……阿利奇比喻说："就好比通过门上的猫眼儿去看大峡谷一样。"

某个周六下午，阿利奇在拖延了一个早上之后，终于坐在打字机前给老板写了一份提案：

> 迄今为止，电视的杰出功能就是把比赛带到观众面前，但现在我们要把观众带进球场里……
>
> 开场商业广告过后，我们不应该直接切换到球场的全景画面，而是应该播出校园和体育馆的预录镜头，以便让观众身临其境。他必须知道自己身在俄亥俄州首府哥伦布市，全城都为橄榄球疯狂；或者他正在俄勒冈州小城科瓦利斯，淹没在人数稍少但激情澎湃的球迷之间。他必须知道周遭的景色和校园是什么样子，有多少人在跟他一起看球赛，现场球迷穿着什么衣服，这场比赛对双方学校又有什么意义。

这份备忘录足有 3 页长。里面不光谈到摄像机角度、主要镜头和开始画面等问题，其真正的核心还是提出了一种新方法，试图让原本对俄勒冈州一场大学橄榄球赛不感兴趣的观众也变得投入。阿利奇说，诀窍在于要给观众足够的背景介绍，他们的兴趣便会油然而生。

公司对于阿利奇洋洋洒洒写下的设想相当兴奋。两天后，他们要求这位不足而立之年、履历表也乏善可陈的年轻人制作一集大学橄榄球赛，并可尽情用上他在备忘录里提出的各项要点。[14]

阿利奇其实是本能地采用了洛温斯坦的知识缺口理论。你要怎样才能让人对某事产生兴趣呢？请指出对方知识的缺口。但是，假如人们对于比如说乔治亚大学斗牛犬队的知识的缺乏程度，已经成为深坑而不只是缺口了呢？面对这种情况，你就必须先把知识填补到只剩缺口的程度。阿利奇选定了场景，拍摄了本地球迷，扫视了大学校园；阿利奇热烈地谈起观众情绪、比赛双方和交战历史。等到球赛开始的那一刻，有些电视观众已经开始在乎哪队会赢了，而剩下的观众早已目不转睛了。

阿利奇的下一份任务是接管后来被称为《体育大世界》（*Wide World of Sports*）的系列节目。该节目向美国观众介绍了许多他们前所未见的体育运动：环法自行车赛、勒芒汽车比赛、竞技冠军赛、滑雪比赛和足球比赛……。报道这些赛事时，阿利奇再度运用了他在大学球赛转播时所开创的电视哲学：首先铺陈背景环境，告诉人们足够多的历史资料，好让观众开始关心自己知识中的缺口。谁会在勒芒24小时耐力赛中因体力不支而落败呢？那位从教师转行赛车的选手有没有可能夺下冠军？“黄牌”究竟是个什么东西？

阿利奇于2002年去世。历数其职业生涯，阿利奇先是晋升为美国广播公司体育部主管，随后又被提拔为新闻部主管，《体育大世界》、《周一橄榄球之夜》（*Monday Night Football*）、《20/20》和《夜线》（*Nightline*）等节目都出自他之手，共为他获得36座艾美奖。阿利奇为大学橄榄球赛发明的那套工具确实经受得起时间的考验。让他人关注的方法就是提供背景知识，这在今天看来好像是显而易见的做法，因为这些技巧早已无所不在。但这股浪潮之所以风靡至今，都源自当年那位29岁小伙子写下了如何让大学橄榄球赛搞得更有趣的备忘录。

很多老师用来吸引学生兴趣的办法，其实也跟阿利奇那套工具殊途同归。有人把这种策略称为“高级组织者”。也就是说，要让学生投入某个新主题，你就得先点出一些他们已知的事情。比如，地理老师可以让学生搜集一些地震灾害的照片，再慢慢引出地壳板块构造的讨论。又或者，老师可以按照阿利奇的办法照葫芦画瓢，先介绍历史背景，引起学生兴趣。化学老师可以先讲讲门捷列夫（Dmitri Mendeleev）如何冥思苦想整理化学元素的故事，接着才进入元素周期表的教学。通过这种方式，元素周期表仿佛从侦探小说的背景中现出真身。

人们因为知识缺口而产生兴趣。但要证明知识缺口确实存在，首先你可能得先点出一些已有的知识："这些是你已经知道的，这些是你还不知道的。"或者，你也可以先把背景环境建立起来，让别人关心接下来会发生什么。悬疑小说家和填字游戏作者都会给我们提供线索，这不是没有道理的。当我们感觉谜底已经呼之欲出的时候，我们的好奇心便会驱使我们打破砂锅问（璺）到底。

相信你也注意到，电影里面的寻宝图往往很含糊。图上只有简单几个重要地标，然后就是一个标示宝藏所在地的大叉。通常寻宝者都能顺利地找到第一个地标，但那只是漫漫寻宝路的第一步。要是寻宝图都由 MapQuest.com（美国最早的地图制作网站，为 200 多个国家提供地图）之类的网络地图公司所制作，还能附上按部就班的详细步骤，那么探险电影这种类型片便可以自动消亡了。那么，到底该如何把信息告诉对方才好呢？对信息进行排序是有价值的，你应该按照先后次序逐一释放，先丢一个线索，再丢一个线索，然后再来一个线索，而不是把成堆的信息一股脑儿地扔给对方。这种沟通方式更像是打情骂俏，而不是灌输说教。

意外事件因为打开了知识的缺口，因而能起到激发和引导的效果。意外事件好比在有待发现的位置上打了红色的大叉，但又不明确告诉你怎样才能抵达那里。我们接下来将会看到，大红叉要是画得够醒目、够壮观，便足以驱动成千上万人投身其中许多年。

月球漫步与口袋型收音机

第二次世界大战结束后，一家新创公司正在满目疮痍的东京惨淡经营着，这就是索尼公司的前身。索尼公司虽然已经吸纳了一大批杰出的科学家和工程师，但推出的第一件创新产品——电饭锅却惨遭滑铁卢。索尼最初是靠维修短波收音机才得以生存下来的。

正当此时，索尼首席工程师井深大（Masaru Ibuka）对美国贝尔实验室刚发明出来的晶体管产生了浓厚兴趣。井深大渴望能有一个宏大而充实的计划，好让手下 50 人组成的科学家和工程师团队投入其中，而他恰好看到了晶体管的巨大潜力。然而，正当井深大要向贝尔实验室竞标购得晶体管技术的使用权时，却遭到日本经济产业部的拒绝。经济产业部怀疑如此年轻的公司是否有能力驾驭如此尖端的技术。

1953 年，井深大终于取得晶体管的授权许可。他始终怀有一个愿景，要用晶体管来做收音机。在工程师看来，晶体管收音机的优势非常明显：收音机不再受到硕大电子管的限制，不再笨重，也不再不可信。贝尔实验室告诉井深大，他们认为“晶体管收音机”这主意并不可行。可不管怎么说，井深大的工程师们还是继续坚持愿景。

在此我们先暂停一下，设身处地地替井深大想一想。你的公司刚刚起步，手下又有一支优秀的团队需要你去激发。你完全有上百种方向可以引导他们，比如饭锅、收音机、电话或者其他任何研发部能设计出来的东西。但你认定了晶体管收音机是最有前景的方向。

所以，你想要传达的核心信息就是晶体管收音机这个梦想。你怎样才能让这个观念显得意外呢？你该如何激起团队的好奇心和兴趣呢？“晶体管收音机”这个概念本身可能不足以激励你的团队，因它更多地关注技术，而非商业价值。晶体管收音机而已，有什么了不起呢？

那么，试着运用一些经典的管理主题如何？竞争：“索尼公司将打败贝尔实验室，率先研发出晶体管收音机。”品质：“索尼将成为全球最受尊敬的收音机制造商。”创新：“索尼将创造出全球最先进的收音机。”

井深大向团队提出的创意想法：“口袋型收音机。”[15]

站在今天回头看，其实很难想象这个创意在当时听起来有多么狂妄。索尼的工程师在乍听之下，一定会觉得非常意外，也非常大胆。在当时，收音机是家具，绝对不是可以揣在口袋里的玩意儿。在当时，收音机生产商雇用的可都是全职的家具工人。

更何况，贝尔实验室的精英团队明明已经认定这是异想天开，而一家初出茅庐的日本小公司却自命不凡想来承担这项创新研发任务，实在太不可信了。毕竟，在20世纪50年代，“日本制造”基本上是粗制滥造的代名词。

索尼的工程师不仅极有本事，还很有野心。井深大这项“口袋型收音机”的观念很快被公司内部广为接纳，并驱动索尼走过一段不可思议的成长期。到了 1957 年，索尼公司员工已经增长到 1 200 人。1957 年 3 月，距离公司勉强获得晶体管许可后仅 4 年光景，索尼推出了世界上第一部便携式晶体管收音机——TR–55。TR–55 的销售量多达 150 万台，这也让索尼公司一鸣惊人，响彻全球。

“口袋型收音机”，这个听起来只是个出色的产品构想，算不上出色的“黏性创意”吧，不是吗？不，它两者皆是，而且两者都不可或缺。毫无疑问，就算井深大当时决定改做全球最高档的电饭锅，世界上还是会有别人发明出晶体管收音机，晶体管收音机是不可阻挡的技术进步。但若是这样，世上第一批晶体管收音机的体积远远达不到塞入口袋那样袖珍；而且，若不是井深大的意外观念指引方向，索尼的工程师们早在晶体管收音机变得小巧实用之前先行放弃了。井深大能够激励研发团队为之奋斗多年，就是因为他提出了一个意外观念，令数百名工程师尽心尽力、各司其职。

1961 年 5 月，时任美国总统肯尼迪在国会特别会议上发表演讲。当时，冷战依然主宰着全球的政治局势。冷战之中，制衡双方整体高下难分，然而在一个可见度甚高的战场上，美国明显落在后头。这个战场就是太空竞赛。

1957 年，苏联成功发射了世上第一枚人造地球卫星“斯普特尼克号”（Sputnik），历来因科技领先全球而自豪的美国不由举国震惊。美国之后也发射了多枚人造卫星，但苏联依然持续稳居领先地位。1961 年 4 月，苏联宇航员尤里·加加林（Yuri Gagarin）成为世上第一位遨游太空的地球人。美国宇航员艾伦·谢泼德（Alan Shepard）则在一个月后跟进。

肯尼迪在国会演讲中概述了有助于美国在冷战中保持领先地位的一系列恳求。他提出下拨足够的经费来达成多项战略目标：成立国际开发署负责国际发展，扩大北约组织，在拉美和东南亚设立广播电视站，加强民防系统。

不过肯尼迪为那次演讲画上了古怪的休止符。他最后的提议与国际援助和民防工程全然无关，而是如下所述：“我认为我国应该在 60 年代结束之前矢志达成一项目标：将人类送上月球，再平安接回地球……若我们能破釜沉舟、同心同德，那么到达月球者将不是个人，而是全国。全国人民都必须协力助他登上月球。”

两个观点都令人意外。收音机本是家具，不是能装进口袋的事物；人类本不能在月球上漫步，因为路途遥远、空气稀薄。

两个意外观点都阐发了内涵。两者并不是循序渐进地引人踏上鞍马劳顿之途，而是以快速跃进的方式让我们窥见或到达未来。不仅是如何去做，更是为何去做。

两个意外观点都制造出知识缺口。知识缺口理论创始人洛温斯坦强调，我们不要忘记，知识缺口使人痛苦。“要是人们喜欢好奇心，为什么还要拼命找出答案？”他问道，“为什么不在看完最后一章之前就把悬疑小说放下？为什么不在紧张球赛的最后一节前就把电视关掉？”[16]

两个意外观点制造出的知识缺口都很大，但没有大到不可逾越的地步。肯尼迪并没有提议“登陆水星”，井深大也没有提出“植入人体型收音机”。两个意外观点所传达的目标也都大胆无畏，相当刺激，但没有大到使人瘫痪。每一位听过“登陆月球”演讲的工程师一定会马上开始头脑风暴：“嗯，我们首先要解决这个问题，其次得开发这项技术，再然后……”

口袋型收音机的愿景持续激励一家新创公司渡过成长期的难关，最终成为国际公认的技术弄潮儿；人类月球漫步的愿景持续激励数十家机构的成千上万人同舟共济，齐心合力，奋斗将近10年时间。两者都是宏伟、强大而又富有黏性的观点。

因此，每当我们怀疑自己是否有能力吸引他人注意或保持他人注意的时候，不妨从肯尼迪和井深大两位先驱那里汲取灵感。或者稍退一步，不妨从诺拉·依弗朗的新闻课老师和诺德斯特龙百货公司的经理那里获得启发。意外原则加诸核心理念，总会产生令人意外的持久影响力。

03

具 体

帮人理解记忆

抽象的东西往往很难让人理解并记忆，同时也让人与人之间的交流变得困难。如果，想要让自己传达的信息被人牢牢记住，那么就要将一切抽象的概念转化成人们日常生活中的具体行为。这可能就是伊索寓言《狐狸和葡萄》要告诉我们的事情。

炎炎烈日，狐狸在果园里溜达，见到一串串熟透而多汁的葡萄挂在高高的藤上。“正好给我解解渴。”狐狸心想。于是他后退几步，向前一冲，腾空跳起，却无法够到葡萄。狐狸再次后退了几步，跑得更快，继续跳起来摘葡萄，还是差了一点儿。狐狸试了一次又一次，始终没能成功。最后，狐狸决定放弃，他昂起头，鼻子翘得很高，边走边说：“我敢肯定葡萄是酸的。”人也总是吃不到葡萄就说葡萄酸。

上面这则寓言故事叫作《狐狸和葡萄》，出自伊索之笔。伊索的名字最早出现在希腊历史学家希罗多德的著作中，根据希罗多德的说法，伊索本是个奴隶（不过后来获得自由身）。伊索写过世界史上黏性最强的一批故事，绝对有很多寓言你从小就听过：《龟兔赛跑》《狼来了》《生金蛋的鹅》和《披着羊皮的狼》……举不胜举。如果说《伊索寓言》中有哪个故事可以在距今千年之后仍能流传的话，那很可能会是《狐狸和葡萄》。

即使从没听过《狐狸和葡萄》故事的人也知道“酸葡萄”这个俗语，“酸葡萄”正是这则故事所蕴含的寓意。伊索的故事传遍了全世界。匈牙利人说“萨瓦纽阿索洛”——匈牙利语中“酸葡萄”的意思。中国人说：“因为够不到葡萄所以它是酸的。”瑞典人的说法则颇有几分本地色彩：“狐狸说，花楸浆果肯定是酸的。”

很显然，伊索是在诠释人所共有的缺陷。这则寓言若非反映了人性的某种深刻真理，便也不会延续2 500多年了。但是反过来，也并非所有深刻的真理都能够渗透进日常语言和很多种不同文化的思维里去。而这一则真理黏性极强，正是得益于其独特的编码方式。葡萄、狐狸和酸葡萄的不屑评论所唤起的具体形象，使得它所承载的信息流传千古。有人就设想，假如伊索当初把自己的观点编码成《伊索忠言》——“面对失败请勿愤世嫉俗”，那么它的寿命恐怕会大打折扣吧。

世界需要的是更多更多的寓言。有一家网站为了讽刺铺天盖地的时髦术语，特别推出了“商业时髦术语生成器”。[1] 网友只要从三列词语中各选出一个，便能制造出自己的商业时髦术语，比如说“双向 | 成本主导的 | 再造工程”“客户导向的 | 愿景 | 范式”“战略性的 | 物流 | 价值”。（妙的是，这些随机组合的词语听起来全都特别像真的商业术语。）老师们也有自己的时髦术语：元认知技能、内在化动机、作品集评估、发展性适应和主题式学习……要是你跟医生说过话，我们恐怕连例子都不必举了。我们最喜欢的医学术语是“特发性心肌病”。“心肌病”的意思：你的心脏有点儿问题；而“特发性”的意思：我们完全不知道你的心脏为什么有问题。

语言往往抽象，但生活并不抽象。老师们教给学生的是战争、动物和书籍。医生治疗的是我们的胃、背和心脏。公司生产的是软件、飞机和报纸，还不断制造出比前一年更便宜、更快速以及更豪华的汽车。即使最抽象的商业战略最终也必定落实到实际的人类行为中。实际的行为举动要比抽象的战略陈述更容易了解，就像狐狸抱怨葡萄酸远比阐述人性的抽象评论要更易懂。

抽象化会让观点不易被理解，也不易被记住；抽象化还会使人与人之间的活动难以协调，因为别人可能会以不同的方式解读这些抽象的观点。本章所述的“具体”原则有助于避免以上问题。[2] 这或许是伊索留给我们最重要的教训。

200 万英亩①土地和汉密尔顿山荒地

半个世纪以来，大自然保护协会（The Nature Conservancy，简称 TNC）始终致力于保护世界各地珍稀的自然生态区，他们所用的是最简单的做法：将之买下来。该协会以市场价格买下土地，禁止任何可能破坏环境的行为，例如开发或伐木。此项战略在大自然保护协会内部被称为“钞票换地皮”。这对于捐赠人和赞助人而言很有吸引力，因为他们的捐助效果非常明显：大笔捐款可以买大片土地，小额捐款也能买小块土地。正如一位捐款人所说，

① 1 英亩 ≈ 0.004 平方千米。——编者注

大自然保护协会所提供的结果“踏踏实实可以踩得到”。

2002 年，大自然保护协会加利福尼亚州分会的首席运营官迈克·斯威尼（Mike Sweeney）面临着一项巨大挑战。对于大自然保护协会来说，加州显得至关重要，因为这里包含了太多关键的自然生态区。加州是全球仅有的 5 个地中海气候区之一。（其余 4 片地区分别位于南非西南部、智利中部、澳大利亚西南部和南部，当然还有地中海沿岸。）这些地中海气候区只占全球陆地总面积的 2%，却养育着全球 20% 以上的植物品种。如果你想出资买下稀有的生态土地，地中海气候区可谓货真价实，性价比极高。

就在 2002 年，斯威尼及其员工拿着一幅加州地图，将生态最敏感也最值得保护的区域用色块标记了出来。结果整张地图 40% 的面积都涂上了颜色，所有人都不禁吓了一大跳。这根本就没戏了吧，哪来这么多钞票去买下这么多地皮呢？

全加州有 9% 的面积被划入了“严重危急区”，然而考虑到 9% 还是太大，无法全部买下来。但这些地区的生态保护问题却很关键，大自然保护协会不可能轻易袖手旁观。

大自然保护协会决定改弦易张，转变战略。面对如此广袤的土地面积，“钞票换地皮”战略完全无法施展拳脚。因此，大自然保护协会打算不直接买下土地所有权，而是只确保关键地区不受破坏。协会付钱给土地所有者，要求他们不开发这些区域，也就是买下所谓的“保护地役权”。协会跟地方政府、州政府联手改变政策，奖励公私有土地的保护行为。协会还将焦点放在没有土地可买的重要水文生态区。

这些新战略自然很有道理：相比先前的“钞票换地皮”，大自然保护协会有机会保护到更多的土地。但是缺点也不容回避：其一，对捐款人来说不够具体，政府法规再有利也没法让捐款人“踏踏实实踩得到”；其二，对员工来说也甚为扫兴，因为保护进展并不那么切实可见。当大自然保护协会专注于土地交易时，斯威尼介绍说：“过去要庆祝交易成功很容易，只要告诉大家‘约翰夫妇买下了这片地’，然后拍拍两位买家的背就行了。”这些“里程碑时刻”颇能鼓舞士气，但在新战略下就很难碰上了。那么，大自然保护协会怎样才能让新战略更具体呢？

换作是你面对这种情况，你会怎么做？新环境注定就很模糊，你有没有办法重拾“钞票换地皮”战略中宝贵的可达性？你手上有全加州 40%（或者至少 9%）的土地亟待保护，但又不能全买下来，你该怎样向捐款人和合伙人解释呢？

本书作者奇普曾在斯坦福大学与学生讨论过这个案例。在处理具体的问题时，有些学生的回答是，将大规模的挑战（加州总面积的 40%！危急区占 9%！）分解成比较容易处理的“子目标”，例如：“未来 20 年，我们将每年保护加州 2% 的土地面积。”还有些学生则试着转换成我们能够理解的面积计量单位，比如说英亩。大多数人都能想象出 1 英亩的面积，但我们这个问题的规模太大了：全加州面积的 2% 大约是 200 万英亩。没有人能想象 200 万英亩到底是多大。

学生们试图把大而抽象的目标切割成小而具体的子目标的做法，已经算很聪明了。这个想法没错，但在大自然保护协会的案例中，数目还是太大了。何况以“英亩数”计也不见得是最妥当的思维方式，有些1 500英亩的土地反而比90 000英亩的土地更具有生态价值。另外，思考“每年共计多少英亩”就好比博物馆馆长思考“每年共计多少幅画”，全然忽略了油画的年代、风格和画家等因素。

大自然保护协会最后是这样做的：不谈土地面积，改谈“地貌景观”。地貌景观是指某片独特的毗邻土地，具有珍贵的自然生态价值。大自然保护协会制定了10年内保护50种景观的目标——其中25种应当马上优先考虑。每年5种景观，听起来比每年200万英亩更加实际，也更加具体。

硅谷以东是一片大大小小的褐色山丘，这是一个像约塞米蒂国家公园大小的荒野的开端。褐色山丘是旧金山湾区的重要分水岭，但眼下正被硅谷的城市扩张快速侵蚀。这块地虽然在生态保护方面很重要，但不像红木国家公园或是海岸区那样富有引人遐思的美丽景致。这些山丘长满野草，其间点缀着几棵橡树；一年中的大多数时光，草都是褐色的。斯威尼也承认，这一切看起来并不迷人。即使是硅谷里那些对保护开放空间感兴趣的地方团体也没有注意到褐色山丘。不过斯威尼表示：“我们选保护区不是因为外观漂亮。我们选择这里是因为它是大自然的重要生态区。”

大自然保护协会将这片橡树热带草原命名为“汉密尔顿山荒

地”（以山丘最高点一座当地天文台所在地为名）。把这片地区定义为一处连贯完整的地貌景观，并且为之命名，就相当于把它摆在了当地组织和政策制定者的面前。斯威尼说，以前硅谷的各家团体机构就有意愿保护自己家园附近的重要区域，但都不知道从哪里开始：“如果你告诉他们‘硅谷东边有一块很重要的区域’，这不会让人兴奋，因为不具有实体性。但如果你说‘汉密尔顿山荒地’，他们的兴趣就被提起来了。”

由惠普公司创始人之一所创立的硅谷当地机构帕卡德基金会（Packard Foundation）就捐出了一大笔经费，用于保护“汉密尔顿山荒地”。旧金山湾区的其他环境保护组织也纷纷发起针对“汉密尔顿山荒地”的保护运动。斯威尼说：“我们现在总是忍不住会笑，每次看到别人的文件里谈到‘汉密尔顿山荒地’，我们就想说：‘你知道吧，那是我们编造出来的。’”

城市居民总是会划定并且命名各自的街区，像是“卡斯特罗区”“苏豪区”和“林肯公园”等。这些名字慢慢就定义了这片区域及其特色，每个街区都会形成自己的特色。大自然保护协会也帮助地貌景观产生了同样的效果。“汉密尔顿山荒地”不再是一片不为人知的几英亩土地，而是一跃成为“生态名胜”。

这个故事讲述的并不是土地，这个故事讲的是抽象陷阱。大自然保护协会避免了抽象的陷阱（每年拯救200万英亩的土地），他们把地图上的抽象形状变成实在具体的景观。大自然保护协会聪明地意识到，即使环境不确定，解决办法不确定，也绝不能让自己的信息不确定。“具体”是黏性观点不可或缺的组成部分。

给认知做减法

到底什么东西能让某事变得“具体”呢？如果你能凭感官去认知某样东西，那就是具体的。“V8 发动机”是具体的，“高性能”则是抽象的。大部分时候，具体可以说是特定的人做特定的事。我们在“意外”一章谈到诺德斯特龙的世界顶级客户服务，其中“世界顶级客服”是抽象的，“小诺帮客人熨衬衫”则是具体的。

具体的语言能帮助人们理解新概念，特别是对一无所知的新手；抽象是专家们独享的奢侈品。如果你必须把某个观点传达给满满一屋子的人，你又不确定他们各自的知识水平，那么具体的语言才是唯一可靠的办法。

要认清这一点，我们可以先来研究一下亚洲人的数学教学方式。多年来的新闻报道告诉我们，亚洲国家孩子比美国孩子在各方面表现都要强（除了消耗垃圾食品这项比不上），这一点在数学上尤为明显。美国人的数学能力恐怕在相当小的年纪时，其数学能力就已经输给亚洲人，差距在一年级就已经显而易见，并在整个小学阶段越拉越大。

亚洲学校究竟用了什么不一样的方法呢？在美国人的刻板印象中，这些学校的运作几乎是机器人的效率：学习时间长、纪律严格。美国人总觉得亚洲国家的学生比较欠缺“创造力”，甚至把他们表现更优秀的原因归结为死记硬背。然而事实几乎完全相反。

1993 年，一批研究人员研究了 10 所日本学校、10 所中国学校以及 20 所美国学校。他们在每所学校各挑选两名数学老师进行观察，记录每位老师的 4 节课。研究人员发现，所有老师都用了大量的死记硬背法，这是三地半数以上课程都会用到的标准教学法。但是，三地老师的其他教学方法之间有着相当大的差别。

例如，我们来看看一位日本老师提出的数学题："你有 100 日元，买一本笔记本花了 70 日元，你还剩下多少钱？"或者这位中国老师提出的问题："开始有 3 个孩子在玩球，后来又来了 2 个，之后又有 1 个人加入他们。现在一共有几个孩子在玩球？"老师一边说着，一边在黑板上画出小人，并且写下数学式子：3+2+1。

请注意，这些老师解释抽象的数学概念时，用的是具体而熟悉的东西（买文具和玩皮球）。这些老师的解释方法利用了学生已有的图式（我们在"简单"一章讨论过这项策略），他们拿现有图式（6 个孩子玩球的人员变化）覆盖了一层新的抽象概念。

研究人员把这类提问方法称为"语境算术"，此法恰恰与死记法背道而驰。而且，跟美国人的刻板印象相反，这种教学法在亚洲的应用比例是美国的两倍（占课程总数的比例为 61%：31%）。

另外一个例子是，一位日本老师在桌上放了 5 列骨牌，每列各 10 张。然后，她拿走了 3 列，并问一位学生还剩下多少张骨牌，学生正确地答出了 20。接着，老师又问学生怎么知道这是一道减法问题。这位老师给学生们做出了减法的视觉形象，学生就能根据具体的基础（50 张骨牌取走了 30 张）来建立抽象的概念（“减法”）。研究人员将这类问题归纳为“概念知识”问题。这类问题在日本的使用率是 37%，在中国是 20%，而在美国的比例仅占 2%。

用具体作为抽象的基础，不仅适用于数学教学，而且是人类理解事物的基本原理。初学者往往渴望具体。当你读到某篇学术论文或者技术文章，甚至备忘录时，有没有发觉自己被无比抽象的语言弄得一头雾水，那时候你希望能有个范例吗？

又或者，你也曾体会过照着食谱做菜而食谱却太过抽象的痛苦经验。“请将面粉和牛奶调至适当的稠度。”什么？倒是告诉我要搅拌几分钟啊！给我张照片看看到底要调成什么样子！等我们将这道菜反复做过几次后，“适当的稠度”这种字眼才会有感觉，因为我们可以通过感官印象领会这几个字的真正含义。但第一次听到时，就跟 3 岁孩童看见“3+2+1”没什么两样。

具体为什么能帮助我们理解事物？具体让我们利用已有知识和感官的基本模块来搭建更高层、更抽象的内涵。抽象必须建立在具体的基础之上；脱离具体基础教授抽象理论，无异于建造空中楼阁。

具体的词语更好记忆

具体的观点更容易为人牢记。就以个别单词为例吧，有关人类记忆的实验证实，人们比较擅长记住具体、易于形象化的名词（如“自行车”或“鸭梨”），而不善于记住抽象名词（如“正义”或“个性”）。

天生具有黏性的故事总是充盈着具体的词汇和形象，美国耶鲁大学研究学者埃里克·哈夫洛克（Eric Havelock）专门研究口头流传下来的故事，比如古希腊史诗《伊利亚特》（*Iliad*）和《奥德赛》（*Odyssey*）。他发现这些故事的共同特点是有很多具体的行动，但鲜有抽象概念。[3]这是什么缘故？古希腊人当然对掌握抽象事物毫无困难，毕竟这里孕育了柏拉图和亚里士多德这样的哲学家。哈夫洛克认为，这些故事是经过长久演变才逐渐脱离抽象的。随着故事一代代流传下来，相对具体的细节沉淀了下来，而抽象部分则慢慢遗失了。

我们现在回归当代世界，跳到另一个永恒而又充满美感的表达领域——会计学。假想你是位会计学教授，准备向大学生介绍会计学原理。对于新学生而言，会计学可以说抽象到令人困惑的地步：损益表、资产负债表、T 账目、应收账款和库存股份……完全没有人情味或感官信息。

身为会计学老师，你该怎样让这些抽象概念鲜活起来呢？美国乔治亚州立大学的两位教授卡罗尔·斯普林格（Carol Springer）和费伊·博西克（Faye Borthick）打算做一些非同凡响的大胆尝试。2000 年秋，斯普林格和博西克开了一门会计学课程，用长达整个学期的案例研究作为课程的核心内容。案例研究对象是虚构的两名勒格兰德州立大学二年级学生克里斯和桑迪在创办新公司时所遇到的情况。[4]

克里斯和桑迪构思出一款名为“安全夜游”的新产品，这个装置专为家中有达到法定驾车年龄子女的父母而设计。此装置安装在青少年子女的车里，就可以全程记录行车路线和行驶速度。自从有了“安全夜游”工具，父母有史以来第一次能够据此确定自己的车子在儿女手中是否得到安全使用。

如果你是会计学入门课上的学生，那么此时你也会成为故事的一部分。克里斯和桑迪是你的两个好友，他们听说你正在修一门会计学课程，于是需要你的建议。他们问你：我们这个生意点子可行吗？我们得卖出多少件产品才够付自己的学费？会计学老师会指导你如何找到相关配件的成本价格（例如全球定位系统接收器、存储硬件），以及合伙经营成本［例如在拍卖网站易趣（eBay）上销售要花多少费用］。

这部由克里斯与桑迪主演的“连续剧”长达一学期之久，全方位揭示了会计在商业生活中所扮演的角色。任何一门会计学课程都会定义固定成本和变动成本之间的差别，但在本剧中，两者的差别不是定义出来，而是发现出来的。有些支出克里斯和桑迪无论如何都必须支付，比如产品开发所需的程序设计费用——这些就是固定成本；有些支出只在产品制造或销售时才产生，比如材料成本、拍卖网站手续费——这些就是变动成本。如果你的朋友打算把自己的学费投进一家新创公司，这些差别就相当关键了。

这项案例研究就是一个“语境学习”的例子，类似于亚洲国家数学课老师所用的办法。只不过，在数学课上，一个学生每学期可能会接触到300个不同的例子；而在会计课上，学生只研究一个主题案例，但这个案例内容非常丰富，足以涵盖整个学期的知识内容。

随着学期课程不断推进，你身为克里斯和桑迪的会计，可以目睹这家公司的进展。一家当地法院找到克里斯和桑迪洽谈，希望能给假释犯人用上这套“安全夜游”装置，不过对方希望租用而不是购买。对此克里斯和桑迪应该怎样答复呢？再后来，这门生意开始迅速成长，但克里斯和桑迪突然很紧张地打电话给你，因为他们的支票被退票了。公司产品销量越来越大，但银行账户里却没有现金。怎么会这样呢？（这是很多新创公司面临的问题，也可以用来介绍收益率和现金流之间的区别。）可能你得先研究一个月的付款收据和易趣网收据之后，才能找到这个问题的答案。

那么，学生们是不是学得更好了呢？刚开始还不好说。由于课程教学的改变，很难把期末考试成绩直接同前几年的分数相比较。部分学生好像对新课程更积极投入了，不过也有学生抱怨，研究案例需要花费太多的时间。但久而久之，具体案例研究的好处就越来越明显。学习过案例分析之后，平均成绩高的学生中选择主修会计专业的人更多了。教学中运用具体法，竟然可以让最出色的学生想要从事会计工作。

案例研究教学法同样也对普通学生起到积极影响。他们在之后还选修了会计学课程（平均起来是在两年以后），课程开头部分完全依赖于会计学入门课中学习的概念。体验过案例研究的学生，在课程第一次考试时成绩明显较好。事实上，最为显著的差异体现在总成绩平均为“中等”的学生身上。通常来说，这些学生的课程分数比其他总平均成绩相近的人高出 12 分。但请不要忘了，这是他们学习案例研究课程两年以后的事情。具体的观点真的很有黏性。

记忆的魔术贴理论

具体二字究竟有何魔力，可以让观点产生如此大的黏性呢？答案就隐藏于记忆的本质之中。

我们大多数人会觉得，记住某件事情，相当于把它放进储藏室里；记住一则故事，就好比把它放进大脑的档案柜里。这个类比并没有错。但令人惊讶的是，不同类型的记忆可能存放在完全不同的档案柜中。

其实你自己就可以检验一下这个说法。以下这组句子要求你回想不同的概念。每个句子请花 5~10 秒钟，不要赶时间。当你从一个句子移到下一个句子时，你会发现每当想起不同的事物时，唤起的感觉也各不相同。

- 想起堪萨斯州的首府。

- 想起歌曲《嘿，朱迪》（*Hey, Jude*）或者其他你熟知的歌的第一句歌词。
- 想起油画《蒙娜丽莎》（*Mona Lisa*）的画面。
- 想起小时候住得最久的那幢房子。
- 想起“真理”的定义。
- 想起“西瓜”的定义。

美国杜克大学认知心理学家戴维·鲁宾（David Rubin）就是借用类似的练习来阐明记忆的本质。上面每一句记忆指令似乎都会触发不同的大脑活动。要想起堪萨斯州的首府是一种抽象的练习，除非你正好就住在托皮卡；相反，当你想起《嘿，朱迪》的时候，你可能会听到英国披头士乐队前主唱保罗·麦卡特尼（Paul McCartney）的歌声和钢琴伴奏。（要是《嘿，朱迪》这几个字在你脑中一片空白的话，我们建议你拿这本书去换一张披头士的唱片，这样你会比较开心点。）

毫无疑问，《蒙娜丽莎》的记忆唤起了你对那著名的神秘微笑的视觉形象。想起你孩提时的家，可能会唤起一连串其他的回忆：气味、声音、影像……你甚至可能回忆起自己一路小跑穿过那座老屋，或者想起你爸妈过去常常坐的地方。

“真理”的定义可能比较难召唤出来——你当然知道“真理”的意思，但是和《蒙娜丽莎》一样，可能你事先并没有预备好的定义会从记忆里唤起。你可能得要临时编造出似乎很符合你对

“真理”认知的一套定义。

“西瓜”的定义可能牵涉到一些大脑的波动。“西瓜”两个字立即勾起了你的感官记忆：带条纹的绿色瓜皮、红色的瓜瓤、香甜的味道、整个西瓜沉甸甸的重量……接着你可能感觉到自己切换到了另一种模式，试图把这些感官记忆浓缩成一句话的定义。

由此看来，记忆并不像是一间单独的档案柜，它更像是魔术贴。你仔细看看魔术贴的两面就会发现，一面布满了几千个微小的钩子，另一面则是几千个细小的环套。当两面贴合在一起，不计其数的小钩子就紧扣在小环中，这就是魔术贴能够黏合在一起的原理。

你的大脑中就装有数量众多的小环套。一个观点带的小钩子越多，就越容易黏附在记忆中。童年老房子在你脑中有许许多多的小钩子，而你新申请到信用卡的卡号搞不好只有一个小钩子。

厉害的老师常常会巧施妙计，把某个观点所带小钩子的数目翻上好几番。美国艾奥瓦州有位老师名叫简·埃利奥特（Jane Elliott），她就设计了一则黏性极强的信息，钩住了情感和记忆的诸多不同方面，她的学生甚至在20年后还能清晰地记得这一切。

褐眼睛、蓝眼睛

1968年4月4日，美国民权运动领袖马丁·路德·金（Martin Luther King, Jr.）遇刺身亡。第二天，艾奥瓦州一位小学老师简·埃利奥特觉得，她必须给自己班上的三年级学生解释这位伟人之死。艾奥瓦州小镇赖斯维尔居民全是白人，学生们虽然听过金的名字，但理解不了谁会想杀死他，又为什么要杀死他。

埃利奥特说："我知道是时候该用一个具体的方式来面对这个问题了，因为我们从开学第一天起就在课堂上谈过种族歧视的问题。但是马丁·路德·金遇刺，而且他还是我们两个月前刚教过的'本月英雄'人物，这事儿却没法跟赖斯维尔镇上的三年级小朋友解释清楚。"

第二天，埃利奥特带着一项计划来到学校，目的是使学生们感受偏见。刚上课，她先把学生分成两组，一组是褐眼睛的孩子，另一组是蓝眼睛的孩子。然后她宣布了一个令人震惊的通告，褐眼睛的孩子要比蓝眼睛的孩子优越："他们是这间教室里比较好的人。"两组学生被分开，蓝眼睛的孩子被迫坐在教室后面。褐眼睛的孩子们得知自己更加聪明，连下课休息的时间也更长。蓝眼睛的孩子们必须戴上一种特制的围巾，好让别人老远就知道他们是蓝眼睛学生。两组学生在课间时也不许混在一起玩耍。

埃利奥特很震惊地发现，班上学生很快就完全变了一副模样。"我眼看着孩子们变成了可恶、邪恶和歧视别人的三年级学生……太可怕了，"埃利奥特描述道，"友情在刹那间化作乌有，因为褐眼睛的孩子开始嘲讽蓝眼睛的老朋友。有个褐眼睛的学生甚至质疑我：老师，你是蓝眼睛为什么还能当老师？"

第二天刚上课，埃利奥特走进教室向大家宣布她搞错了，其实蓝眼睛的孩子才比较优越。这种命运的逆转立刻被接受了，蓝眼睛的孩子们欢呼起来，他们小跑着把围巾绕在比自己低等的褐眼睛同学身上。

当自己身处较差族群的那一天，学生们形容自己感觉很难过、很坏、很愚蠢，也很低劣。一个男孩用颤抖的声音说："当我们排在后面的时候，好像什么坏事都发生在我们身上。"而在位居优势族群的时候，学生们感到自己很快乐、很好，也很聪明。

甚至连孩子们的学业表现也都变了。阅读练习里面有一项任务是要求学生尽快完成一叠拼读练习卡片。第一天，当蓝眼睛孩子获悉自己比较差时，他们总共花了 5.5 分钟；第二天，当他们得知自己是优势群体时，只花了 2.5 分钟。埃利奥特问他们："昨天你们怎么做不到这么快呢？"一个蓝眼睛女孩回答："我们昨天戴了围巾……"另一个学生也附和道："我们没办法忽视那条围巾。"

埃利奥特的模拟实验将种族偏见变得具体可感知——具体到残酷，这种教学法也在学生心中留下了永久的烙印。模拟实验后 10 年乃至 20 年的调查研究显示，埃利奥特班上的学生比起其他没有受过类似训练的同辈，其产生种族歧视的倾向大幅降低。[5]

学生们至今仍对这堂模拟教学课记忆犹新。埃利奥特班级学生的 15 周年同学会登上了美国公共电视网（PBS）的《前线》（*Frontline*）节目，从中可以看到这件事对他们的触动之深。雷·汉森（Ray Hansen）回忆起那两天模拟课上对事情理解的转变："那是我最深刻的学习经历。"休·金德·罗兰（Sue Ginder Rolland）也说："种族偏见这种事必须在年纪很小时就弄明白，否则一辈子都很难改变。有时候我也会发现自己有了（歧视倾向），我就会让自己停下来，回忆起三年级的时候，想想自己受到歧视的滋味。"[6]

简·埃利奥特给"歧视"观点装上了许多小钩子。其实她要是用其他班级的方法来教歧视的话会轻松很多，只需把"歧视"当成重要但抽象的知识点，就像堪萨斯州的首府或者"真理"的定义那样；她本来也可以把歧视当成一条可以学而知之的内容，就像第二次世界大战的故事。但是，埃利奥特却把歧视转变成一种经历。我们可以想象其中的各种"小钩子"：小朋友们突然开始蔑视你的样子，脖子上系着围巾的感觉，自我感觉低人一等的绝望，面对镜子看到自己眼睛时的震动……这些经历给学生的记忆装上了太多的小钩子，以至于他们经历数十年仍然难以忘怀。

通往抽象之路：蓝图与机器

简·埃利奥特的歧视模拟课可谓是彰显"具体"威力的绝好范例。但既然具体的力量如此强大，我们又怎么会那么容易陷入抽象呢？

原因很简单：专家和新手之间的差别就在于抽象思维的能力。新任陪审员的心理往往受到律师个性、事实细节和法庭仪式等具体信息的影响，而法官则会把眼前的案子与过往的案件、法庭判例的抽象教训之间进行权衡比较。生物课的学生总是试图记住爬行动物是否为卵生，而生物课老师则在思考动物分类这样的宏观体系。

具体细节在新手眼中不过是具体细节，但在专家看来则是他们长年经验中习得模式和洞察力的象征符号。再者，由于专家有能力看到更高层次的内涵，自然想要在更高层次上讨论问题。专家想要讨论的是棋局战略，而不是国际象棋中的象只能斜着走的问题。

此刻这正是我们的罪魁祸首“知识的诅咒”闪亮登场之时。一位名叫贝丝·贝施基（Beth Bechky）的研究人员曾经考察过一家设计制造公司。[7] 该公司负责研制一种专门生产硅片的复杂机器，为此公司需要两类技术人员：其一是能够创造杰出设计的工程师；其二是能够将抽象设计转变成复杂实体机器的娴熟制造人员。

公司若想成功的话，这两组人员必须实现顺畅融洽的沟通。实际情况可以想见，两者所操的语言不同，双方总是自说自话。工程师往往抽象思考，整天都在为画图和蓝图的事头痛；而制造团队则总在实物层面思考，整天都在摆弄机器。

“知识的诅咒”效果最突出之时，就是制造部门出了问题的时候。制造人员难免会遇到各式各样的问题，有时零件装不上去，有时供电不足。制造部门就会把问题反馈给工程师，而工程师则会立刻开始工作。准确地说，工程师会马上修改图纸。

举个例子，制造部门可能发现某个零件不能安装到机器上。

当制造人员把零件拿给工程师看时，工程师就想拿出设计蓝图，在上面做些调整。换句话说，工程师本能地想要跳到更高层次的抽象层面上。

贝施基发现，工程师最终把图纸改得“越来越复杂”，希望这种改进后的蓝图能让制造部门看得更明白。长此以往，蓝图就变得越来越抽象，双方越来越不容易沟通。

这些工程师的行为就好像美国游客去国外旅游，以为自己努力把英语讲得慢一些、大声一些，对方就能听得懂似的。他们其实就是中了“知识的诅咒”。他们已经想象不出非专家看着高度技术化的图纸会是何等感觉了。

制造部门的人心想：你们为什么不直接到制造车间来告诉我这零件究竟该怎么装上去？而工程部门的人则在想：我该怎样才能把图纸画得更好？

相信很多不从事硅芯片制造机械的读者对这种沟通障碍也并不陌生。那么你该如何改正呢？双方是否都该更体谅对方的感受，各进一步，然后在中间地带碰头呢？其实不必如此。解决方法是让工程师改变自己的行为。这是为何？正如贝施基所说，实体机器才是沟通上最有效也最相关的领域，双方都能完全理解实体机器。因此，问题必须在机器层面上得到解决。

我们很容易忘记自己讲的是专家行话。我们开始遭受“知识的诅咒”，就像本书先前提到“击节者与听猜者”里的击节者。要把自己熟稔多年的东西用具体实际的方式说出来，可能让人感觉不自然。但只要我们愿意努力一试，一定会有回报：我们的听众不仅能听得懂，而且记得住。

这个故事的教训绝非要我们“屈尊就卑”，降低沟通的水准。制造人员遇到的问题很复杂，需要很聪明的解答才行。这故事的寓意其实是要找到一种“通用语言”——一种每个人都能流利上口的语言。不可避免的是，这种通用语言必然是“具体”的。

具体有助于协同

在前一章中，我们以两条用于激励和协调大批聪明人的意外口号作为结束，这两句口号是对人们造出“口袋型收音机”和“十年内将人类送上月球”的挑战。不知你是否注意到，两句口号同时也相当具体。绝不会有日本工程师因为使命太过含糊而停在原地，也不会有美国国家航空航天局人员争辩“十年”“人类”和“月球”等字眼涉及的含义。

具体能让目标变得透明，即使是专家也需要透明。想象一家新创软件公司，目标是打造“下一个伟大的搜索引擎”。公司聘有两名程序员，知识背景几乎相同，坐在相邻的办公桌上工作。对其中一位来说，“下一个伟大的搜索引擎”意味着高完整度，必须确保网上所有相关信息都能巨细无遗地呈现给用户，不管它有多晦涩；而对另一位而言，“下一个伟大的搜索引擎”意味着速度，确保搜索结果又好又快。因此，若不将目标具体化，两位程序员的工作就无法完全一致。

20 世纪 60 年代，波音公司准备推出波音 727 客机的设计，公司经理有意把目标制定得极为具体：波音 727 客机载客 131 人，从迈阿密直达纽约，降落在纽约拉瓜迪亚机场的 4–22 跑道。（选定 4–22 跑道是因为其长度不足 1 英里①，这对当时已有的任何喷气式客机而言都太短。）[8] 目标如此具体，波音公司得以高效协调了数千名工程与制造专家的各项工作。试想一下，要是波音 727 客机的目标设定为“全球最优客机”的话，建造起来该有多困难啊！

把 PPT 变成情景剧

斯通－山下合伙公司（StoneYamashita Partners，简称斯山公司）是美国旧金山的一家小型咨询公司，由苹果公司的两位前任创意人员罗伯特·斯通（Robert Stone）和基思·山下（Keith Yamashita）共同创立。斯山公司擅长使用具体的手段帮助其他公司完成业务改变。“我们所做的每件事几乎都是本能的、视觉化的。”基思·山下如是说。大多数咨询公司的“产品”都是一套幻灯片演示，而斯山公司的“产品”则独辟蹊径，它更有可能是一项模拟、一场活动，也可能是一次创意装置展览。

2002 年前后，惠普公司向斯山公司伸出橄榄枝。惠普公司高

① 1 英里 ≈ 1.6 千米。——编者注

层管理团队想跟迪士尼乐园合作，因而希望斯山公司帮忙拟一份商业计划书，要求突出惠普的研发强项，并展示惠普将如何帮助迪士尼经营主题公园。

像许多科技公司一样，惠普也在实验室里进行各项有价值的研究，但这些研究不一定都能转化成实体产品。研发人员的兴奋点在于开拓前沿技术，制造出精密复杂的产品；而顾客寻找的通常是简单可靠的产品。研发人员和顾客多半谈不到一起去。

斯山公司所设计的“展示”堆满了550余平方米的空间。山下描绘了展示的要旨：“我们虚构了一个假想家庭，叫费拉里斯家（Ferraris），全家共有三代人，我们围绕一大家子的日常生活和游览迪士尼乐园的过程进行了一项展示。”

走进展示区，首先映入眼帘的是费拉里斯家的客厅，墙上挂着许多家庭照片，接下来的每间屋子都是跟随费拉里斯一家人走过迪士尼乐园的各种场景。惠普提供的高科技工具帮助他们网上购票，加速入园过程，还帮他们提前预订晚餐；还有一些技术使他们尽享自己喜欢的游乐设施，同时大幅缩短排队等待的时间。游玩了一整天后回到旅馆房间，还有一个意想不到的高潮在等着他们：数码相框已经自动下载了他们在迪士尼乐园里玩“飞越太空山”时的合影。[9]

斯山公司和惠普工程师携手合作，将一场本可能沦为幻灯片投影的逐页展示转变成了一幕生动的现场模拟。斯山公司给数字化服务的概念装上了许许多多的小钩子，将抽象观念具体化为强烈的感官体验。

值得注意的是，这项展示共有两类不同的观众。其一是迪士尼。迪士尼公司高管是“新手”，需要别人以实实在在的形式告知他们，惠普公司的高科技究竟能为他们带来什么；其二是惠普的员工，特别是广大工程师们，他们远非新手，很多工程师一度对斯山公司的展示作品持有怀疑态度。然而，演示一开始就在惠普公司内部掀起了极大的热度。本来这项展示只要完成针对迪士尼方面的宣传任务就可以收工了，但因为反响太过热烈，结果展示期又延长了三四个月。一位观察人士表示：“这个展示像病毒一样传播开来，其他人纷纷开始问：‘你看过那个实验室团队做的东西了吗？真厉害！你知道其实我们也可以做成吗？他们做那玩意儿只花了 28 天？’”

正是“具体”使得这支专家团队成功地实现了协调工作。来自不同研究领域的工程师们早已习惯于思考高难度的技术问题，但突然间得跟费拉里斯一家面对面接触。他们通过努力解决家庭的具体需求（买票、订位子和拍照），做了一些相当了不起的事：将实验室里的抽象概念转变成一家子玩“飞越太空山”游戏时的合影。

具体的任务更易得到结果

请拿出一支笔和一张纸，再找个办法计时（手表、定时器或家人帮忙皆可）。下面是一项关于具体的自我测验。你将要完成两个 15 秒钟的简短练习。工具准备齐全后，请定时 15 秒，然后按照步骤一的指示来做。

步骤一：尽量写下所有你能想到的白色的东西。

停。请重新定时 15 秒，接着往下读步骤二的指示。

步骤二：尽量写下所有你能想到在你冰箱里的白色的东西。

有意思的是，大多数人在两项测验里都能列出差不多数目的东西。这结果很惊人，因为我们的冰箱并没有包含整个宇宙中的太多东西。即使在步骤一中写出较多东西的人也会觉得，冰箱那一题答起来“比较容易”。

为什么会这样？因为具体是一种让我们的大脑动员起来并且保持专注的方法。关于这种现象的另一个例子，请思考下面两个句子：（1）想出过去 10 年来人们做出的 5 件蠢事；（2）想出过去 10 年来你孩子做出的 5 件蠢事。

好吧，我们承认这是一种巧妙的大脑游戏，但它有什么价值呢？你能不能想象，有一位创业人士就凭借这种巧妙的大脑游戏赢得了一群资深的投资人共计 450 万美元的巨额投资。

红色文件夹和未来电脑

对创业人来说，能有机会把自己的商业构想推销给当地的风险投资人绝对是件大事，就像乳臭未干的新演员能有机会在独立电影导演面前参与试镜一样。不过，有幸向美国硅谷最负盛名的风险投资公司克莱纳·珀金斯公司（Kleiner Perkins，硅谷最有声望的公司）兜售想法，应该说比较像是跟大导演史蒂文·斯皮尔伯格（Steven Spielberg）进行一对一的试镜。你一出门有可能立马晋升为炙手可热的大明星，当然也可能刚刚毁掉一生中最重要的机遇。

所以我们可以理解，1987 年年初，时年 29 岁的杰里·卡普兰（Jerry Kaplan）站在克莱纳·珀金斯办公室里为什么会感到万分紧张。[10] 再过 30 分钟他的演示就该开始了。卡普兰曾任斯坦福大学研究员，后来辞职去了早期的莲花软件公司（Lotus）工作。莲花公司推出的 Lotus 1-2-3 电子表格软件十分畅销，使之一跃成为股票市场的宠儿。如今卡普兰准备迎接下一个挑战，他的理想是开发出体积更小、更便于携带的下一代个人电脑。

卡普兰在会议室门口踱来踱去，等待前一位创业人员结束展示。卡普兰看到那位的报告之后，顿时觉得自己的准备太不充分了。他越看别人，心里就越没底，甚至越来越慌。前一位创业者身穿深色的条纹西服，配上一条红色领带；卡普兰则穿着运动外套，敞口衬衫。前一位在白色幕布上投影出令人印象深刻的彩色图表；卡普兰只拿着一只暗红色文件夹，里面装着一沓白纸。情况不太妙。

卡普兰本以为自己只是来参加一个“大家认识一下”的碰面会，但当他站到门口时，才发现自己太天真了。他手上“没有商业计划书，没有幻灯片，没有图表，没有财务预测，也没有产品样机”。最糟糕的是，即使前面那位准备得特别充分的创业者，在会议室里面对的也是一群满腹疑团的听众，而且还丢出一个接一个棘手的问题来刁难他。

轮到卡普兰上场了，一位公司同事首先向大家简要地介绍了他。卡普兰深吸了一口气就开始了：“我认为一种新型电脑将会满足我们这样的专业人士在离开办公桌时的需求，它更像笔记本而不是打字机，用笔操作而不是用键盘操作。我们将会用它来做笔记，利用手机联网来发送和接收信息，用它来查找地址、电话号码、价目表和存货，用它来计算电子表格，用它来填写订货单……”

卡普兰还谈到这种电脑所涉及的技术，并突出强调了其主要的未知数：机器能否可靠地识别出手写输入并转化为命令。卡普兰回忆了接下来发生的情况：

> 屋子里的气氛很紧张。我不知道他们是否对我的准备不足感到恼火或者仅仅是专注于我所说的内容……我心想反正已经搞砸了，没什么可损失的了，于是就决定放手一搏，来点儿戏剧性的花样。
>
> “如果我现在带着一台手提电脑，各位一定看得出来。

但大家可能没发现，我现在手里正捧着一部未来电脑的模型呢。”

接着我把暗红色的皮质文件夹往空中一抛。它飞到会议桌正中央，“啪”的一声重重地落在桌上。

“诸位，这就是下一波电脑革命的模型。”

当时我就想，最后这招放手一搏，搞不好自己会被人丢出会议室。不料在座的人惊讶得哑口无言，直盯着我那只静静躺在桌上的皮质文件夹，好像它会突然活过来一样。这家公司里长相年轻但资历颇深的合伙人布鲁克·拜尔斯（Brook Byers）慢慢伸出手去摸文件夹，好像那是什么符咒似的。他提了第一个问题：

“你这么一台东西里面到底能存多少资料？”

另一位合伙人约翰·多尔（John Doerr）抢先替我答了：“那不重要。反正现在存储芯片每年都越做越小，也越来越便宜，同样的体积和价钱，容量每年都可能翻一番。”

还有一位也插话了：“但是约翰，你得知道，除非你能把手写识别问题解决好，不然会很占地方。”说话的人是维诺德·科斯拉（Vinod Khosla）——太阳微系统公司（Sun Microsystems）的首席执行官，他是帮这家公司评估科技产业投资事宜的。[11]

卡普兰说，打那之后，他几乎用不着开口，因为公司合伙人和同事左一言右一语，你问我答，马上就把他的商业计划给充实了起来。他还说，时不时就会有人伸手摸摸或是看看他的文件夹。“这个从一个文具店买来的小东西，神奇地变成了未来科技的象征。”

几天后，卡普兰接到克莱纳·珀金斯公司的来电，该公司决定投资这项商业计划。他们将卡普兰尚不存在的公司估价为450万美元。[12]

创业者走进会议室，与会人员本该针对疑虑展开严格盘问，结果却演变成了一场集体头脑风暴，是什么促成了这种转变？就是那个暗红色文件夹。文件夹给会议室里的人们提出一项挑战，一种集思广益并将各自现有知识调用出来的方法。文件夹扭转了众人的态度，从被动批判变为了主动创造。

文件夹的出现使得风险投资人更容易展开头脑风暴，就如同“冰箱里的白色的东西”更方便我们开始头脑风暴一样。他们看到文件夹的尺寸后，脑中就冒出一堆问题：这种电脑能有多少存储容量？哪些电脑配件可以在未来几年内缩小体积，哪些则不会？这种构想若要成功，还得开发哪些新技术？这个过程与当年日本索尼公司工程师受到“口袋型收音机”构想而激发出创造才能如出一辙。

“具体”可以开辟出供众人协调合作的土地。那间会议室里的每个人都能舒服地共同应对同一项挑战。可见，就连风险投资界的“摇滚巨星”克莱纳·珀金斯公司这样的业内专家，也能从“具体”的对话中获益良多。

创意诊断

口服补液疗法能救孩子的命！

背景

全球每年都有100多万名儿童死于腹泻导致的脱水。这个问题其实可以用成本很低的方法加以避免，只要给孩子们补充适当的水分就可以了。你如何让其他人投资这个想法呢？

* * *

信息一

以下是来自非营利组织PSI（国际人口服务组织）的解释文字，说明发展中国家的健康问题：[13]

腹泻是发展中国家儿童的主要杀手之一，每年有150万儿童因腹泻而丧命。死因并不是腹泻本身，而是腹泻引发的身体脱水。人体大约3/4由水组成，而脱水量如果超过全身体液的10%，主要器官就会衰竭，最终导致死亡。如果发病状况严重，比如罹患霍乱，则可能在8小时内死亡。

为了防止脱水致死，必须增加足够的水分摄入量，以补充因腹泻而流失的体液和电解质。最适宜的液体就是电解质、糖和水的混合液，称为口服电解液。相较其他液体，口服电解液能更快补充体液和电解质，而且其作用不受肠壁疾病的影响。

信息一评析

快速回答：这个问题是如何解决的？假设你是某发展中国家的卫生负责人，你明天具体要怎样做才能救这些孩子的命呢？

平心而论，这则信息不过是某网页上用来说明 PSI 为这一问题所做的相关努力，字里行间并不能反映该组织会如何向决策者游说谏言，以说服他们采取行动。此文的写作角度是运用语言增加信服力，其中提到许多科学术语和表达。然而，如果这个问题听起来太过复杂，就可能让人踟蹰不前，坐以待毙。

* * *

信息二

以下这则信息来自詹姆斯·格兰特（James Grant），他曾经担任联合国儿童基金会会长一职长达多年。[14]

格兰特出门旅行时总是随身带一个袋子，里面装着 1 茶匙的盐和 8 茶匙的糖——与 1 千克水混合后就成了口服电解液。格兰特每次与发展中国家的总理们会面时，总会取出这包盐和糖，并且告诉对方："您知道这包东西的价格比不上一杯茶，却能拯救贵国成千上万名儿童的性命吗？"

信息二评析

快速回答：这个问题是如何解决的？明天你具体要怎样做才能救这些孩子的命呢？格兰特的信息把事情明明白白摊在桌面上，让你的知识发挥效用。或许你就会开始头脑风暴，想想怎样把这样的盐和糖混合包介绍到学校去；或许你也会开始想怎样做公共宣传，教会母亲们盐和糖混合的正确比例。

格兰特显然深知如何让想法增强黏性。他拿出一件具体的道具，一开始就做了一个引人注意而又令人意外的对比：这包东西的价钱比不上一杯茶，却能真正起到作用。各国总理们终日操劳繁复难解的社会问题（修建基础设施、建造医院和维持环境卫生），突然间面前摆了一个能救成千上万孩子性命的简单盐糖混合包。

格兰特的信息确实牺牲了 PSI 那则信息中，用来增加可信的统计数字和科学表述。不过，身为联合国儿童基金会会长，格兰特本身已经具备足够的可信度让人不必质疑他所提出的事实。于是，格兰特可以把（并无异议的）事实争论暂时搁置，而全力去打一场激发动力之仗。他的那包盐和糖就相当于卡普兰在投资人面前丢出的那只暗红色文件夹，让听众就眼前这一议题提供自己的专业知识。你只要看到它，就没办法不开始头脑风暴，探索各种可能性。

记分卡

检查表	信息一	信息二
简单	○	●
意外	○	●
具体	○	●
可信	●	○
情感	●	●
故事	○	○

* * *

小结

这次的“创意诊断”是作者在本书所有“使用前 / 使用后”对照案例中的最爱，因为它展示了一个具体的观念能产生多大的力量。从道义上讲，应该设法让人坐下来，一起贡献知识，各展所长。此时此刻，一件具体的道具要比抽象的科学阐述更为有用。

把观点变得具体

如何才能把自己的观点具体化呢？我们可能会发现，如果以特定对象的需求为导向（比如我们的读者、学生和客户等）的话，那么我们就会比较容易做决策。

通用磨坊公司（General Mills）是全球最大的消费品制造商之一，旗下品牌包括品食乐（Pillsbury）、谷物麦圈（Cheerios）、绿巨人蔬菜（Green Giant）、贝蒂妙厨（Betty Crocker）和营养麦片（Chex）等。从销售量来说，通用磨坊公司最大的一个品牌就是“汉堡帮手”（Hamburger Helper）。来自密歇根州、年仅 28 岁的梅利莎·施图辛斯基（Melissa Studzinski）于 2004 年加入通用磨坊，担任“汉堡帮手”的品牌经理。

施图辛斯基加入团队时，“汉堡帮手”已经低迷 10 年了。公司首席执行官为业绩下滑深感忧心，故而宣布 2005 年的首要目标是重振“汉堡帮手”的品牌雄风。施图辛斯基作为团队中最新加入的成员，自然对此项挑战求胜心切，跃跃欲试。

新上任时，公司发给她三大册巨型资料夹，里面满是各类数据和统计资料：销售和销量数据、广告战略摘要、产品资料、顾客市场调查……几个资料夹重得拿都拿不起来，更别提全部消化记住了。施图辛斯基称之为“死亡资料夹”。

几个月后，施图辛斯基的团队打算把这些数据搁到一边，尝试其他新办法。他们计划把“汉堡帮手”团队成员（像是市场营销、广告和研发人员）派到“汉堡帮手”消费者的家里去。他们私下里把这个想法称为“指尖计划”，因为通用磨坊的员工都得切身了解品牌消费者的使用情况，而且需要达到指尖可以触及的熟悉地步。

公司于是发布消息，广泛征求愿意让陌生人来家里看自己做饭的母亲们（妈妈群体是“汉堡帮手”的主要顾客群）。团队最终拜访了近 30 个家庭，施图辛斯基也亲自拜访了 3 个家庭，这些经历让她难以忘怀。“我读完了也全背下了有关我们消费者的所有资料，”施图辛斯基说，“我甚至能背出他们的人口统计数据。但走进顾客家里，感受她生活的一部分，却是完全不同的体验。我永远忘不了有一位母亲，一边背着差不多刚会走路的孩子，一边在炉子前做晚饭。我们都知道‘方便’是此产品的一项重要特色，但要是亲眼看见消费者对‘方便’的需求，还真是完全不一样的认识。”

最重要的是，施图辛斯基发现母亲和孩子们真的很重视可预测性。“汉堡帮手”共有 11 种不同的意大利面团形状。但孩子们根本不关心形状，他们在乎的是味道；而妈妈们只想买可预测的同等口味的面包，以有把握孩子们不会拒绝吃。但是“汉堡帮手”一共有 30 多种口味，妈妈们每次都得在山一样高的超市货架上浏览半天，才能找到自己喜欢的口味。食品和饮料公司总是拼命地想要推出新口味和新包装，但是施图辛斯基必须遏制这种冲动。“妈妈们会觉得新口味很不保险。”她解释道。

施图辛斯基的团队正是利用这些关于母亲和孩子的具体资料，成功地说服了公司内部各个不同部门（从供应链、生产到财务）的成员，最终大家都同意简化产品线。据施图辛斯基介绍，如此一来，成本得到“大幅降低”，而妈妈们也更高兴了，因为她们更容易从超市食品架上找到家人最爱的口味了。简化产品线，调整产品定价，改进广告宣传……这一系列明智的措施使得品牌命运停止滑坡，继而急转直上。到 2005 年财政年度结束时，“汉堡帮手”的销售量增加了 11%。

施图辛斯基说：“现在，每当我要做出有关品牌的任何决策时，我都会想到曾经接触过的家庭主妇，我会想她们若是处于我的立场时会怎么做。这种思考方式真的太有用了。”

* * *

这等行事哲学其实也适用于那些更超然出世的观念。萨德尔巴克教会（Saddleback Church）是美国加利福尼亚州欧文市郊区发展得相当成功的一所教会，会员已经超过了 5 万人。长年以来，教会领导人已经对于他们试图吸纳的对象有了清晰细致的认识，他们称这类理想对象为“萨德尔巴克·萨姆”（Saddleback Sam）。下面是萨德尔巴克教会牧师里克·沃伦（Rick Warren）的描述：

> 萨德尔巴克·萨姆是我们这片区域典型的不大上教会的人。年纪 40 岁左右，大学毕业，没准儿还有研究生

文凭……已婚，太太是萨德尔巴克·萨曼莎（Saddleback Samantha），膝下共有两个小孩，分别叫史蒂夫和萨莉。

调查显示，萨姆喜欢自己的职业，也喜欢现在居住的地方，他觉得目前的生活比5年前更好。他对自己的身份地位感到满意，甚至有几分洋洋自得。可能是上班族、经理，也可能是成功的企业家。

……

萨姆的另一项重要特征是，很不信任他所谓的“有组织的”宗教。嘴边常说：“我信耶稣，我只是不喜欢有组织的宗教。”[15]

教会实际描绘出的轮廓远比我们以上引用的段落更加深入，还包括萨姆和萨曼莎在流行文化方面的品位和对于社交活动的喜好等，不一而足。

萨德尔巴克·萨姆究竟能给教会领导人起到什么作用呢？萨姆迫使他们用不同的视角来审视自己的决策。比如说，有人提出用电话推销的方式来对当地社区展开传教活动，这一建议乍听起来好像很有可能吸收新教友。但教会领导人从调查研究中得知，萨姆很讨厌电话销售，因此这个想法只能就此作罢。

事实上，围绕“萨姆与萨曼莎”的思维方式并不局限于教会领导层。萨德尔巴克教会共有几百个小型部门，像是小学班课程、母亲节出访计划和男子篮球队等。所有部门都由某些教会志愿者领导，这些志愿者并不是天天听命于专职的教会工作人员。这些大大小小、性质迥异的部门能协调合作，正是因为教会上上下下都知道要争取的对象是何种目标群体。沃伦说："我们大多数成员都可以清楚地描述出萨姆这个人，这点绝对没问题。"

萨德尔巴克教会将萨姆与萨曼莎塑造成教友心目中一对鲜活生动的具体形象，进而成功地争取到5万个真实的萨姆与萨曼莎。

本书提出的黏性创意六大原则中，"具体"可能是最容易接纳的一项，也可能是最有效的一项。

要做到"简单"——要找到核心信息——其实挺困难的。（这当然值得付出努力，但我们也不必骗读者说有多容易。）要把自己的观点打造得"意外"，也是颇费心力和创造力的。但是，要做到"具体"并不算难，也不需要花太多力气。唯一的障碍只是健忘：我们总会忘记自己不知不觉地陷入抽象的夸夸其谈之中，我们也会忘掉别人并不知道我们所知的东西。我们就像工程师一样，总想跳回去修改图纸，却没察觉到装配工仅仅是希望我们去车间实地走一遭而已。

04

可信

让人愿意相信

为了让同行相信自己找到了治愈胃溃疡的方法，一位医学天才竟然喝下一瓶引致胃溃疡的细菌加以证明——这位医生出色的地方在于，他把握了让自己的观点具有可信度的最佳机会。我们常用一些外部权威和统计数据来增强说服力，其实这并不是最有效的。因为，在黏性创意的世界里，生动的细节更具可信度。

在人群中，10 人中有 1 人会患上胃溃疡。其中最常见的是十二指肠溃疡，虽然不会致命，但却极其疼痛。一直以来，胃溃疡的病因令人百思不得其解。普遍看法是胃中胃酸积累过多，侵蚀胃壁导致溃疡，而过多的胃酸则是由压力、辛辣食物或过量饮酒所引起。传统的溃疡治疗是以减轻疼痛为重点，因为到目前为止并无有效的办法可以“治愈”溃疡。

20 世纪 80 年代初，澳大利亚珀斯的两位医学研究员有了一项惊人的发现：溃疡是由细菌引起的。这两位研究员巴里·马歇尔（Barry Marshall）和罗宾·沃伦（Robin Warren）指出，元凶是一种螺旋状的微小细菌（之后被命名为“幽门螺旋杆菌”）。这项发现意义极其重大：如果溃疡是由细菌引起，那就可以治好。事实上，只要施用简单的抗生素，几天之内就能治好。

然而，医学界并没有欢庆这项发现。马歇尔和沃伦虽然单枪匹马地改善了几亿人未来的医疗前景，但并没有人与他们举手相庆。没得到喝彩声的原因很简单：没人相信他们。

溃疡成因细菌说尚有多个问题有待商榷。其一是常识问题。

胃酸的腐蚀性很强，（常见的是）能消化一块厚厚的牛排，它的强度（不常见的是）能溶解一枚铁钉。要是认为细菌能在这种酸性环境下生存未免也太过荒唐，就跟相信撒哈拉沙漠里能遇见冰屋差不多离谱儿。

其二是来源问题。提出这项发现时，罗宾·沃伦是珀斯一家医院的病理学家，巴里·马歇尔则是一名年仅30岁的实习内科医生，连正式的医生都不算。医学界通常都期待重大发现是来自研究型大学的博士或是世界级医学中心的教授，区区内科医生绝没有可能治愈波及全球十分之一人口的疾病。

其三是地点问题。身处澳大利亚珀斯的医学研究员，可信度跟远在密西西比河的物理学家有一拼。虽说科学归科学，但是因为人类的本性，我们总觉得这等好事只可能发生在某些特定的地方。

当时没有任何医学期刊愿意发表马歇尔和沃伦两人的研究论文。在一次专业研讨会上，马歇尔登台宣讲他们的发现，与会科学家甚至纷纷嗤之以鼻。一位听过马歇尔演讲的研究人员认为："他那模样和举止根本就跟科学家毫不沾边儿。"[1]

不过话说回来，公平地讲质疑者也确实有合理的论点：马歇尔和沃伦的研究证据仅体现了溃疡和细菌两者的相关关系，而不是因果关系。几乎所有的胃溃疡患者都带有幽门螺旋杆菌，可惜也有人携带幽门螺旋杆菌却没得胃溃疡。至于说要证明因果关系，研究员一直没机会把病菌植入正常人体来观察他们能否患上溃疡。

等到1984年，马歇尔终于决定放手一搏。一天早上，他没吃早饭就叫同事们到实验室跟他会合。当着瞠目结舌的同事们的面，马歇尔一口气喝下装有大约10亿幽门螺旋杆菌的一杯水。“味道就像沼泽水。”马歇尔说。[2]

没过几天，马歇尔感到疼痛、恶心并伴有呕吐——这些正是胃炎的典型症状，而胃炎则是胃溃疡的早期阶段。同事们用内窥镜观察他的胃壁，之前是健康的粉红色，现在已经呈现发炎的红色了。接着，马歇尔就像变魔术一样，用抗生素和铋（胃黏膜保护剂的活性成分）把自己治好了。

即使经历了这场戏剧化的亲身演示，争论依然远未平息。其他科学家还是给证明过程挑了不少毛病。他们辩称，马歇尔在尚未发展成完整的溃疡之前就已经治愈了，所以他可能只是刺激出了溃疡症状，而没有真正患上溃疡。但不管怎样，马歇尔的搏命示范为细菌说的支持者送去了一缕新风，鼓舞了这一理论的进一步研究，之后便也涌现出对这一理论越来越多的有利证据。

1994年，距离马歇尔的示范已过去整整10年，美国国家卫生研究院终于支持用抗生素是溃疡的最佳疗法这一观念。马歇尔和沃伦的研究也极大地促进了现代医学的一项重要议题：细菌和病毒引发的疾病种类比我们想象的数目多。我们现在知道，宫颈癌的病因是传染性的人类乳头瘤病毒，与某些心脏疾病与巨细胞病毒（一种感染了全球三分之二左右人口的常见病毒）有关。[3]

2005年秋，马歇尔和沃伦凭借这项细菌研究成果获得了诺贝尔医学奖。这两位研究员凭借足以改变世界的研究成果，获得了诺贝尔奖。那么为什么马歇尔还得靠以身试毒的方法来赢得别人的相信呢？

追寻可信之路

我们先从最广泛的角度来提这个问题：什么使人相信？好啦，这个问题是不是太过野心勃勃了？我们还是从显而易见的答案说起吧。我们之所以相信，是因为我们的父母亲友相信，是因为我们有亲身经验做引导，是因为我们有自己的宗教信仰，是因为我们信任权威。

这些都是很强大的力量——家庭、个人经验和信仰……谢天谢地，我们无法控制这些力量影响别人的方式。我们不可能把备忘录输进别人母亲那里来使之更为可信，也没办法做出一份能悉数瓦解别人核心信仰的演示文稿。

若想说服心存怀疑的听众去相信某则新信息很难，因为对方所有的个人经历和社会关系注定了这是场难打的仗。这样看来，要改变别人的信念似乎束手无策了。不过，我们要是缺乏影响他人的自信，那就来看看那些天生具有黏性的观点就行了，因为有些观点再不可思议，也能让我们很快相信。[4]

1999年左右，互联网上突然传出一封电子邮件，很快就传播开来。信中说由哥斯达黎加运出的一批香蕉受到坏死性筋膜炎细菌（噬肉菌）的感染，它警告网友在接下来的 3 个星期内不要买香蕉，并呼吁大家要是吃了香蕉以后皮肤长疹子的话，就“请立即就医”。这封电子邮件同时警告：“坏死性筋膜炎细菌感染的皮肤会极痛，而且每小时会吃掉 2~3 厘米的肉。很有可能要做截肢手术，也有可能丢了性命。”邮件还宣称美国食品药物管理局不肯发布警告是因为害怕引起全国恐慌。（不过老实说，一般人会觉得几厘米的肉都不见了，已经足以引起全国恐慌，就算食品药物管理局没有回应也是一样。）这则骇人的消息发自曼海姆研究所（Manheim Research Institute）。[5]

这条匪夷所思的谣言之所以能流传，部分原因也是它具有某种权威性。消息可是由曼海姆研究所传出来的哦！而且美国食品药物管理局也都知道这件事呢！邮件把曼海姆研究所和食品药物管理局抬出来，为的就是提高可信度。但这两家机构的权威性反倒使我们再度考虑这则本不可信的叙述：坏死性筋膜炎细菌每小时能吞掉 3 厘米的肉？如果这是真的，那为什么晚间新闻上没有报道？

显然，有人发觉这个谣言还可以改造得更加可信。后来传播的新版本还加上了：“本消息已经得到疾病控制中心的证实。”这则谣言如果能传得够久的话，最后想必会演变成“联合国安全理事会大力担保”。

*　*　*

香蕉感染事件告诉我们，权威是观点“可信”的可靠来源。说到能增强可信性的权威，我们通常会想到两类人。第一类是专家，就是墙上挂满镶框证书的那些人，比如神经系统科学界的奥利弗·萨克斯（Oliver Sachs）、经济学界的艾伦·格林斯潘（Alan Greenspan）和物理学界的斯蒂芬·霍金（Stephen Hawking）。

第二类则是名人或各个领域的红人。我们为什么会关心迈克尔·乔丹喜不喜欢麦当劳？显然他不是营养师，也不是世界级的美食家。我们关心他是因为我们也想活得像乔丹一样，要是乔丹喜欢麦当劳，那我们也要喜欢。如果知名脱口秀主持人奥普拉·温弗瑞（Oprah Winfrey）喜欢某本书，就会让我们也对这书感兴趣。我们心中都有梦寐以求想要追随的对象，我们就是会信任这些人推荐的一切。

假如你有本事得到知名专家（比如斯蒂芬·霍金）或是名人（比如迈克尔·乔丹）的倾情推荐，那么请跳过本章这一部分。至于剩下的我们这些人，又该靠谁呢？我们能不能找到除了名人和专家以外的可信度来源呢？

答案可能让你吃惊：我们可以做到。我们可以利用“反权威”的可信度，帕姆·拉芬（Pam Laffin）正是一例。

反权威带来的可信度

帕姆·拉芬是20世纪90年代中期一系列反吸烟电视宣传广告的女主角。拉芬既不是名人，也不是健康专家，她是位老烟枪。

那个时候，拉芬年仅29岁，已是两个孩子的母亲。她10岁就开始抽烟，24岁得了肺气肿，曾经接受过一次失败的肺移植手术。

格雷格·康诺利（Greg Connolly）是美国马萨诸塞州公共卫生部烟草控制中心的主管，正负责策划一场反吸烟的公益活动。康诺利听说了帕姆·拉芬其人其事之后，就邀请她来跟大家分享自己的故事。拉芬同意了。

康诺利说："我们从过去的活动经验中学到的是，让真人来说真实的经历最能打动人。"因此，马萨诸塞州公共卫生部摄制了一系列30秒钟的电视广告，在《甜心俏佳人》（*Ally McBeal*）和《恋爱时代》（*Dawson's Creek*）之类当红电视剧的广告时段播出。这些广告非常残忍。镜头拍下了拉芬垂死挣扎的样子，反映了她因肺部功能衰竭而日渐窒息的状况。观众坐在电视机前，眼睁睁地看着拉芬长期接受侵入性的支气管镜检查—— 一根装有摄像头的管子从口中插入，再推进肺部。广告还记录了拉芬背部因手术开刀而留下的可怕疤痕。

另一段广告画面则对比了拉芬小时候和长大后的照片，她讲述了肺气肿如何使她"脸变胖了"和"脖子上也肿了一大块"。拉芬说：“我以前抽烟是为了让自己看起来年纪大些，很不幸，我现在成功了。”[6]

这些镜头让人不忍去看，更与《恋爱时代》之类轻松愉快的肥皂剧形成尖锐对比。“至于吓醒了抽烟者，我们一点儿也不感觉愧疚。”康诺利坦言。

拉芬就这样成了反吸烟运动的女英雄。后来，全球音乐电视台（MTV）拍摄的一部纪录片便以她为主题，美国疾病控制中心的网络反吸烟运动和一部 20 分钟长的教育短片《我无法呼吸》（*I Can't Breathe*）也将她的故事作为主要部分。

2000 年 11 月，距离第二次肺移植手术预定时间只剩 3 个星期，拉芬离开了人世，年仅 31 岁。[7]

* * *

听完了拉芬的故事之后，如果说她是个影响深远的女发言人，你大概不会太过惊讶。毫无疑问，她所说的内容都是亲身经历。她的故事极有说服力。

利用反权威来增强可信的另一个例子是多伊基金会（Doe Fund）。多伊基金会是纽约市一间收容无家可归者的机构。基金会为我们社会的“无家可归者”提供咨询服务、戒毒康复以及最重要的职业培训，使他们成为有用的公民。几年前，一家基金赞助机构的数名代表来拜访多伊基金会的办公室，基金会派了司机丹尼斯去接他们。

丹尼斯自己在接受多伊基金会的帮助之前也是无家可归的流浪者。在这趟 45 分钟的车程中，丹尼斯把自己的故事细细讲给代表们听。其中一位评价说："我们可不是坐着在听一群主管不停说自己的服务有多好多好；丹尼斯是多伊基金会能找到的最佳形象大使，他自己就是个活生生的例子。"多伊基金会自身也在内部运用这项原则，每一位新加入的无家可归者都要跟一位两年前也有相同经历的"导师"结对。[8]

有必要提醒大家，把拉芬和丹尼斯当成很有效的权威人士，可能并不合适。要是退回到 30 年前的话，拉芬那样的反吸烟广告根本不可能出现。在当时，可能会由美国卫生部部长亲自严词阐明吸烟是多么有害健康，或者找来橄榄球明星伯特·雷诺兹（Burt Reynolds）之类的名人来宣扬无烟生活有多美好。

现代社会的公民，经年累月淹没在浩瀚无边的信息海洋之中，已经学会了怀疑各类信息的来源：是谁在背后操纵这些信息？我应该相信吗？我要是信了，他们会得到什么好处？

一支号称能让你的发质更有弹性的商业广告，远远比不上好友向你推荐的新款洗发水那样来得可信。这是当然啦，厂家打广告是想卖洗发水给你，而朋友不是为了推销洗发水，他们自然会得到较高的可信分数。这里的关键：权威来源之所以权威，并不是由于其社会地位，而是在于其诚实可靠。所以有的时候，反权威比权威更加可信。

细节的力量

我们的信息不见得总有外来权威做担保，大部分情况下我们必须亲自保证自己的信息，因此这些信息必须“内在可信”。当然，内在可信与否也要视我们讨论的主题内容而定，一个可信的数学公式跟一篇可信的电影评论毕竟有很大不同。但你或许不知道，建立内在可信还是有一般原则可循的。这些基本原则究竟如何奏效呢？我们不妨再来看一些都市传说。

“男友之死”就是一则很出名的都市传说。故事的开头是一对年轻男女驾车去约会。男友驾着汽车，开到荒路的一棵大树下，车子因为汽油耗尽而半路抛锚了。女孩以为男友是为了要跟自己亲热才假意停车，但很快就发现车子真的走不了了。男友下了车，徒步去找附近的人家求救，让女孩留在车上等。男友走了很久，让人感觉像有几个小时，女孩突然被车顶上传来的刮擦声吓了一跳——那声音就像是垂下的树枝在一下一下地刮着车顶。焦急地等了几个小时，女孩终于忍不住走下车——此处请配上恐怖音效！——结果发现男友已经被杀，尸体就吊在车子上方的大树上。风吹动男友的身体一下一下地晃动，他的脚就一下一下地刮着车顶。

人们相互转告这则故事时，总是会添油加醋，补充一些特定细节。人们总把故事背景设置在某些特定场景，随着故事流传的具体地区而相应改变，比如：“就在121号农场路旁出的事”和

“故事就发生在湖边的那个断崖上”。民间传说研究专家简·布伦万德（Jan Brunvand）认为，传说“会因其地方色彩的细节而增强可信度”。[9]

一个人对于细节的知识往往可以体现出其掌握的专业知识的全貌。试想一下，一位历史迷若是讲了南北战争时期一则很有意思的逸闻轶事，便会很快建立起可信性。而具体细节不仅能替权威讲述者增强可信度，也会给信息本身赋予可信性。一则充满大量有趣细节的南北战争故事，任谁来讲都很可信。某个观点若能变得具体而有形，细节听来就会更加真实，也更加可信。[10]

陪审员与黑武士牙刷

1986年，美国密歇根大学两位研究员乔纳森·谢德勒（Jonathan Shedler）和梅尔文·马尼斯（Melvin Manis）设计了一项法庭审判的模拟实验。受试者扮演陪审员的角色，每人发一份（假想的）法庭记录。陪审员需要评估约翰逊太太是否适合继续抚养她7岁大的儿子。[11]

法庭记录故意设计成辩护双方旗鼓相当的局面：8项证词对约翰逊太太不利，8项证词对她有利。所有陪审员都听到相同的证词，唯一的差别是各项证词的细节程度。其中一组受试者拿到的记录中，支持方证词提供了生动鲜明的细节，反对方则没有特别的细节，相比之下，后者显得平淡苍白；另外一组受试者审读的材料则恰好颠倒过来。

举例来说，对约翰逊太太有利的一句证词："约翰逊太太每天在儿子睡觉前都会看着他洗脸刷牙。"细节版本则加上："他用的是一把长得像《星球大战》（*Star Wars*）里黑武士达斯·维达（Darth Vader）的牙刷。"

对约翰逊太太不利的一句证词："孩子有一天来学校时手臂严重擦伤，约翰逊太太并没有帮他清理和处置伤口，后来是由学校的护士给他清理的。"而细节版本还说护士在清理伤口时，不小心把红药水弄到自己的衣服上，把护士服都给染红了。

研究人员仔细测试了加入和未加入生动细节的两种版本，确保呈现出一致的重要性。这些生动细节设计成跟审判内容无关：比如，约翰逊太太有没有照顾儿子手臂的伤口是与审判相关的，而护士弄脏了衣服则是与审判无关的。

细节虽然与案件并无关联，但还是影响到了判决结果。听到加入生动细节的有利证词的陪审员中，判定约翰逊太太适合继续监护孩子的人数是 10 人中的 5.8 人；而听到加入生动细节的不利证词的陪审员中，判定适合继续监护孩子的人数是 10 人中的 4.3 人。由此看来，细节的作用可谓举足轻重。

其实我们应该感到欣慰，毕竟两个结果差距并不是很大。（如果判决结果是 8∶2 的话，我们可能就得担忧美国的司法制度是否出问题了。）那么这些细节为什么会影响审判结果呢？原因在于，细节增强了辩护词的可信度。我要是能在脑海中浮现出黑武士牙刷的形象，那么就更容易想象出小男孩在浴室里刷牙的画面，这样也就加深了约翰逊太太是个好母亲的印象。

* * *

都市传说和约翰逊太太审判案告诉我们的道理：生动的细节能增强可信度。需要补充的是，我们加入的细节应该真实、关键。我们得找出那些像“黑武士牙刷”那样恰到好处的生动细节，既扣人心弦，又温馨感人，而且还意味深长，能够象征并且支撑我们的核心观念。

2004 年，斯坦福大学商学院的两位教授与几家艺术团体在华盛顿联合举办了一场研讨会。其中一个项目就是要让各个艺术团主管专注于本机构的长期原则——不论何种情况都不会妥协的原则。参加研讨会的机构之一莉兹·莱尔曼舞蹈交流团（Liz Lerman Dance Exchange）是一家“以创作、演出、教学和推广为宗旨的舞蹈艺术家联盟”。就在研讨会上，舞团负责人宣称他们的核心价值之一就是“多样性”。

一位教授觉得那话太过夸张，便出言嘲讽道：“得了吧，每个人都说自己重视多样性，可你们是一家舞蹈团啊。大概全都是 25 岁的舞者，一个个又高又瘦，可能再加几个有色人种吧，这样就能叫多样性？”观众之中有些其他不了解这家舞团的人，也纷纷点头应和。

舞团艺术总监彼得·迪穆罗（Peter DiMuro）举了一个例子作

为回应。迪穆罗说:“事实上,团里待的时间最久的是一位 73 岁的老人,名叫托马斯·德怀尔(Thomas Dwyer)。他一辈子都在美国政府机关上班,1988 年退休后加入我们,之前没有任何舞蹈经验。现在他在我们团里已经 17 年了。”

73 岁的托马斯·德怀尔这个细节一提出,立即平息了现场的质疑。两位教授也罕见地哑口无言了好一阵。

迪穆罗能够那么迅速就举出这样生动的实例来反驳,绝对不是毫无理由的。其原因就在于,多样性的确是这家舞团的核心价值,也是这家舞团的组织基因。

2002 年,莉兹·莱尔曼以其在美国各地社区推广现代舞蹈的成就而获得“麦克阿瑟天才奖”。莱尔曼在她名为“哈里路亚 / 美国”的舞蹈项目中,走遍全美各地社区,询问当地居民是什么让他们心怀感恩的,之后再围绕这些感恩主题编成舞蹈作品。最后,各地社区民众也参加了演出,包括明尼阿波利斯的十几岁女性苗族舞者、弗吉尼亚州的边境牧羊犬主人和佛蒙特州伯灵顿的 6 位桥牌女士(40 年来只有两次错过每周固定牌局)等等。

好吧,对于那些不以为然并对现代舞了无兴趣的读者们,我们必须要说:不管你是否有兴趣在周末去看那些边境牧羊犬主人们的舞蹈,你总得承认,莉兹·莱尔曼舞蹈团真的是很多样化。这是货真价实的多样化,不是空口无凭的多样化。

那位年逾古稀的退休公务员托马斯·德怀尔的例证,就是组织核心价值最为生动、具体的象征。不论对于支持者还是舞者自身，这个例子都是某种观念的象征。没有人会愿意参加一个舞团，周遭全是模特身材的高挑舞者，只有自己是唯一一个秃顶的中年人。莉兹·莱尔曼舞蹈团宣称多样性乃核心价值，这话之所以赢得可信，靠的不是外来可信来源，而正是德怀尔这样的真实细节。

统计数据带来内在可信

善用生动细节是建立内在可信性的方法之一，能将可信来源与观点本身合二为一。建立内在可信性的另外一种方法是利用统计数据。从上学时起，老师就教我们要用统计证据来支撑我们的论点。但是统计数据往往让人眼花缭乱，我们要如何运用数据而又不至于让观众睡着呢？

20世纪80年代，杰夫·艾因斯科（Geoff Ainscow）与“远离战争”运动的其他几位领导人决心找出办法解决下面这对矛盾：当我们看见小孩子拿着剪刀乱跑，就会很紧张，会高声喝止；但当我们在报纸上读到能摧毁千百万小孩子的核武器时，却至多只是皱皱眉，仅有片刻的不快。

“远离战争”是由一群非常担忧美苏两国军备竞赛的美国公民发起的。冷战时期，美苏两国的核武器加起来足以摧毁地球好几次。“远离战争”的成员们在自家社区里挨家挨户敲门，希望引发反对核武器竞赛的声浪。他们需要克服的第一个问题就是，如何让大家相信军备竞赛确实已经失控。怎样才能向别人解释清楚全球现有核武器的骇人破坏力呢？这个问题太过抽象，看不见、更摸不着。为此讲个故事或者提供细节，似乎也不大妥当。要讲清军备竞赛问题，就需要讲清其规模大小；而要讲清规模，就得靠数字。

“远离战争”运动组织就时不时举办“家庭聚会”，主办家庭会邀请朋友和邻居来玩，同时会有一位“远离战争”的代表来跟大家谈话。艾因斯科详细介绍了他们常用的一种简单演示。艾因斯科参加聚会时一定会带个金属桶。在聊到某个合适的时机时，他就会从口袋里掏出一枚 BB 枪塑料子弹，扔进空桶里。小子弹会在桶里声音很响地弹跳好一阵儿才安静下来。艾因斯科会跟大家解释说：“把它想象成那颗广岛的原子弹。”接下来，他会花几分钟时间描述广岛原子弹带来的灾难和痛苦——满城建筑瞬间夷为平地，数万居民转眼命丧黄泉，而更多的人遭受烧伤以及其他身体病痛长达数年。

接着，艾因斯科往桶里扔下 10 枚 BB 枪子弹。撞击声更响，也更混乱。“这是导弹在美国或苏联核潜艇上的火力。”他会这样解释。

最后，艾因斯科请在场的人全部闭上眼睛，并且说：“接下来是全世界目前所有核武器的总和。”紧接着，他把 5 000 颗塑料子弹倒进桶里（每一颗子弹各代表世上的一个核弹头）。响声非常惊人，甚至可以说是吓人。艾因斯科说：“这些 BB 枪子弹的声音在持续不断，然后总是陷入死一般的沉寂。”

统计数据的这种呈现方式可谓匠心独运。现在我们来稍做分析。首先，“远离战争”组织有一个核心信念：“公共需要觉醒，需要对军事竞赛有所反应。”其次，他们确定了信息中的意外成分：人人都知道全球核武器总量自“二战”后不断增加，但没有人能体会这种增长的规模。再次，他们使用数据来增强可信：每颗核弹头足以摧毁一座城市，而全球共有5 000颗核弹头。但问题是5 000这个数字对人们来说没什么意义，窍门就在于如何把大数字变得有意义。

最后一项要诀就在于演示过程：金属桶和BB枪子弹为抽象概念加上了感官维度。此外，这场演示也经过了精心设计：BB枪子弹本身就是一种武器，子弹打在金属桶上的撞击声既符合情理，又能起到骇人的效果。

请注意，这里有一点不太符合直觉：统计数据无法产生黏性，也很难植入人心。没有哪位观众在看过演示一周后还能记得全球共有5 000颗核弹头。

真正产生黏性的观点是由巨大危险所引发的突然而本能的醒悟，认识到从“二战”时期核武器总量有限，到今日全球核武器规模大幅扩张的严峻形势。至于说核弹头的总数到底是4 135颗还是9 437颗并不重要，关键在于要用“这个问题已经失控”的观念去打动对方，震撼对方。

要想有效运用统计数字，请务必把握这个关键道理。统计数据本身多半没有意义，统计数据应该用来阐明某种关联。重要的是要让人记住这种关联，而不是数字本身。

人性尺度原理

要让统计数字富有生命力，另一种办法就是将之置入更人性、更日常的语境中。我们先来做一项科学实验，请对比下面两段表述：

（一）科学家最近计算一项重要物理极限达到了惊人的准确度。为了说明这种精确度，请设想从太阳扔一块石头到地球并能正中目标，误差小于 1/3 英里。

（二）科学家最近计算一项重要物理极限达到了惊人的准确度。为了说明这种精确度，请设想从纽约扔一块石头到洛杉矶并能正中目标，误差小于 2/3 英里。

哪一句表述看起来比较精确？

你可能已经猜到了，以上两段的精确度其实完全相同。但当由不同的读者判断时，58% 的受访者认为太阳到地球那一段“让人印象非常深刻”，而支持纽约到洛杉矶那一段的受访者比例却一跃跳到 83%。我们对于太阳到地球的距离并无切身体验，也没有直觉，因而不符合人性尺度；相比之下，纽约到洛杉矶的距离则具体得多。（坦白地说，这种表述离真正的具体还是很远。但问题是，如果距离设得过于具体，那么精确度本身反而会变得不够具体。比如把距离设定为一座足球场大小，“扔一块石头横穿足球场而能命中目标的误差为 3.4 微米”这种说法实在无益。）

畅销书《高效能人士的七个习惯》（*The 7 Habits of Highly Effective People*）的作者史蒂芬·柯维（Stephen Covey）在他所著的《第八个习惯》（*The 8th Habit*）一书中，谈到了一项针对各大企业的共 2.3 万名员工所做的调查访问。柯维记录了该调查结果：

- 仅有 37% 的人表示自己清楚了解所在公司的工作目标和宗旨。
- 仅有 20% 的人对于自己所在团队和公司的目标充满热情。
- 仅有 20% 的人表示对于自己手头工作与团队（或公司）目标之间的关联持有清楚的认识。
- 仅有 15% 的人觉得公司能完全信任他们达成的重要目标。
- 仅有 20% 的人完全信任自己任职的公司。

资料会让人清醒，但也相当抽象。看过以后，你可能只留下了“大多数公司都存在很多不满和混乱”这种大致印象。

而柯维就给这些统计数据做了一个非常人性化的比喻。他说：“假设一支足球队的调查结果是这样的话，那就意味着场上 11 名球员中只有 4 个人知道哪个球门是自己球队的；11 名球员中只有 2 人会在乎球赛输赢；11 名球员中只有 2 人知道自己踢哪个位置，完全明白自己该做什么；而 11 名球员中除了 2 个人以外，剩下 9 人或多或少都会对抗自己的队友，而不是对方球员。”[12]

足球运动的类比为统计数据打造出人性化的语境，它创造出一种戏剧感和动态感。我们不由会想象出这样一幕球场画面：两名球员拼命地想要进球，而他们的每一步举动都遭到本队球员的百般阻挠。

这个类比为何会成功？因为它依赖于我们脑中的足球队图式，而且因为足球队图式多少也比我们的公司图式更清晰、更明确。一边是想象一支足球队缺乏团队协作，一边则是想象一家公司面临的相同状况，前者无疑更加鲜活生动。而这也正是柯维想要说的：公司本该像球队一样运作，但其实却没有。将统计数据变得人性化，则赋予了这项论述更强的冲击力。

下面我们来看人性尺度原理的另一个例子，试想这样一种寻常情境：思考某项技术更新是否值得花钱。思科系统公司（Cisco Systems）就有这样的例子，公司正在考虑是否要给员工加装无线网络。无线网络每年的维护费用若是平摊到每位员工头上，差不多是 500 美元。这笔费用听起来很昂贵，几乎等同于为所有员工补充购买牙齿或眼睛保险。但这并不是一项福利，而是一笔投资。那么你该如何计算一项投资的价值呢？你得考虑要是加装了无线网络，公司能否在每位员工身上收回 501 美元的利润。

思科公司的一名员工指出了思考这项投资问题的更好办法："如果你认为这样做可以每天增加员工一到两分钟的生产力，那么无线网络的成本就能收回来了。"根据这样的人性尺度，投资问题就变得很容易评估，我们的直觉也能派上用场。我们可以轻易模拟出员工因为有了无线网络而省下几分钟时间的情景，比如说某个重大会议进行期间，员工就可以轻松发条消息请人送一份忘带的文件过来。

统计数据本身起不到什么作用，唯有尺度和语境才使之有用。没有几个人能靠直觉就判断出无线网络能否帮助每位员工每年创造多余的 500 美元的最低收益。但适当的尺度可以改变一切。此前我们已经见识到，“具体”有助于让人们的知识发挥作用——还记得惠普公司模拟一家人到迪士尼乐园游玩的演示吗？同样，人性尺度原理有助于让人们的直觉发挥作用，进而用来评判某则信息的内容是否可信。

* * *

统计数据用来说明关联时，是很好的内部可信性来源。在本书引言中，我们谈到美国公共利益科学中心反对电影院爆米花的例子，他们得到的统计数据是中等包装爆米花中含有饱和脂肪 37 克。那又怎么样？这到底是好还是不好呢？

公共利益科学中心的阿特·西尔弗曼很聪明地把这项数据置入了相关的语境来比较，他告诉公众吃一袋爆米花等于摄入一天垃圾食品的饱和脂肪总量。西尔弗曼知道，大家一定会被这项发现给吓坏了。

但要是西尔弗曼是个卑鄙之徒怎么办？他大可以选一种极不健康但其实不含多少饱和脂肪的食品来做比较。比如说棒棒糖：“一袋爆米花所含的饱和脂肪相当于 712 000 支棒棒糖！”（或者说无穷支棒棒糖，反正棒棒糖里不含脂肪。）这种数据很低级，因为它只不过是利用不健康食品的不同成分定义玩的花招儿而已。同样卑劣低级的电影院经理也可以反击，比如把比较对象从饱和脂肪变成玉米的某些正面成分：“一袋爆米花所含的维生素 J 相当于 71 磅西兰花！”（这是我们捏造的。）

这些可能性也正说明了，为何写到统计数据这部分时我们会满怀焦虑。尤其是在需要选择性地宣扬某些议题的政治领域时，拼凑数据让无数人有活可干、有钱可赚。缺乏道德感而又富有分析能力的人，只要稍加歪曲，便能将手头上任何统计数据改造成利于己方论点的证据。

当然，我们也别忘了，没有数据远比有数据更容易夸大。数据至少还有边界；除非有人能无耻到捏造数据，否则数据本身对现实多少会有所限制。这固然是件好事，但其中仍有颇大的活动空间。

那么像我们这种不擅长于炒作数据的人，又该怎么办呢？实际上，我们也还是会用手中的数据做出最好的呈现，所有人都一样。“今晚我替我们篮球队拿下了 16 分！”（没到的到：还有 22 个球没投中，球赛最后也输了。）“我身高 1 米 68。”（没提到的：高跟鞋将近 8 厘米。）“今年的营业额提高了 10%，所以我应该拿奖金。”（没提的到：今年净利润大跌。）

因此，关于统计数据，我们给出的建议：把数据当输入，不要把数据当输出。用数据来帮助自己在某一议题上做决策，而不要做了决定以后再去找数据来支持自己（那等于是自寻诱惑、自找麻烦）。但只要我们使用统计数据来帮助自己做了决定，那就很适合与他人分享这些重要数据，正如艾因斯科和“远离战争”运动的支持者一样。

创意诊断

鲨鱼攻击恐惧症

背景

每隔几年，美国媒体就会大肆炒作鲨鱼攻击人的新闻事件。但事实是，鲨鱼攻击人的情况极其罕见，这种现象也不会每年发生改变。那么为什么鲨鱼攻击会引发这么多媒体和公众的注意呢？答案是，鲨鱼攻击会繁衍出一堆恐怖骇人、噩梦连连的故事。就像下面这则来自美国著名节目《奥普拉脱口秀》上的故事：

信息一

奥普拉：贝萨妮·汉密尔顿（Bethany Hamilton）很爱冲浪。打从 8 岁起，贝萨妮就天天冲浪。这小姑娘可是个传奇，人人都说她血液里流的是海水。年纪才 13 岁，贝萨妮就成了冲浪圈里的新秀，也是当地名人，但接下来发生的事情却让她登上了全球头条新闻。

那是个大清早，贝萨妮在海里躺在冲浪板上，一条手臂垂在水中。突然间，一只将近 5 米长的致命虎鲨咬住了她的手臂。鲨鱼猛烈地撕扯，硬是把整条手臂从她的小身躯上扯了下来。几秒钟后，鲨鱼和她的手臂都不见了，只剩下贝萨妮一人躺在冲浪板上，周围全是血水。

信息一评析

现在，假设你得反驳这些生动鲜活的故事。或许你是拯救鲨鱼基金会的公关部门主任，又或者你只是想说服上初中的女儿，希望她明白到海滩游玩并不危险。你会怎么做？事实真相是站在你这边的，鲨鱼攻击非常罕见；但这并不能保证人们会相信你。那么你利用什么信誉来让人们相信你呢？

* * *

信息二

以下这则信息根据美国佛罗里达自然历史博物馆发布的统计数据写就：[13]

即便是在一个配有救生员的海滩上，溺死的概率远比被鲨鱼攻击要大，更别提被鲨鱼咬死了。2000 年，美国共有 12 人死于有救生员保护的海域，没有一起不幸事故是由鲨鱼引起。（往年每年平均只有 0.4 人死于鲨鱼之口。）

信息二评析

这段说明还可以，但还不够好。这则信息使用了内在可信，也就是精确数据的可信性。我们有两点意见：第一，溺死并不算很好的比较对象，因为许多人可能觉得溺死是很常见的死因，“溺死比鲨鱼攻击致死更常见”并不特别让人意外。（可能我们疑心太重，但大学生救生员的存在本来就不会让人觉得生命有了万全的保障。）第二，统计数据的比较（12 人对 0.4 人）很好，但是从人性尺度来讲，并不特别生动，也不是特别有意义。读完数据一周后大家不太可能还记得这些数字。

*　　*　　*

以下这则信息也是根据佛罗里达自然历史博物馆发布的统计数据写就：

问题：下列哪一种动物比较可能会杀死你？

（一）鲨鱼；

（二）鹿。

答案：鹿比较可能会杀死你。事实上，鹿杀死人的可能性是鲨鱼的 300 倍（鹿杀人的方式：人驾车被鹿撞上）。

我们很喜欢这个意外观念：小鹿斑比比大白

鲨更危险；接着告诉读者更加令人意外的数字：小鹿斑比的危险性大大高于鲨鱼！（危险300倍！）这简直荒谬到了可笑的地步，而面对鲨鱼咬死人的故事所带来的恐惧，幽默倒是不错的良药。从某种意义上来说，我们是用一种情感联想去对抗另一种情感联想（参见下一章“情感”）。

这则信息运用了数据的内在可信性，但也把读者用作可信性的来源。美国读者都知道自己开车出门时害怕撞到鹿的程度——有多怕？不怎么怕。我们可不会因为害怕途中可能撞上鹿而不敢晚上出门。既然我们知道自己不怕鹿，那为什么要怕鲨鱼呢？（这将比鲨鱼咬死人和溺水死亡相比要更有效，因为毕竟大多数人或多或少还是有些怕淹死的。）

记分卡

检查表	信息一	信息二
简单	●	●
意外	○	●
具体	●	●
可信	●	●●
情感	○	●
故事	○	○

*　*　*

小结

我们在使用统计数据时，越少依赖实际数字越好。数字告诉我们的是背后隐含的关联，但要阐明关联总有比数字本身更好的办法。将小鹿和鲨鱼并举，很像艾因斯科在金属桶里扔BB枪子弹的做法。

西纳特拉测试和顺风物流

我们已经见识到如何让观念本身更加可信的办法，可以使用生动细节，也可以借助统计数据。下面要说的第三种方法就是利用某种特殊的范例，一种能通过我们所谓“西纳特拉测试”的例子。

美国20世纪著名流行歌手弗兰克·西纳特拉（Frank Sinatra）在经典名曲《纽约，纽约》（*New York, New York*）中歌唱了在纽约开创新生活的故事，副歌是这样唱的：“如果我在这儿能成功，到哪儿都能成功。”如果某个单一例子本身就足以在特定领域建立可信，那我们就说这个例子通过了“西纳特拉测试”。比如说，你要是拿到了美国联邦政府黄金储备库诺克斯堡的安保合约，你就可以拿到任何安保合约（即便你没有其他客户）；你要是能入

“煮”白宫为国宴烹饪献艺，你就能拿到任何餐饮承包合约。这就是“西纳特拉测试”：如果你在那儿能成功，到哪儿都能成功。

顺风物流（Safexpress）是印度一家家族经营的物流公司，它就成功地将“西纳特拉测试”为己所用。顺风物流必须在竞争激烈的物流业中求得生存。同业竞争导致报价走低，但也带来一个问题：大多数物流公司都不愿保证安全、准时的快递服务，有些公司甚至连快件能否送达都不能保证。

顺风物流为了能在业界脱颖而出，率先向客户保证提供安全、准时的送件服务。有些跨国企业在印度开有分公司，由于它们过去习惯了美国联邦快递（FedEx）那样的可靠服务，便立即使用了顺风物流的服务；但顺风物流很难吸引不习惯支付较高快递费用的印度本国公司。鲁巴尔·贾因（Rubal Jain）是顺风物流创始家庭中的一员，他铁了心要在印度本土市场上占有一席之地。

要做到这一点，贾因先把目标放在了如何赢得宝莱坞一家重要的电影制片厂的生意上。当贾因提出由自己的物流公司来负责该厂的电影发行运送时，对方的反应：“你是在开玩笑吧？”

这种怀疑态度早在预料之中，也可以理解：跟其他国家一样，盗版在印度也是个大问题，因此电影发行环节是绝对关键的。要是电影片子在运送途中“一着不慎”，盗版就会在几周内流向街头。电影制片厂是绝对冒不起这个风险的。

所幸的是，贾因手中握有很强的履历证明。顺风物流负责过《哈利·波特》（*Harry Potter*）系列图书第五部的发行配送工作，印度全国每一家书店里的每一本《哈利·波特》都是由顺风物流运送到店里的。那简直是一项复杂到疯狂的快递任务：所有书必须在发行日当天早上 8 点送达所有书店。不能太早，否则书店老板可能会抢先开卖，秘密就提前曝光了；也不能太晚，否则书店老板会因丢失生意而发火。而且，图书《哈利·波特》也跟电影厂的影片一样必须严防盗版，杜绝流出。

贾因手头还备有另外一则小故事。他在之前的会话中得知，该电影公司经理有个弟弟最近才考完高中。贾因在讲完《哈利·波特》的故事之后说："对了，我们也安全押运了令弟那次考试的空白考卷，还有考完之后的答题纸。"顺风物流负责运送所有全国性高中和大学入学考试的考卷。

两个月后，双方签了合同。

贾因的两个小故事都通过了"西纳特拉测试"。贾因本来可以不讲故事，而用统计数据来取代："本公司 98.84% 的快递都准时送达。"或者，他也可以从外部找一个可信来源，比如一家跨国公司首席执行官的推荐书："本公司在印度国内的所有快件皆经由顺风物流之手，本公司始终坚信顺风物流能提供最优质的物流服务。"这两者都算是很好的可信度增强剂。但是，一家公司若能负责运送所有全国考试的试卷和最新版的《哈利·波特》，那可就非同凡响了。这种可信的力量并非来自数字或者权威，而是源自故事的具体性。贾因的故事会让人觉得："如果顺风物流在那儿都能成功，那么它到哪儿都能成功。"

可以吃的布料

如果要找一个能够同时兼具三种“内在可信性”来源（生动细节、统计数据和“西纳特拉测试”）的例子，我们不妨来看比尔·麦克多诺（Bill McDonough）的故事。麦克多诺是一名环保主义人士，他以帮助公司改善环境和盈利状况而著称。

大多数公司高管都对主动找上门来的环保主义分子持有怀疑态度，即使是像麦克多诺这样对企业友善的环保人士也不例外。为了克服种种疑虑，证明商业目标和环保目标之间存在完美和谐，麦克多诺便将一个可以通过“西纳特拉测试”的故事娓娓道来。

这个故事是这样的：1993 年，麦克多诺和德国化学家迈克尔·布劳恩加特（Michael Braungart）受聘于一家瑞士纺织企业——罗能纺织公司（Rohner Textil），该公司专门生产“世楷”（Steelcase）牌高级座椅使用的布料。两人承担的职责是大多数纺织业者认为不可能的任务：创造出一套完全不用有毒化学原料的生产程序。

纺织业的生产经营常会用到危险性的化学药品，大部分染料都含有有毒物质。事实上，罗能纺织过去的多余布料（即制作椅子后剩下的边角料）因含有可疑化学成分过多，瑞士政府甚至将之列入危险废弃物的行列。同时，根据瑞士政府的规定，这些多余布料不得在瑞士境内掩埋或焚化，必须出口运往其他管制较松的国家，比如西班牙。（请注意此处既生动又具体的细节。）麦克多诺说："如果你的剩余布料被归为危险废弃物，但用这种布制作的东西却可以卖，用不着是火箭科学家，普通人也能想得通，你卖的东西也是危险废弃物。"

要解决这个问题，就得将有毒化学物质从生产过程中去除。为此，麦克多诺必须从化学工业界找一个志同道合的合作伙伴，还必须替罗能纺织找一个能符合公司产品需求的无毒化学品来源。于是，他和布劳恩加特开始跟化学药品界的管理层接触。他们二人说："我们很乐于看到未来所有的产品都像儿童药品一样安全，我们希望自己的宝宝都能尽情吮吸这些产品而不致病。"

他们请求化学药剂工厂出示自己的记录，说明它们的化学药物是如何制造出来的。麦克多诺告诉这些厂家："别跟我们说'这是商业机密，这是合法物质'。如果不知道这是什么，我们是绝不会用的。"结果他们被 60 家化学厂商拒之门外。最后，终于有一家公司首肯了他们的要求，瑞士化工企业汽巴 – 嘉基制药公司（Ciba-Geigy）的董事长拍拍胸脯说，没有问题。

麦克多诺和布劳恩加特研究了纺织业界常用的 8 000 种化学物质。他们采用了一套安全标准来检测每一种化学物质。结果 7 962 种没能达标，只剩下 38 种。而那 38 种，按照麦克多诺的说法，可真是到了"安全到可以吃"的地步。（请注意此处的具体细节："安全到可以吃"。再加上一项能够建立某种关联的统计数据：一大批有毒化学物质中的一小撮安全化学物质。）

想不到的是，他们竟然只用那 38 种化学物质就制造出整个产品线的所有纺织品，还包括了除黑色以外的各种颜色。他们选的布料是由天然原料制成——羊毛和一种叫作苎麻的植物纤维。生产线开工时，瑞士政府派人来检查工厂排出的废水是否符合化学物质排放规定。“起初，检查员还以为是仪器出了问题。”麦克多诺说。因为仪器从水里面检测不出任何东西。然后检查员测试了流进工厂的水，也就是瑞士的饮用水，结果发现仪器能正常工作。麦克多诺说：“生产过程中布料反而进一步过滤了那些水。”

麦克多诺的新生产程序不仅比较安全，而且比较便宜。制造成本还降低了 20%。开销减少一部分是因为省下了有毒化学物质的处理费用。工人们不再需要穿防护服，生产出来的废弃物也不再需要运到西班牙去掩埋，而是可以转制成毛毯，然后卖给瑞士农民和园艺师供农作物保温使用。[14]

这个故事可真令人赞叹不绝。回想一下里面所有令人难忘的元素：不可能的任务，8 000 种化学物质里面只挑出 38 种，工厂排出的废水竟然干净到瑞士政府检查员都以为仪器坏了的地步，生产废料从有害废物变成隔热毛毯，布料“安全到可以吃”，还有皆大欢喜的经营成果——工人的工作环境更安全了，企业生产成本也下降了 20%。

只要麦克多诺走进任何一家公司，任何一个行业，提议将生产程序改进得更为环保，以上这则故事会为他提供极强的可信度。这故事显然可以轻松通过“西纳特拉测试”。

到目前为止，我们讨论过借助外来力量创造可信性（权威和反权威），也介绍了利用信息内在的力量制造可信度（运用生动细节、统计数据和“西纳特拉测试”）。不过，可信性还有一个潜在来源是我们尚未谈到的，这也可能是最强的可信性之源。

汉堡里的牛肉在哪里

史上最聪明的电视广告要数1984年由温迪国际快餐连锁集团（Wendy's）所推出的系列片了。第一段广告的开头是三位老太太并排站在柜台前，柜台上放着一个盘子，盘里摆了一个汉堡。三人呆呆地看着它，因为那汉堡实在太大了——直径大约有30厘米。

“这汉堡可真大。”左边的老太太说。

“非常大。”中间那位附和道。

“又大又松软。”第一位又说。

“非常大又松软……”

中间那位老太太把汉堡的上层掀起来，露出一块瘦巴巴而又煎过头的肉饼，还有一根酸黄瓜。三人都愣了一会儿。小片肉饼搁在大圆面包里，简直像营养不良的侏儒。

右边的老太太终于开口了，她由年届80岁的克拉拉·佩勒（Clara Peller）所饰演。她扶着眼镜，眯着眼，不悦地说：“牛肉在哪里？”

旁白：“有些汉堡店的松软面包里夹的牛肉可真够少

的啊……”

佩勒：“牛肉在哪里？”

旁白：“温迪‘单层堡’里的牛肉比汉堡王的‘大皇堡’（Whopper）和麦当劳的‘巨无霸’（Big Mac）都要多。温迪汉堡，牛肉多、面包少。”

佩勒：“喂！牛肉在哪里？”她看了看柜台后边，说：“我看后面没人了。”

这广告有很多地方让人喜爱，幽默风趣，制作精良。克拉拉·佩勒也因此成了名人。更厉害的是，广告点明了温迪汉堡的一项真实的优点：汉堡里的牛肉真的比较多。相比其他想要用产品激起情感，但又跟产品不大相关的制式标准广告（比如试图把母亲对孩子的爱与某品牌的衣服柔顺剂联系在一起）来说，温迪汉堡的广告则显得清新脱俗，令人耳目一新。温迪汉堡还有一点值得赞赏：广告突显的是产品的真实优势，并且用很舒适、很愉快的方式呈现给了观众。

系列广告影响深远，收效显著。根据温迪汉堡公司所做的调查：广告播出后的两个月内，相信温迪“单层堡”比“大皇堡”和“巨无霸”里的牛肉更多的顾客增加了47%；广告播出后的一年内，温迪汉堡的营业额上升了31%。

温迪汉堡宣称的是他们店里的汉堡牛肉比别家多。这则信息并不是大多数人此前常想到的事，自然也不是当时人所共知的常识。那么温迪汉堡是如何让这个观念变得可信呢？

请注意，这里有一点情况不太寻常。这里的信息没有借助外来可信［温迪汉堡并没有请篮球明星拉里·伯德（Larry Bird）来给汉堡称重；也没有用反权威，比如找个爱吃汉堡的大胖子］，没有利用内在可信性（比如引用“牛肉多11%”之类的统计数据）。事实上，温迪汉堡广告开创了一种全新的可信性来源：观众。温迪汉堡则把可信性“外包”给了顾客。

系列广告暗示观众去验证温迪汉堡的说法：“请您自己去看，拿我们的汉堡和麦当劳家的汉堡比一比。你会发现牛肉多少真的有差别！”借用科学术语来说，温迪汉堡提出了一项“或可证伪的论断”。顾客只要带上尺和秤就能亲自验证这一论断是否属实。（其实温迪汉堡的优势相当明显，只消看一眼便可知真假。）

让顾客自己去验证某个说法，这项挑战就是一种“可检验性认证”。可检验性认证是威力极强的可信增强剂，因为它本质上是让你的听众“先试再买”。

可检验性认证

可检验性认证在都市传说领域中已写下丰富多彩的光辉历史。20世纪90年代，美国饮料公司斯纳普（Snapple）曾一度深陷于该公司支持三K党的谣言的泥沼之中。造谣者自认手中握有多件“证据”：“去看看随便哪一种斯纳普饮料的瓶子，正面都印着一艘奴隶船！”他们还鼓励半信半疑的人去找一个古怪的标志，圆圈里头有一个“K”字——据称这就是三K党掌控该公司的证据。

不出所料，斯纳普的标签上果真印着一艘船，也有个圆圈中间带K字的标志。只不过这些都跟三K党毫无关系：那艘船的图案来自一幅记录马萨诸塞州波士顿倾茶事件的版画，圆圈中间有K则代表符合“犹太洁食”（Kosher）教规。而有些不知情的人见到这些标志便会自然而然地将之跟谣言联想到一起。

各位请注意，斯纳普谣言可谓是温迪汉堡“牛肉在哪里”广告的移花接木版。温迪汉堡说：“请自己去看，我们家汉堡牛肉更多。”而斯纳普谣言散布者则说：“请自己去看，圆圈里的K字就在那里，所以斯纳普是支持三K党的。”这种“请你自己去看”的表述会让一些人不理智地认可了造谣者的结论。这也正是可检验性认证所引发的反效果：“请你自己去看”这一步可能是真的，但得出的结论可能完全是假的。

可检验性认证在许多场合都大有用武之地。举个例子，请回顾一下我们谈过的这个问题：“你目前有没有比4年前更好呢？”罗纳德·里根在1980年与吉米·卡特进行总统大选辩论时就提出了这个著名的问句。里根本可以把重点放在经济数据上（像是高通货膨胀率、高失业率、持续拉高的利率等），但他反而把问题丢给了大众。

可检验性认证的另一个例子来自积极执教联盟（Positive Coaching Alliance）的创始人吉姆·汤普森（Jim Thompson）。该组织的宗旨是，强调青少年运动不应以不惜一切代价赢得胜利为目的，而应以吸取生活教训为目的。

积极执教联盟常为青少年体育教练举办正面教育研讨会。在这些会上，培训员会用“情绪油箱”的比喻来引发教练们思考赞扬性、支持性和批评性反馈的适当比例。“‘情绪油箱’就好比汽车的油箱。油箱空了，车子自然开不远。同样，‘情绪油箱’空了，球员也就没办法在球场上发挥出最佳状态。”[15]

介绍完情绪油箱的类比之后，培训员便会开始几项练习。首先，培训员要求教练们假想自己身旁的人刚刚失误了关键一球，教练必须对这个人说一些话来排空他的情绪油箱。要知道，责备、奚落对于许多运动赛事的互动交流来说根本就是家常便饭，因此大家对这项练习反应相当热烈。汤普森说：“教练们慢慢进入状态，往往创意迭出，全场充满欢笑。”

接着，教练们得要假想另一个人犯了同样的错，但这次他们必须做的是灌满对方的情绪油箱，而不是排空。结果这次众人的反应相当平淡。汤普森说：“现场往往很安静，最后终于听见有人小声说了句，‘还不错，再来！’”

教练们看到了自己的行为，也学到了教训：放油容易加油难，泄气容易打气难。批评人总是比鼓励人容易得多，想出 10 句骂人的话远比想出 1 句安慰的话简单。汤普森成功地把自己的观点变成可检验性认证，教练们从而可以亲身体会其中的妙处。

创意诊断

我们的直觉有缺陷，但有谁愿意相信呢？

背景

人们总是相信自己的直觉，但我们的直觉往往有缺陷，这是由一些明显的偏见引起的。然而，大部分人还是很信任自己的直觉，你也很难说服他们。研究决策问题的心理学家都面临着这场难打的硬仗。假设你是一位心理学导论教科书编辑，面前摆着解释“可获得性偏差”的两种不同方法。

* * *

信息一

请做好准备，预测几个问题。以下哪种状况害死的人数比较多？

（一）他杀还是自杀？

（二）水灾还是肺结核？

（三）龙卷风还是哮喘？

请花几秒钟思考一下答案。

你可能会觉得，答案依次：他杀、水灾和龙卷风。大部分人都是这么想。但在美国，自杀人数比他杀多50%，肺结核致死人数是水灾的9倍，哮喘致死人数则是龙卷风的80倍。[16]

那么，为什么人的预测能力这么糟？就是因为“可获得性偏差”在作祟。“可获得性偏差”是一种自然的倾向，使我们在预估某一事件发生的可能性时，受到它在我们记忆中现成可获得性的影响。我们会直觉地认为，容易记起的事就比较可能发生。但是我们记得的事往往不是现实世界的真实状况。

有些事我们记得比较清楚，可能是因为它们唤起我们比较多的情感，而不是因为它们常发生；也可能是因为媒体报道得比较多（或许是它们有比较生动的画面），而不是因为它们比较普遍。“可获得性偏差”常会误导我们的直觉，让我们把不寻常的事当作寻常，把不可能的事当作可能。

信息一评析

这段信息采用了一项简单但有效的可检验性认证：你认为哪种情况致死人数比较多？要是走运的话，读者至少会答错其中一题，于是就亲身验证了“可获得性偏差”的真实存在。

* * *

信息二

以下另一篇文章则是较典型的教科书式“可获得性偏差”释义方法。

“可获得性偏差”是一种自然的倾向，是我们在预估某一事件发生的可能性时，受到它在我们记忆中现成可获得性的影响。我们会直觉地认为，容易记起的事就比较可能发生。但是我们记得的事往往不是现实世界的真实状况。举例而言，俄勒冈大学所做的决策研究显示，受试者以为死于他杀的人比死于自杀的人多20%，但事实是，死于自杀的人是死于他杀人数的50%；受试者以为死于水灾的人比死于肺结核的人多，但事实是，死于肺结核的人是死于水灾的人的9倍；受试者以为死于龙卷风的人数和死于哮喘的人数差不多，但事实是，死于哮喘的人数是死于龙卷风人数的80倍。

有些事人们记得比较清楚，是因为它们唤起比较多的情感，而不是因为它们比较常发生；是因为媒体报道得比较多（或许是它们能提供比较生动的画面），而不是因为它们比较普遍。“可获得性偏差”常会误导我们的直觉，让我们把不寻常的事当作寻常，把不可能的事当作可能。

信息二评析

这则信息给人的参与感较少。你可以想象某个学生读到这个版本，看见文中直接给出哮喘致死人数比龙卷风多 80 倍这样的惊人结论，学生大概会想："哇，参加实验的人也太笨了吧。"亲身体验的效果要强得多。

记分卡		
检查表	**信息一**	**信息二**
简单	●	●
意外	●	○
具体	●	●
可信	●●	●
情感	○	○
故事	○	○

* * *

小结

运用可检验性认证，可以让人亲自去验证某个观点。

新手球员培训

我们现在切换到另一个领域：美国职业篮球联赛（NBA）。假设你的工作是负责让美职篮新晋选手认识到艾滋病的危险——美职篮球员都是年轻人，新秀往往不满 21 岁。他们一夜之间名满天下，刚出名时会得到的瞩目也随之而来。这些新秀自然都耳闻艾滋病之名，因此危险的并非是他们不知道艾滋病这回事，危险之处在于他们的人生际遇会让他们偶然在某个夜晚掉以轻心。

那么，你该如何让艾滋病的威胁变得可信而又迫在眉睫呢？我们先把所有可信来源过一遍。你可以借助外来可信：权威的名人专家，比如感染了艾滋病的著名球星“魔术师”埃尔文·约翰逊（Earvin Johnson）；或者反权威，比如处于艾滋病末期的某位运动员；你也可以利用人性尺度的统计数据（比如罗列出从陌生人那里感染艾滋病的概率）；你也可以用生动细节，比如邀请一位运动员来详述自己如何在某个狂欢之夜上一时放松了警惕。这些办法都可能奏效，但你怎样让可信源更加深刻，直到深深影响球员自己的内心呢？美职篮方面刚好想出了这样的妙法。

美职篮赛季开始的几个星期前，所有新手球员都要到纽约州塔里敦市参加封闭式的新生集训。他们基本上得在一家旅馆里“关”上6天，没有寻呼机，也没有手机。这些新手要学习老手的生活是什么样子——从怎样跟媒体打交道到如何妥善投资新财富。

有一年，尽管新生集训防备森严，层层保密，一帮女球迷还是找上门来，并且在驻地附近盯梢。新生集训的头一天晚上，女粉丝们来到旅馆的酒吧和餐厅，打扮惹眼，大卖风情。球员们受宠若惊，却也乐在其中。打情骂俏了好一阵，他们便相约在集训期间继续碰面。

第二天早上，新生如往常一样准时去上课，却惊讶地发现那批女球迷已经坐在了房间里。她们再度一个接一个地自我介绍。“大家好，我是希拉，艾滋病感染者。”“大家好，我是唐娜，艾滋病感染者。”[17]

刹那间，新手球员们恍然大悟。他们仿佛看见了生活是如何失去控制，一夜失足将如何造成终身悔恨。

不妨再拿美国国家橄榄球联盟（NFL）所用的手段做个对比。有一年的新生培训中，橄榄球联盟工作人员让每位新手都把一只安全套套在香蕉上。可以想象，现场所有球员都大跌眼镜。接着，两位前橄榄球女粉丝登场，讲述她们是如何勾引球员，如何千方百计怀上球员的孩子。[18] 这两个女人现身说法当然很有震撼力，这则信息也设计得很好。但是请再想想，究竟哪一种办法比较有黏性：是听她们说怎么骗别人，还是自己亲身感受她们的欺骗？

* * *

如何让别人相信我们的观点？我们必须找到一个可信的来源。有时候，可信的泉源会干涸，就像巴里·马歇尔在找到胃溃疡治疗方法后所碰到的那样。寻找外来可信源不成功：上级领导和医院的支持并不足够。寻找内在可信性也不管用：列举的统计数据和细节没能帮他越过障碍。最后，他所找到的可信源是观众：他靠喝下一整杯细菌来亲身演示了可检验性认证。其中暗含的挑战：请自己去看。如果你也喝下这杯烂东西，你也会得胃溃疡，跟我一样。

那么，应该选用哪一种可信源？答案有时候并不那么显而易见。马歇尔出色地演示了不屈不挠的毅力：一旦在此处碰壁，便找另一处可信源。在本章中我们多次见识到，外来认可和统计数据这两项最容易想到的可信源，却并非总是最佳选择。几条生动的细节可能比一大串统计数据更有说服力，反权威也可能比权威还要有效，通过了“西纳特拉测试”的单一故事也能打消堆积成山的怀疑。看见像马歇尔这样的医学天才为了传播自己的观念，也得像我们普通人一样去排除万难，而他最终如愿以偿，有益于所有人，这实在是鼓舞人心的启示。

05

情　感

使人关心在乎

1925年，约翰·卡普尔斯（John Caples）为美国音乐学院撰写音乐函授课程的推销广告，在此之前他从没有做广告的经验。他坐在打字机前，在键盘上敲下了广告史上最著名的一条标题：“我坐在钢琴前时他们都嘲笑我，但当我开始弹奏时……”他的广告创意之所以能成功，是因为他成功俘获了人们的情感，抓住了人们的兴趣，也尊重了人们的个性。

特蕾莎修女（Mother Teresa）曾经说过："如果我看到的是人群，我绝不会有行动；如果我看到的是个人，我就会行动。"2004年，美国卡内基梅隆大学的一些研究人员决定开展实验，看看是否大多数人的行为准则都跟特蕾莎修女所说的一样。

研究人员想要知道，人们在面对有抽象动机的慈善捐助和面对具体个人的慈善捐助时，分别会做何反应。研究人员付给每位受试者5美元，请他们填写一份科技产品使用情况的调查问卷。（这份问卷的内容其实无关紧要，主要目的是确保他们手头有点儿现金，可以考虑是否做出慈善捐助。）

每位受试者填完问卷后，都能领到5张一美元纸币的酬劳。每个人也意外地拿到一个信封和一封慈善募捐信，大家都有机会捐出一部分钱给关心世界儿童福祉的国际慈善组织"救助儿童会"（Save the Children）。

研究人员测试了两种版本的募捐信。第一个版本主要包含了非洲儿童面临苦难的数据，摘录如下：

- 马拉维的食物短缺问题波及300多万名儿童。
- 赞比亚严重的降雨问题导致从2000年起玉米产量下降42%。据估计，300万赞比亚人面临饥荒。
- 安哥拉共有400万名国民（相当于全国人口总数的1/3）被迫背井离乡。
- 埃塞俄比亚至少有1 100万人迫切地需要粮食援助。

募捐信的另一个版本只提到一个小女孩：

- 您的全部捐款将转交给罗基娅（Rokia）——非洲马里的一个7岁小女孩。罗基娅极度贫困，并有饿死之虞。您的倾囊相助将会改善她的生活。有了您和其他爱心人士的支持，“救助儿童会”将可以协助罗基娅的家人和社区成员，并为罗基娅提供食物、教育、基本医疗和卫生知识。

研究人员将其中一个版本的募捐信递给受试者，然后离开。受试者可以自行决定要不要捐或捐多少，然后将钱放进信封，交还研究人员。

平均起来，读到统计数据版本的人捐了1.14美元，读到罗基娅版本的人捐了2.38美元（是前者的2倍多）。看来大多数人都跟特蕾莎修女有些共同点：在打动人心方面，一能胜多，区区一人胜过百万大众。

研究人员认为，看到统计数据的人捐款较少，是因为所谓的“杯水车薪效应”。如果人们被问题的尺度吓倒，可能会觉得手中可怜的几块钱根本就是扬汤止沸，全然无济于事。不过，这次实验还有更加精彩的后续，研究人员决定将统计数据版和罗基娅版两种募捐信都给第三组受试者看。研究人员猜想，看到两份资料的人是不是会捐得更多，甚至超过读到罗基娅故事那组的 2.38 美元呢？数据加上故事，既提供个人需求的号召力，也展现了问题全局的规模，这样的完美搭配或许能掀起新一轮的捐款热情。

错！结果是，读了两种版本的人平均只捐出 1.43 美元，比读过罗基娅故事的人少了将近 1 美元。可真是奇怪，故事让人乐意慷慨解囊；但加上了统计数据，反倒让人捂紧钱包，不爱捐款了。这到底是怎么回事呢？

研究人员推测，统计数据会把人带入分析性的思维模式。当人们开始进行分析性思考时，就不太容易感情用事。研究人员还认为，正是人们对罗基娅受苦受难的情感反应促使他们起而行动。

为了证明这个推测，他们又做了另外一项研究。这一次，研究人员让一部分受试者做好接受分析性思考的准备，问他们这类问题：“一个物体每分钟移动 1.5 米，那么请计算，该物体在 360 秒内移动多少米？”其他受试者则给他们做好情感性思考的准备：“请用一个词来形容当你听到‘婴儿’两个字时的感觉。”

然后，两组受试者都拿到罗基娅故事版的募捐信。捐款结果证实了研究人员的理论，接受过分析性思考准备的人捐得较少。

人们如果接受情感思考准备，再读到罗基娅故事的信，平均捐出2.34美元，跟之前的结果差不多；而人们如果接受计算思考准备再读罗基娅故事，平均只捐了1.26美元。[1]

这个结果非常惊人。只不过让人做了一些简单计算就消减了人的慈善之心。那么人一旦切换到分析模式，对情感诉求的反应必将大为降低。我们的大脑阻碍了感受能力。

* * *

上一章中，我们探讨了如何说服别人相信我们的观点。信任很重要，但光有信任还不够。人要把这份信任付诸行动，还得要关心在乎。

人人都相信众多非洲人民都深陷于极大的苦难之中，这是毋庸置疑的事实。但光有信任并不一定让人愿意去采取行动。人人都相信吃太多高脂肪食物会有害健康，这是无从辩驳的事实。但光有信任并不一定能让人关心到愿意采取行动的程度。

慈善机构早就洞悉了特蕾莎修女效应，他们深知捐助者对于个人案例的反应要比对于抽象理想的反应更强烈。你捐的钱物不是给“贫穷的非洲大陆”，你的赞助对象是一个特定的孩子。（事实上，赞助某个孩子这种慈善手法可以追溯到20世纪50年代，当时有一位基督教牧师鼓励美国人赞助贫困的韩国孤儿。）这种手法用在动物身上也同样有效。在致力于减少虐待农场动物行为的非营利组织“农场动物庇护所”（Farm Sanctuary）那里，捐助人可以“领养”一只鸡（每月 10 美元）、一只羊（每月 25 美元）或是一头母牛（每月 50 美元）。

没有人会想捐钱给哪家慈善机构的“一般行政基金”。从理性角度出发，我们不难理解为什么日常行政基金有其必要——总得有人去买订书钉吧。但要让我们为这些办公室耗材燃起心中的热情可不大容易。

慈善机构也早已学会如何激起捐助人心中的同情和悲悯——所幸他们精于此道，因为他们的确减轻了普罗大众的苦难。但是“让人关心”不仅是慈善机构才需要做的事。公司经理必须让员工关心工作，才能拼命完成艰巨复杂的任务；老师必须让学生关心文学；社会活动人士必须让民众关心市政提案。

本章探讨的是我们黏性创意理论中的“情感”部分。[2] 但我们要说的可不是像催泪电影那样玩弄观众的情感。要让创意“情感化”，也就是要让他人关心在乎，因为情感能促使人行动。

举个例子，青少年多半都相信吸烟有害健康，这则信息并没有可信方面的问题；但青少年学抽烟的事情还是层出不穷。那么，你要如何才能把他们的相信转化成行动呢？答案就是要让他们关心在乎。终于在 1998 年，有人想出了好办法。

令人恐惧的“真相”广告

广告一开头，场景设在纽约市的街头。这是一段录像，不是影片；画面有些昏暗，拍摄也不是很专业。感觉像是纪录片，而不像广告。屏幕下方闪现出一行字幕："于某大烟草公司总部外。"

一辆 18 轮的大卡车停在大楼门口，一群青少年跳下来。他们开始卸下一批写着"尸体袋"字样的白色袋子。他们把这些袋子逐一堆在大楼边。成堆的袋子越叠越高。到了广告结尾，已经叠起了成百上千个袋子。一名青年拿着扩音器对着高楼大喊："你们知道烟草每天害死多少人吗？"随后答案揭晓，每天死于吸烟的人数是 1 800 人，也就是这群年轻人在烟草公司总部大楼前堆起的尸体袋总数。

这则广告出自一个名叫"真相"宣传运动的广告系列。"真相"运动由美国传统基金会（American Legacy Foundation）发起，该基金会创立于 1998 年 11 月，也就是在全美 46 个州的司法部部长们对美国几大烟草公司的控诉案件达成"大和解协议"之后。

我们看着"真相"系列广告，心中难免会压抑不住对这些烟草公司的怒火。广告开始播出后，菲利普 · 莫里斯公司（Philip Morris）援引大烟草公司（Big Tobacco）的"反诽谤"条款，试图强行停播这些广告。烟草公司在多件和解案中加入了"反诽谤"条款，为的就是在和解款项拿来用作反吸烟广告制作时，他们可以保留一定程度的否决权。菲利普 · 莫里斯公司的高级副总裁卡罗琳 · 利维（Carolyn Levy）在谈到广告遭取缔一事时辩称："我们觉得'真相'系列广告与美国传统基金会的宗旨和使命并不相符。"[3]

这句抱怨可以理解成："真相"广告确实有效。

与此同时，另外一个系列的反吸烟广告也开始播出。根据和解协议，菲利普·莫里斯公司同意播出自己参与制作的反吸烟广告系列。菲利普·莫里斯公司的广告口号：“想一想，别吸烟。”

两项宣传运动几乎是同时开跑，道路却截然不同，这组对比恰好形成了观点市场上一次硬碰硬的精彩比赛。事实上，《美国公共卫生杂志》（*American Journal of Public Health*）在 2002 年 6 月那期发表了一篇文章，研究人员对 10 692 名青少年做了问卷调查，请他们比较“真相”和“想一想，别吸烟”这两个广告系列。[4]

结果表明，某些马确实跑得比较快。当研究人员要求孩子们回忆任何自己看过的反吸烟广告时，22% 的人立刻想起“真相”系列，仅有 3% 的人想起“想一想”系列。这项统计数据中尤其令人惊讶的是，孩子们经人提醒两个广告系列的内容后，70% 以上的人回想起来其实两个广告全都看过。换句话说，青少年们已经在电视上看过两个系列的广告，但其中一种比另一种更有黏性。“真相”广告里的某些东西使之自然而然地被立刻记起来。

记忆当然很重要，但记忆只是第一步。那么行动的情况如何？调查问卷问到孩子们在今后一年中会不会吸烟时，看过“真相”广告后回答不会吸烟的人要比没看过的人多 66%；而看过“想一想”广告的人则表示会去吸烟的人要比没看过的人多 36%！这则消息一定让烟草公司主管们相当不好受吧。

个中差异并非只有该问卷调查才能注意到。一项研究评估了佛罗里达州青少年的吸烟情况，佛罗里达是美国第一个开播“真相”广告的州。“真相”宣传运动进行两年后，佛罗里达高中生吸烟人数下降了18%，初中生吸烟人数下降了40%。（下降人数中有一半原因可能跟同时期发生的烟草税调高有关。）

这是怎么回事？这简直就是救助儿童会故事的重演。“想一想，别吸烟”的广告是什么内容呢？噢，就是要多想，又是分析性思考那一套。还记得当捐助人要先做分析性思考再考虑捐款给罗基娅那件事的结果吗？

那么“真相”广告的内容又是什么？嗯，它利用的是反抗权威的愤恨，这是典型的青少年情感。曾几何时，年轻人是为了反叛大人才开始抽烟的。真得感谢“真相”广告的创意策划，将大烟草公司刻画成表里不一的嘴脸，现在年轻人反而用“不抽烟”来反叛大人。

“真相”广告所谈的不是理性的决策，而是关于反叛的情感。“真相”广告让众多年轻人关心在乎，并能有所行动。在这个例子中，“行动”就是不去吸烟。

关联和语义夸张

到目前为止，我们所涉及的都是你可以预见到的有关情感的讨论，亦即诸多深刻而又基本的人类情感，像是同情（罗基娅）和愤怒（“真相”广告）。但其实本章探讨的主要问题比这还要基本：我们该如何让别人关心我们所传达的信息？好消息是，要让他人关心，我们不一定要捏造情感。事实上，很多创意都是用一种所谓借景生情的手法，将创意与已有的情感产生联结。[5]

我们来看下面这句摘自一篇影评里的表述："《罗生门》（*Rashomon*）可视作爱因斯坦相对论的电影版延伸。"[6]《罗生门》是日本导演黑泽明（Akira Kurosawa）在 1950 年拍摄的经典电影。片中 4 个不同的人物角色从各自不同的视角出发，描述了同一事件——谋杀与强奸。电影以一连串倒叙展开，每个角色回顾各自版本的事情真相。不过各角色所讲的故事都是基于自我立场，而且互相矛盾，直到影片结束观众仍然不确定事件真相到底为何。这部电影质疑了绝对真理的存在，至少质疑了我们揭开真相的能力。

因此，上面提到的影评人是将《罗生门》的"绝对真相"与爱因斯坦的相对论做比较。不过爱因斯坦相对论的本义并非"一切事物都是相对的"，其实它的真正意义恰恰相反。相对论原本是要解释物理定律如何在所有参照系下完全统一。在爱因斯坦看来，事物并非不可预测，它们看起来其实惊人的有序。

那么影评人为何要将《罗生门》和相对论联系在一起呢？这种比较并非想要借用爱因斯坦的权威性，因为它宣称《罗生门》是爱因斯坦相对论的电影版"对应"。其实，这个类比的目的似乎是要引起一种敬畏感——它所暗示的是，我们看《罗生门》就是在看某种很深刻、很玄妙的东西。

相对论被影评人借用成一种联想，是因为它给电影带来了一种情感共鸣的光环——深刻与敬畏。前述的这篇影评只不过是众多例子中的一个。从某种意义上说，“相对论”三个字已成为创意调色板上的一种颜料。当你想要唤起他人的敬畏之情时，就拿画笔蘸一点“相对论”抹上去。其他科学术语，像是“不确定性原理”“混沌理论”和“量子跃迁”，也都是调色板上的七彩颜料。

爱因斯坦曾于1929年抗议说：“哲学家都在玩文字游戏，像小孩子在玩洋娃娃一样……我的意思并不是说世上一切都是相对的。”[7] 更让爱因斯坦扼腕的是，想要抹一点“相对论”颜色的人数开始超过真正想要理解“相对论”理论的人数。

当某些词语的联想反复被利用时（有时很精准，有时很粗糙），结果只能是减轻了这些词语的联想力量和深层含义。如果所有人画画都用酸橙绿，那么酸橙绿也就不再显眼了。

美国斯坦福大学和耶鲁大学所做的研究表明，利用术语和概念的情感联想是人类沟通的普遍特性，人们往往会过度使用那些特别富有情感联想的想法或概念。该研究把这种滥用称为“语义夸张”。[8]

我们不妨来看一个非科学的例子：“独特”（unique）二字。“独特”本来是独树一帜、独一无二的意思，“独特”本来很特别。

研究人员使用一个数据库来分析美国排名前50家报纸在20年间发表的每一篇文章。在这段时间内，用“独特”来形容某事物的比例增加了73%。因此，要么就是当今世上涌现出了很多独特的事物，要么就是“独特”的标准已经降低了。

有些人可能不以为然，心里想着机器人吸尘器或者帕丽斯·希尔顿（Paris Hilton），然后抗议说：“喂，现在独特的东西确实比较多啊。”然而，就当“独特”越来越受到青睐时，“特别”（unusual）两个字的受欢迎度却在下降。1985 年，报纸文章中“特别”的出现概率是“独特”的 2 倍还要多；但到了 2005 年，两个词的使用率差不多持平。

说起来，“独特”应该属于“特别”的一部分，毕竟“独特”（独此一个）应该是“特别”到了极致的意思。但真要是这样，假如今天“独特”的东西多了，“特别”的东西也就应该跟着增多才对。“特别”越来越少，“独特”越来越多，这种现象看来也是一种“语义夸张”。我们过去称为“特别”的东西现在都夸张地改称为“独特”了。

那么，“相对论”和“独特”两个词中有何情感因素呢？结论如下：要让别人关心在乎，最基本的办法就是在对方尚不关心的事和非常关心的事之间建立联系。我们大家都会自然地运用关联的策略。“相对论”和“独特”则提醒我们，关联也会被滥用。长此以往，关联用过头，价值也被冲淡；到最后人人都得说：“这实在是太过独特了。”

某一代人最钟爱的流行词（像是“帅呆了”“美翻了”“酷毙了”和“炫极了”）会随着时间的流逝而逐渐褪色，就是因为这些词跟太多事情关联到了一起。哪天连你家老爷子都说“酷毙了”时，你就知道这三个字已经没有冲击力了。当你的财政学教授都开始用“哥们儿”这词儿的时候，你就得把它从你的字典里删掉了。因此，运用关联可以说是某种军备竞赛。别人造了一枚导弹，你就得造两枚；他要是“独特”，你就得是“超独特”。

对于那些试图让别人关心在乎的人来说，这种情感关联的军备竞赛可能会带来麻烦。事实上，我们接下来将会看到，军备竞赛基本上已经让“体育精神”四个字破产了。

克服语义夸张

在上一章里，我们谈到了“积极执教联盟”创始人吉姆·汤普森举办的研讨会。自 1988 年创立该联盟以来，汤普森一直在跟一个重要问题较量：如何遏制青少年体育运动中的不良行为？在解决这一问题时，汤普森同时也得应对语义夸张的问题。

网球运动员约翰·麦肯罗（Joe McEnroe）曾经是缺乏体育精神的典型坏小子，他动不动就摔球拍，时不时就跟裁判闹翻天。然而在今天的许多青少年球赛中，麦肯罗的这种行径根本没人在意。如今，不良行为不仅在运动员身上显得稀松平常，在家长和其他观众身上也很普遍。据美国青少年体育联盟（National Alliance for Youth Sports）的统计资料显示，将近 15% 的青少年体育比赛都会发生家长或教练与裁判争执的现象，而几年前这一比例只有 5%。

“体育精神”曾经是体育界影响深远的概念，但汤普森觉得它已经沦为了无力的字眼。“体育精神奖项被视为给输家的安慰奖。”他说。有位女子也曾告诉汤普森，她的高中篮球教练说，哪个球员要是得了体育精神奖，就得去操场罚跑步。汤普森补充道：“体育精神的含义好像变成了不要做坏事——‘不要冲着裁判吼叫’和‘不要犯规’。但光不做坏事还不够，对于青少年运动来说，我们应该有更高的期待。很不幸，‘讲点儿体育精神’不足以成为改变青少年运动员的口号。”

大家都爱听体育精神的真实范例。汤普森就常举美国职业自行车运动员兰斯·阿姆斯特朗（Lance Armstrong）的例子，当他的劲敌、德国运动员扬·乌尔里希（Jan Ullrich）在环法自行车大赛中摔倒时，阿姆斯特朗的反应令人意外。他不但没有趁机拉大领先距离，反而放慢速度等乌尔里希重新骑上车。事后他表示，跟乌尔里希这样了不起的车手同场竞技，自己才会有更佳表现。这才是体育精神！（至于阿姆斯特朗的兴奋剂丑闻则是后话了。）

汤普森明白，人们还是很欣赏体育精神的本质思想的。家长们本来确实希望自家孩子能从体育中学到尊敬和礼貌；教练本来确实希望自己能成为良师，而不是只会打胜仗的监工；孩子们本来也确实希望自己效力的球队能赢得他人的尊重。但有时候这三组人都偏离目标，表现得像一群混账。汤普森坚信人们对体育精神的需求和渴望依然如故，只不过“体育精神”四个字已经失去激发良好行为的力量了。

“体育精神”的概念被夸张得过了头。它跟“相对论”一样，早已脱离了本义。体育精神本来是指像阿姆斯特朗对待乌尔里希那种高尚的举动；但长久下来，体育精神已降格为一系列不起眼也算不上有风度的行为：像输球后不抱怨太多，或者打完整场比赛都不攻击裁判员等。

于是，汤普森和积极执教联盟需要一套不同的办法来鼓励人们，不单是避免不良行为，更要能拥抱优良行为。他们把这种方法称为“尊重比赛”。大家关心运动，关心比赛。这种方式强调比赛及其正直精神要比球员个人更伟大。“尊重比赛”可谓是体育运动界的爱国主义。它暗示你对运动应该有一些基本的尊敬。阿姆斯特朗不只是“讲点儿体育精神”，他是在“尊重比赛”。而除了运动员以外，“尊重比赛”对其他人也同样管用。它可以提醒每个人：运动是一种公民制度。不遵守制度而乱来是不得体的，是不光彩的。

有没有证据来证明“尊重比赛”起作用了呢？看看得克萨斯州达拉斯一个篮球联盟搜集的数据吧：“2002 年篮球赛季中，平均每 15 场比赛就有 1 次技术犯规。自那之后，我们举办过 6 次双目标教练研讨会。而在 2004 年篮球赛季中，每 52 场比赛才有 1 次技术犯规。”北加利福尼亚州一个篮球联盟发现，在经过积极教练训练营指导之后，因不良行为而被判驱逐出场的球员数量急剧下降（减少了 90%！）。而球队士气大幅提高，加入联盟的球员人数也增加了 20%。运动员唯一的抱怨是，球场不够用了。

汤普森想要改变的不仅是青少年体育运动的文化，他希望改变一切体育运动的文化：“我有这么一个幻想。我在看世界杯棒球赛时，一名球队经理冲进场内痛骂裁判，因为经理不同意裁判刚刚判的球。就在全国实况转播节目上，知名体育记者鲍勃·科斯塔斯（Bob Costas）评论说，‘这名球队经理让整场棒球赛蒙羞，这太让人遗憾了。’”[9]（各位请注意这个幻想画面是多么具体。）

青少年运动赛事中的无礼行径并没有因此得到彻底铲除，但汤普森在他所能触及的层面的确获得了显著的改进。而且，汤普森以“尊重比赛”为新口号，成功地避开了语义夸张，树立了一个确实能让人关心的想法。

这段故事留给我们的教训是，若要别人在乎，我们得去挖掘他们关心的事。但如果人人都去挖掘同一件事，军备竞赛就开始了。要避免这样的情况，我们要么就像汤普森那样转移阵地，要么就找出我们想法中与众不同的特殊关联。

诉诸自身利益

我们在想方设法要让别人关心在乎我们的想法，让他们关心非洲小女孩罗斯娅，关心吸烟问题，关心慈善事业，关心体育精神……要让人关心，我们用的方法是找到他们在乎的事。

那么人在乎什么呢？至此，我们已经讨论过各种情感联想，但还有一个更直接的答案，这可能也是所有答案里最明显的一个。人在乎什么？人在乎自己。因此，我们可以毫不奇怪地说：要让他人关心，最可靠的途径就是唤起其对自身利益的热情。

1925年，约翰·卡普尔斯为一则广告拟写头条，那是美国音乐学院函授音乐课程的宣传广告。卡普尔斯没有广告经验，但他天生就是个广告人的料。他坐在打字机前，打出了平面广告史上最著名的头条："我坐在钢琴前，他们都笑我，但当我开始弹起来的时候……"

这是个用短短十几个字就讲出来的典型失败者的故事。人们都笑他！而他用自己的演奏堵住了他们的嘴！（这头条可真够吸引人，甚至让我们都忽略了常理的反应：咦，为什么他坐在钢琴前会有人笑呢？别人坐在钢琴前时，你什么时候笑过？）

这句头条广告为函授课程所做的宣传大获成功，直到数十年后的今天还有广告文案写手在模仿它。下面这条广告就让产品销量比前一年增加了26%："我邮购了条地毯，我丈夫笑我，但当我因此省下50%的钱的时候……"（出版社驳回了我们给本书拟出的下面这条副标题："我们写这本书的时候，他们都笑我们，但当他们从盛满冰块的浴缸里醒来的时候……"）

卡普尔斯为邮购广告奠定了根基，邮购广告正是现代电视购物广告的先驱。邮购广告与其他广告形式不同，因为广告商能够确切地把握广告的实际功效。比如，某份报纸或杂志上刊有"股票投资指南"的广告。你要是想买这本指南的话，只需把支票寄到广告上的地址即可。但是各个版本的广告登的地址各不相同，因此当你的订单寄往某个地址时，市场营销人员就完全清楚是哪版广告促成了这单生意。[10]

我们不妨把邮购广告跟佳洁士牙膏之类的当代大众消费品做个对比。我们为什么会买佳洁士牙膏？是因为新播出的电视广告，是因为零售店在打折，是因为炫丽的新包装设计，是因为妈妈总是用佳洁士，还是仅因为当天店铺库存里只有这个牌子。对此市场营销人员几乎完全是无从得知的。

正因为邮购广告如此透明，它本质上就是评估顾客购买动机的实验室。人为什么而关心？去问问直接邮递广告的写手吧。而约翰·卡普尔斯常被称为史上最强的广告写手。卡普尔斯说："首先，你写的每句文案里都应该涉及自身利益，让你的头条暗示这条广告里面有读者想要的东西。这条规则太过基本，反而看起来有些浅显。然而这条规则每天都有大量写手没能遵守。"

卡普尔斯的广告头条能够暗示与读者自身利益相关，用的是保小本、创大利的手法：

- 若能照此简单计划行事，包您远离金钱烦恼。
- 给我 5 天时间，还您一个活力四射的个性……让我证明给您看，完全免费！
- 快速增高秘诀，助您步步高升。
- 如何一夜增强记忆力？
- 55 岁就退休。

卡普尔斯说，公司往往着重介绍产品特色，其实最应该强调的是产品效益。“不成功的广告最常见的毛病是广告设计者完全沉醉在自己的成就里（全世界最棒的草皮种子），而忘记告诉我们为什么我们该买（全世界最优质的草坪）。”有句老广告格言：你得把效益讲到最清楚。换言之，人们买的不是钻头，他们买的其实是钻孔——好把孩子的照片挂到墙上。

看着卡普尔斯的广告作品，我们多少会有点儿不舒服：因为很多广告都不大光彩，甚至带有欺骗性。那家生产“活力个性”的厂家或许就此万事大吉，但我们大部分人还是希望能够更加了解事实的真相。

那么，我们可以从卡普尔斯的技巧中学到什么可以应用于其他方面的东西呢？第一条就是千万不要忽视人们的自身利益。杰里·韦斯曼（Jerry Weissman）曾担任电视制作人和剧作家，现在他指导公司首席执行官如何做好演讲。韦斯曼告诫称，绝不要在人们的自身利益上支支吾吾。他还说，每一场演讲都应该围绕一个中心议题——“这对你有什么好处？”

韦斯曼发现，有些人总是会抗拒这一点，不愿意把信息讲清楚。他引用一位抗拒者的话：“可是我的听众又不是笨蛋，我要是说得太直白，他们可能会觉得受到侮辱呢。”然而，对于不太专心的听众来说，讲清楚自有其好处：“就算他们只需几秒钟就能把你描述的特色和你暗示的效益联系起来，但等到他们跟上时，你大概已经接着讲下一部分了，所以他们可能没时间去吸收效益那一块……或是你讲的下一个要点。”[11]

老师们都太熟悉学生的那句老话："我们哪天才用得着这个呀？"换句话说，这对我有什么好处？要是数学课能让学生游戏玩得更好，会有老师不肯讲出来吗？会有老师怀疑学生不会更加专心学习吗？

如果你的信息能够满足听众的自身利益，请别埋没了它，也别兜圈子。即使稍微改动一下说法，也会牵一发而动全身，产生很大差别。卡普尔斯说，务必要注意"自身利益"里的"自身"二字："千万别说'用我们家轮胎的人都能高枕无忧'，而要说'您要是用我们家的轮胎，必能高枕无忧'。"[12]

当然，比起那些邮购广告，还是有不那么讨厌也不那么夸张的方法来关心听众的自身利益。要探讨这一领域，我们先从亚利桑那州坦佩市所做的一项调查说起。

哪种文案会使人订购有线电视

1982 年，心理学家针对亚利桑那州坦佩市的一部分家庭，进行了一项有关说服力的研究。一批学生志愿者拜访这些家庭，请他们填写调查问卷，声称是要完成课程任务。

当时，有线电视刚刚推出，大部分家庭对此还不甚了解。这项调查研究是想要比较说明有线电视潜在效益的两种方式。

研究人员用如下方式向其中一组家庭介绍为何有线电视服务值得花钱订购：

> 有线电视能为用户提供更多样的娱乐和新闻节目。若使用得当，用户可以预先设置所需的节目。有线电视可以节省保姆费、汽油钱，免去出门的麻烦，从而留出更多时间让一个人独处，或者与家人、朋友共度欢乐时光。

研究人员要求另一组家庭假想自己身处在一个具体的情境中：

> 请想想有线电视将会如何提供给您更多娱乐和新闻节目。若使用得当，您可以预先设置所需的节目。想想看，您可以省下保姆钱、汽油钱，还能免去出门的麻烦，您就可以一个人独处片刻，或者与您的家人、朋友享受欢乐时光。

有些读者可能会问，这两种说法有很大差别吗？差别很微妙。请回过头分别数一数两个段落中“您”字出现的次数。

某种意义上，这项研究可以说是卡普尔斯所谓的少谈抽象效益（“用我们家轮胎的人都能高枕无忧”）和强调个人效益（“您要是用我们家的轮胎，必能高枕无忧”）那项建议的复杂版本。不过，亚利桑那州这项研究更进一步，它等于是让人们用视觉想象感受这款轮胎的安全性。

这些家庭替学生填完问卷后，以为研究项目就此结束了，但其实研究人员还有后续任务。一个月后，坦佩市开始覆盖有线电视，当地有线电视公司到各家各户推销。大学的研究人员想办法从有线电视公司那里拿到了订户的资料，然后分析到底哪些家庭订购了有线电视，哪些没订。

得到有线电视介绍资料的家庭有 20% 选择了订购，这一比例和当地其他家庭几近持平。而曾想象过自己订购了有线电视的家庭则有 47% 成了真正的订户。这份研究报告发表时的副标题："想象就能成真？"答案是肯定的。[13]

与典型的邮购广告相比，"想象有线电视"在自身利益方面的吸引力要强许多。请注意，若从卡普尔斯式广告效应的角度来看，"想象"所能提供的效益并不算很出众，主要也不过就是订了有线电视就能省去出门的麻烦！诚然，仅仅抽象地听这些可能的收益，并不足以吸引新订户。只有当人们把自己代入了角色时（我可以想象自己跟老公在家看一部超赞的电影，还可以随时暂停，起身去隔壁看看宝宝……再想想我可以省下多少保姆费），他们的兴趣才会真正产生。

这项发现告诉我们，是否能够引起别人关心，关键不是效益程度的高低，而是效益的确切度。你其实不需要漫天允诺财富或者个人吸引力，你需要的可能只是保证人们能轻松想象自己在享受产品或服务的那一点效益就够了。

不妨假设一下"救助儿童会"也把这个观念纳入其募捐活动吧。现有的广告词是"你可以赞助非洲马里小女孩罗基娅，一个月仅需 30 美元"，这个说法已经很成功了。但如果要把这句广告词扩充一下呢？"想象你自己是非洲马里小女孩罗基娅的赞助人。

你办公室的桌子上摆着一张罗基娅的照片，就放在你自家孩子相片的旁边。过去一年里，你跟罗基娅通过三次信，你从信中得知她喜欢看书，她常被弟弟弄得很烦，她很兴奋明年就能参加足球队了。”这样的广告效果就更强了。（而且也不会落入俗套。）

马斯洛需求理论

自身利益当然也绝非人生价值的全部（尤其是人们常常将“自身利益”定义得很狭隘，仅限于财富和安定）。否则，还有谁愿意去服兵役呢？有些人关心的东西永远不可能出现在卡普尔斯式的广告里。

1954年，一位名叫亚伯拉罕·马斯洛（Abraham Maslow）的心理学家进行了一项有关人类行为动机的研究。他把现有大量的研究成果归纳为一张清单，并列出人类努力想要满足的需求和欲望：

- 超越：帮助他人实现潜能
- 自我实现：实现自身潜能，自我完成，高峰体验
- 审美：对称，秩序，美，平衡
- 学习：知道，理解，精神沟通
- 尊重：成就，有能力，受肯定，独立，地位
- 归属：爱情，家庭，朋友，关爱
- 安定：保障，安全，稳定

• 生理：饥饿，口渴，身体舒适

这份清单你可能听过，它就是“马斯洛的人类需求金字塔”，或称为“马斯洛需求层次理论”。[14] 马斯洛罗列的需求清单非常有见地，但将其形容成一种“层次理论”则是错误的。马斯洛把层次结构看作阶梯，要从底层一级一级往上爬。你若不先实现安定的需求，就无法满足对尊重的渴望；若不先照顾好生理的需求，就无法满足审美的需求。（在马斯洛的理论世界里，绝不会有挨饿受冻的艺术家。）

而此后的研究也都认为，马斯洛理论中的层次结构完全是臆造出来的，并不符合事实——人类其实几乎是在同时追求所有的这些需求。[15] 大多数挨饿的人宁可选择吃饭也不选择超越，但事实上这两者之间有着很大的交集。

当人们谈到“自身利益”时，通常所指的都是生理需求、安定需求和尊重需求这些层次。要是说话者比较感性，也可能会认可归属需求。不会有太多市场营销人员或经理会跨越到这几个层级之上。有些需求貌似关乎审美，其实往往应该归入尊重需求那一类，只是经过伪装罢了（譬如高级豪华汽车广告）。

大家之所以专注某几类需求，是有原因的。也许只有那些高度受关注的需求才是人们真正会在意的，其他的需求（像是自我实现和超越等）的确显得太过学究气。近期的研究也探索了这一问题，进一步揭示了在马斯洛理论中人们一般关心哪些类别。

* * *

假设有家公司宣布：员工若是达成某一业绩目标，就可获得1 000美元的奖金。公司向员工展示这笔奖金的方式共有如下三种：

（一）想一想那1 000美元代表什么：一辆新车的首付款或是你梦寐以求了很久的房屋装修。

（二）想一想银行账户里多了那1 000美元，能带来更多的安定感，以备不时之需。

（三）想一想那1 000美元代表什么：公司肯定你对于整体业绩的重要贡献，老板可不会无缘无故地花这个钱。

当受试者被问到以上哪种定位会对他们个人产生吸引力时，大多数人回答第三种——这让人感到备受尊重。而至于第一种和第二种，很明显1 000美元可以花掉，也可以存起来，这还用得着说吗？我们大多数人要想象自己怎么花1 000美元可绝对不成问题。（喜欢想象自己攒钱的人好像倒不太多。）

不过这项研究还有一个妙处。当受试者被问到哪一种定位对别人（而不是自己）最合适时，大家都觉得第一种最让人满足，其次是第二种。也就是说，我们认为自己是受自我尊重的驱使，而别人则是受金钱驱使。这个简单结论几乎可以解释多数大公司里的奖励政策是如何设计出来的。

或者我们也可以来看同一项任务的另一个版本。假设你想说服别人接下本公司关键业务部门的一个新职位。以下是该职位三种可能的介绍方式：

（一）想一想这份工作能带来多少安定感。这职位太重要了，公司永远都需要人来负责这项工作。

（二）想一想这份工作能带给你的关注度。这工作太重要了，许多人都会时刻紧盯着你的表现。

（三）想一想你能从这份关键职位上获得多大的回报。你将有难能可贵的机会去了解公司的运作方式。

再一次，个人和他人之间的分歧又出现了。大多数人认为第三种（诉诸学习需求）最能驱动自己，同样一批人又预测别人会对第一种（安定需求）和第二种（尊重需求）最感兴趣。[16]

换句话说，我们很多人觉得别人都是活在马斯洛的“地下室”——我们自己住在高高的阁楼顶层，而别人都住在底部的地下室。在马斯洛的“地下室”里待久了，结果就可能错失许多激励他人的机会。这并不是说下面几个层面的需求（或者说更具体的、更物理的几层需求）对人没有驱动力。这些层级当然很有驱动力：人人都想要奖金分红，都想要稳定工作，也都希望融入群体。但仅仅专注于这些需求，则会错失我们挖掘更深层次驱动力的机会。

说到运用深层驱动力，下面举一个美国陆军退伍军人的绝佳范例，他不是骁勇善战的将士，而是一家食堂的经营者。

食在伊拉克

军队伙食是什么样的？想想就知道——淡而无味且煮过头的大锅菜，盘子上也绝不会摆上几根西芹做点缀。军队食堂根本就是热卡工厂，只要提供士兵完成任务所需的能量就行。军队有一句老话是这么说的："行军专靠肚皮饱。"

巴格达机场外围的一家"飞马食堂"却以另类而闻名。"飞马"之名出自希腊神话中长着双翼的飞马珀伽索斯（Pegasus）。飞马食堂的上等肋排烤得刚刚好，水果拼盘用西瓜、奇异果和葡萄摆得很是美观。据传有士兵从巴格达的"绿区"（美军占领的安全地带）沿着最危险的路线专门开车到飞马食堂，就为了吃一顿饭。

佛洛伊德·李（Floyd Lee）是飞马食堂的负责人，曾任海军陆战队和海军炊事长达 25 年。伊拉克战争开始时李已退役，为了接下这份工作再度入伍。"上帝赐给我再一次为士兵做菜的机会，"李说，"这份活儿我等了一辈子，所以我就到巴格达来了。"

李非常清楚，战士们生活极为艰苦。他们通常每天工作 18 个小时，一周 7 天都不能休息，因为在伊拉克随时都会有危险。李希望飞马食堂能在战火纷乱之外给大家提供片刻休憩。李很清楚自己身为“领导者”的使命：“在我看来，我不只负责伙食，我负责的是士气。”[17]

仔细想想看吧：我负责的是士气。照马斯洛需求层次理论来说，李的目标可是属于“超越”层次了。

这份愿景在李的团队所做的数百件日常行为中得到了充分显现。在飞马食堂，墙体被刷成白色，还贴满了球队旗帜；窗户镶着金边，绿桌布边缘还装饰着流苏；刺眼的日光灯改成了装有柔和小灯的吊扇；服务员个个都戴着白色的厨师帽。

飞马食堂因烹调出色而著称，而最神奇的地方在于——飞马食堂用的原始食材和别家食堂一模一样。飞马食堂跟其他食堂一样，也提供每月 21 天制的陆军伙食菜单，食材供应商也完全一样。为什么食物品质会产生如此大的差别呢？态度决定一切。飞马食堂有一名厨师专门负责甄选每日送达的水果：扔掉坏葡萄；仔细挑出西瓜和奇异果中最好吃的部位，用于准备制作完美的水果拼盘。晚上，甜点桌上会摆出 5 种馅饼和 3 种蛋糕。周日供应的上等肋排得事先腌制整整两天。一位来自新奥尔良的厨师会从别处订购各类的香料运往伊拉克，用来为菜品添香加味。一位女性甜点师形容自己做的草莓蛋糕“性感”“诱惑”——这可是部队伙食里从来没人用过的形容词。

李很明白，做菜只是一份工作，而鼓舞士气则是一种使命。做菜只需一副锅铲，而鼓舞士气得靠奇思妙想、勇于实验和心灵手巧。

一位专程来飞马食堂享用周日晚餐的士兵说："一来到这儿，你就会忘了自己是在伊拉克。"弗洛伊德·李其实是在挖掘马斯洛理论中几个被人遗忘的层次——审美需求、学习需求和超越需求。李重新定义了食堂的使命，从而激励同事们"在沙漠中创造出了绿洲"。

爆米花机和政治学

就连最有实力的广告文案写手约翰·卡普尔斯也都承认，人除了狭隘的自身利益之外，还有其他强大的动力来源。他讲了一个市场营销人员的故事——此人要推销一部新式教育短片，内容是向消防员介绍消防安全基本知识。这位营销人员曾经学过，两项基本消费诱因：贪婪和恐惧。

这个营销人员的直觉是贪婪在这种情况下最适合。于是他便想出几个发放免费赠品的招数，这样就能让消防员来试看这部短片。接着，他开始给当地消防队打电话，想确认哪种赠品最吸引人。电话接通后，他首先描述了一下这部新短片，然后问："您是否愿意试看这部片子，再考虑要不要购买教育课程呢？"得到的答案全是热烈的"好"。

接着，他用第二个问题来测试贪婪理论的两个版本："作为您试看影片的回报，我们准备了点儿小礼物。请问您的消防员是喜欢大号电动爆米花机，还是一组厨师专用的精美切肉刀具组合？"

从这两个电话里，他就收到了这个问题的明确答案："你以为我们去学习某个消防安全课程是因为看上了什么破烂的爆米花机？"

这位营销人员从此再也不提赠品的事情了。[18]

* * *

所以说，有时候自身利益能让人关心在乎，有时候却适得其反。对此我们应该如何解释呢？

若要再牵涉到政治的话，问题就变得更加复杂了。传统观点认为，选民一定是维护自身利益的完美典范。如果眼前有份提案要求向最高收入者提高边际税率，我们预计富人一定投反对票，而其他所有人都会投赞成票。

事实上，这个认识是错误的。民意可以依据狭隘的自身利益来预测，这样的论断并无依据。1998 年，美国密歇根大学政治学教授唐纳德·金德（Donald Kinder）写过一篇影响甚广的调查报告，分析了过去 30 年来有关这一主题的研究成果。金德将自身利益对政治主张产生的影响力总结为——"微不足道"。关于微不足道金德是这么写的：

> 美国白人和黑人在看待平权法案时的立场并非源自对自身得失的估量——失业者并非全都支持各项减轻其经济压力的政策，需要医疗资助的人也不一定比有健康保险的人更支持政府医疗保险，公立学校的学生家长不一定比其他公民更

> 支持政府资助教育，应征入伍的美国人不一定更反对出兵干预或调停境外冲突，职业妇女不一定比家庭主妇更支持有益于职场女性的政策……研究表明，在考虑以下各类大相径庭的议题时，自身利益显得无关紧要：废止校车种族分离制度、反饮酒条例、强制性的大学考试、住房政策、双语教育、遵守法律、法律纠纷处理满意度和枪支管制等。[19]

这些研究发现与直觉相悖，也很令人振奋。那么，如果说人不是在支持自身利益，那么是在支持谁的利益呢？

答案值得细细推敲。首先，当公共政策的成效很重大、很具体、很直接的时候，自身利益确实举足轻重。比如，1978 年在加利福尼亚州有一项公民投票项目为“13 号提案”，它提议大幅削减房地产物业税，以换取同等大幅削减公共服务设施，如学校、图书馆、警察和消防部门等。针对此项议题，私房屋主由于厌倦了伴随房产价值上升而来的巨额增税，便纷纷投了“13 号提案”一票；而图书馆管理员和消防员等人则投了反对票。其次，自身利益即使没有决定我们的立场，也能左右我们注意力的方向。比如在“13 号提案”的问题上，私房屋主和公职人员更有可能对该计划有一个良好的意见，哪怕他们的意见跟自身利益不相符。

自身利益绝非至高无上。譬如平等、个人主义、政治理想和人权之类的信念，对我们来说也至关重要，即使它们违反我们的自身利益，也还是有可能影响到我们的看法。我们可能不喜欢听到一些边缘政治团体的观点，但我们仍然会支持他们的发言权，因为我们珍视言论自由。

这段故事里最重要的部分可能在于：跟“自身利益”相比，“群体利益”往往是政治意见较好的预测标准。金德说，人们在形成观点时，问的似乎不是“对我有什么好处”，而是“对我的群体有什么好处”。群体分化的依据可能是种族、阶级、宗教、性别、地域、政党和行业，或是其他维度。

美国斯坦福大学教授詹姆斯·马奇（James March）也提出了与此相关的见解，他认为人们在面对选择时依赖两种基本的决策模式。第一种模式是衡量结果。我们衡量各个选项，评估每项做法带来的价值，然后选择价值最高的那个。这种模式是经济学课程里的基本决策观：人是从自身利益出发的，也是理性的。我们的理性代理人会问：照这个价钱，哪一款沙发能给我带来最大的舒适度和最强烈的美感？哪一个政治候选人的上任最符合我的经济利益和社会利益？第二种模式则相当不一样，它认为人是基于身份认同来做决策的。人们会问自己三个问题：我是谁？现在处于什么情况？像我这样的人在这种情况下该怎么做？[20]

要注意的是，在第二种模式中，人们并不从是自身利益的角度来分析结果的。没有计算，只有一般规范和通用原则——像我这样的美国东南部会计师会买哪一款沙发？像我这样的好莱坞佛教徒应该支持哪一位候选人？这就好像人们咨询一个理想中的自我形象：像我这样的人会怎么做？

第二种决策模式有助于阐明那些消防员为什么会为了爆米花机而发脾气。提醒一下，爆米花机并不算贿赂。如果营销人员说："你只要帮你们消防队订购这部短片，我就送你家人一台爆米花机。"那么显然大多数人都会出于道德原因而一口回绝。相反，营销人员的提议并无恶意："我们会向贵单位赠送一台爆米花机以答谢你们花时间审阅这部短片。不论你们将来是否打算买这部片子，爆米花机都可以留下。"接受这个提议似乎没什么不道德的。

我们还可以更进一步思考：如果从自身利益和获利价值最大化的角度来看，拒绝这个提议未免也太愚蠢了。如果你做了决定A，结果可以留下爆米花机；做了决定B，结果没有爆米花机。其他一切不变。如果是这样，除非爆米花有违你的价值观，不然你最好还是选择决定A。

但是，如果从身份认同的决策模式角度来看，拒绝爆米花机完全合情合理。思考的过程大致如下："我是消防员。你送我爆米花机是为了让我看安全短片。但是，消防员不是那种需要给点儿小惠才想学习安全知识的人。我们可是会冒着生命危险到着火的房子里去救人的呀！你竟然暗示我会看上一台爆米花机，不觉得可耻吗？"

其实也有办法把两种决策模式结合起来。要是那位营销人员提议，只要消防员看短片的话，就捐50美元给学校的消防安全课程呢？这项提议究竟会不会违背消防员的身份认同感，就不好判断了。

自身利益很重要。我们利用自身利益就能使人关心在乎，这一点毫无疑问。但自身利益也有局限性。总是围绕着自身利益构建我们的想法，就像是总用一种颜色作画，不仅压抑自己，而且无法启发别人。

飞马食堂负责人弗洛伊德·李就拿捏得恰到好处。李本可以挥动纯粹的自身利益的鞭子来驱动部下：比如说，如果工作足够投入，就可以每天晚上提早 10 分钟下班；或者吃饭时可以优先挑一块上好的牛排。但李没有这样做，他塑造出了飞马食堂的身份认同：飞马食堂的厨师负责的不是伙食，而是士气。你可以想象在这间帐篷里，食堂职工会做出成百上千项决策，他们心里想的：身为飞马的一员，在这种情况下应该怎么做？

创意诊断

背景

对代数的需求和马斯洛的“地下室”

有史以来每一位代数老师都得面对学生提出的这两个问题：“为什么我需要知道这个？我什么时候才用得上？”本次诊断就将围绕这两个问题展开。

*　*　*

信息一

在1993年举行的“人人代数”大会上，大家就“为什么学代数”的问题做出了以下几点回答[21]：

- 代数提供了从特殊到一般的思路。代数从集合的诸多个体中发现关联模式，并总结出一套便于思考也便于传达的语言。
- 代数提供了一套符号处理程序，以便我们理解周遭的世界。
- 代数提供了通过数学模式来认识世界的工具。
- 代数是变量的科学。代数使我们能够通过识别变量（数值不断变化的参数），并在数据中设置或查找结构，进而处理大量数据。
- 代数是用来描述并讨论可变数量之间联系的一套基本概念和技术。

信息一评析

这则信息说明了“知识的诅咒”所带来的问题。可以想象得到，与会者全是代数专家，他们想出来的答案在其他专家看来貌似很有道理。不过还是面对现实吧，有哪个不安分的学生在听到“代数提供了一套符号处理程序，以便我们理解周遭的世界”之后，会迫不及待地加入代数研究的行列呢？作为代数的定义，以上所列的每一条看起来都相当合乎逻辑；然而作为学习代数的理由，就完全没有作用。我们需要一套能让学生们关心并在乎代数的说法。

*　　*　　*

信息二

以下回答是笔者在受到网上几个例子的启发之后编写出来的。

这些是我告诉学生为什么要学代数的原因：

- 你得学代数才拿得到高中文凭。
- 你将来学的每一门数学课和科学课都需要代数知识。
- 要进好的大学，你的数学成绩必须得好。
- 就算你根本不打算上大学，从代数中学到的推理能力对于你未来买房子和做预算等都大有助益。
- 我的哥哥是一家高科技公司的销售代表……他在学校里数学一直学得很痛苦，但他现在发现，数学课里下过的苦功对他目前的分析能力很有帮助，他在给客户做汇报时也更加得心应手。

信息二评析

这位老师讲得很实在，因而破除了“知识的诅咒”，但他一直留在马斯洛理论的“地下室”层面。为什么学代数？第一条理由：你必须学，因为你必须学。第二条理由：你必须学，才能学得更多。这项理由诉诸尊重的需求——想要有能力，获得认可和地位的欲望。这则信息中最有用的部分是作者提到自己的哥哥后来发现自己在数学课下的苦功没有白费。哥哥的故事可以说是把尊重的需求藏在卡普尔斯式的胜利故事里面。（“我被方程式弄得焦头烂额时，他们都笑我，但当我搞定销售业务时……”）

* * *

信息三

以下是一位高中代数老师迪安·舍曼（Dean Sherman）在网上参与高中老师互动讨论时对这一问题的回答：[22]

我教的九年级学生都无法体会直线方程的标准形式到底有什么用处，总是会问：“我们什么时候才会用到这个？”

这个问题一度让我非常烦恼，甚至弄得我想给自己教的每样东西找理由。而现在我会回答：

“永远不会，你永远都不会用到。”

然后，我会提醒学生，人们练习举重，绝不是为了哪天有人硬要把他们摁倒在地、胸口再放上哑铃的时候能举得起来。你练举重，是为了能够在打橄榄球时放倒防守前锋，是为了能扛得起煤气罐，是为了能把外孙高举过头顶，而不至于在第二天肌肉酸痛。你要做数学题，是为了锻炼逻辑思维能力，让你将来可以当个优秀的律师、医生、建筑师、监狱长或者家长。

数学就是思维的举重训练。对大多数人来说，数学是手段，而不是目的。

信息三评析

这是一则极佳的回应。请注意，其中涉及了本书中提到的多项要素：令人惊讶的开场白（“永远不会，你永远都不会用到”）。其次，类比手法也恰如其分：利用已有的举重图式来改变“学代数”图式（并不是未来每天都需要求出直线斜率，而它能让你的大脑变得更灵活）。

此外，舍曼也在马斯洛的层次结构往上爬，他在此诉诸更高层次的需求，比如学习和自我实现。舍曼所传达的观念是——学代数能让你实现更多的潜能。

记分卡

检查表	信息一	信息二	信息三
简单	○	○	●
意外	○	○	●
具体	○	●	●
可信	○	○	○
情感	○	●	●●
故事	○	●	○

*　　*　　*

小结

“数学就是思维的举重训练”这句话提醒了我们：即使在最世俗的情境中，也有机会脱离马斯洛的“地下室”，诉诸更高层的驱动力。

别把得克萨斯州弄乱

丹·赛雷克（Dan Syrek）是美国专门研究乱扔垃圾问题的首席研究员，曾在16个州（包括纽约州和阿拉斯加州在内）发起了反乱扔垃圾运动。[23] 赛雷克开始每项计划的方式通常是随机选定一条路线（可能是州际公路，也可能是农庄小道），然后自己去走一趟，拿着计数器，手动地一个个去数沿途丢弃的垃圾。

20世纪80年代，赛雷克和他位于加利福尼亚州萨克拉门托的机构“应用研究中心”（Institute for Applied Research），均受雇于得克萨斯州政府。当时得州乱扔垃圾的问题十分严重，州政府每年的清扫费用高达 2 500 万美元，而且这笔开销每年还会增长 15%。得州政府试图倡导文明行为而采取的诸多措施毫无效果——路边设立起“请勿乱扔垃圾”的告示牌以及大量标有“垃圾入箱”的垃圾桶——于是得州政府找来赛雷克帮忙想新办法。

一般的反乱扔垃圾的信息都带有情感，但往往只专注于有限的几种情感上。有些信息诉诸罪恶感和羞耻感，比如有一则广告是印第安人看到满地乱扔的垃圾而泪流满面。还有些信息诉诸我们对野生动物的爱心，像是有一段宣传片里的卡通猫头鹰说：“救救小鹰，别污染环境。”

赛雷克心里知道，这种信息不可能解决得州的问题。在他看来，这类广告只不过是照本宣科，白费力气。得州要做的是说服那些本来对路边垃圾无动于衷的人。在得州，乱扔垃圾者的典型形象：男性，年龄在 18 岁 ~35 岁，开着小卡车，喜欢体育运动和乡村音乐。这种人厌恶政府权威，也不会受到可爱小猫头鹰的感化。正如得州交通局一位职员所说：“跟这些人说‘拜托，拜托’完全是对牛弹琴。”

“我们发现，乱扔垃圾的都是些邋遢的家伙，”赛雷克说，“你得跟他们解释清楚，他们做的事就叫乱扔垃圾。”赛雷克总是随身带着一张照片，上面是个看起来很彪悍的男人，开着一辆小卡车。“这就是我们的目标受众，”他说，“我们管他叫布巴（Bubba）。”[24]

基于自身利益诉求来设计反乱扔垃圾运动，对这群人来说恐怕完全无效。毕竟，不乱扔垃圾对布巴们会有什么好处呢？妥善处理垃圾是需要付出努力的，同时又没有明显的回报。在这种情况下，像卡普尔斯那样利用贪婪并不合适。那么，或许可以设计出一种利用恐惧情感的方法来强调高额罚款或其他惩罚措施。但是布巴们的反权威个性又会让效果大打折扣，甚至还可能激起反效果。

赛雷克明白，改变布巴们行为的最好办法就是晓之以理，让他们相信和自己同类型的人都不乱扔垃圾。依照赛雷克的研究成果，得州交通局批准了一项以“别把得州弄乱”口号为中心的宣传计划。

最早的一支电视广告中，主角是来自得州橄榄球队达拉斯牛仔队的两名球员，分别是防守端锋“高个子”埃德·琼斯（Ed “Too-Tall” Jones）和防守截锋兰迪·怀特（Randy White），两人在得州都算响当当的人物。这段广告里，他俩在高速公路旁捡垃圾：

> “高个子”琼斯走近摄像机说：“你要是见着把这垃圾丢出车窗的人……告诉他我有话要跟他说。”
>
> 兰迪·怀特手里拿着一个啤酒罐走上前来：“我也有话要跟他说。”
>
> 镜头外一个声音问道：“什么话？”
>
> 怀特一把捏扁了啤酒罐，威胁道：“呵，这话我得当面跟他说。”

"高个子"琼斯补了句："别把得州弄乱！"[25]

这段广告跟可爱的猫头鹰和哭泣的印第安人比起来可谓是天壤之别。

另一支广告的主角则是来自得州棒球队休斯敦太空人队的投手迈克·斯科特（Mike Scott），此人以快速指叉球而闻名。斯科特说，把垃圾扔进箱里是"很得州的事"。于是斯科特示范了他的"垃圾指叉球"，又稳又准地把垃圾投进路边的垃圾桶，里面竟然喷出一支火柱。妙极了！

"别把得州弄乱"系列广告请来了运动员和音乐人，其中许多人在得州以外的地方并非家喻户晓，但在当地却是众所周知的"得州佬"：休斯敦油人队（Houston Oiler）四分卫球员沃伦·穆恩（Warren Moon）、拳击手乔治·福尔曼（George Foreman）、蓝调吉他手史蒂维·雷·沃恩（Stevie Ray Vaughan）、乡村歌手杰里·杰夫·沃克（Jerry Jeff Walker）……歌手威利·纳尔逊（Willie Nelson）也贡献了一支广告，有一句词："妈妈们，告诉你们的小宝贝，'别把得州弄乱'。"

但这岂不是一个很普通的明星广告吗？不，这系列广告其实非常巧妙。这些广告产生的驱动力绝不只是名人的知名度。芭芭拉·史翠珊（Barbra Streisand）的名气再大，也彻底拿得州布巴们没辙。就算是更加威猛的男明星，也未必能有用武之地。阿诺德·施瓦辛格固然男性魅力十足，但没有半分"得州佬"的味儿。

如果广告请来的名人不变，但是改用比较传统的公益广告模式呢？“我是职业拳击手乔治·福尔曼。乱扔垃圾一点儿都不酷。”这也不大可能奏效，因为福尔曼反而成了布巴们深恶痛绝的那类权威角色。

这项宣传运动的信息：得州佬不乱扔垃圾。请注意，这些名人的价值仅仅在于快速建立起“得州”图式——或者说得更确切一点，是“理想的男性得州佬”图式。人们就算不喜欢威利·纳尔逊的音乐，也能嗅出他身上的“得州佬”味道。[26]

系列广告一炮而红，大获成功。播出几个月后，接受民意调查的得州人有 73% 都记得广告中的信息，也能认出它是反乱扔垃圾的广告。播出一年后，乱扔垃圾现象减少了 29%。

得州交通局本打算在“别把得州弄乱”运动之外再拨出 100 万美元的经费，更有力地执行禁止乱扔垃圾法案。这是一种恐吓策略：你要是乱扔垃圾，就可能被抓、被起诉。但由于“别把得州弄乱”的广告效果立竿见影，结果那项强制执法计划也就没有用武之地了。这场运动提供给布巴们一个很有说服力的身份认同信息，连诉诸恐吓的计划都不需要了。

在该项宣传运动的头 5 年，得克萨斯州路边的可见垃圾减少了 72%，而空罐子减少了 81%。1988 年，赛雷克调查发现，与同期开展反乱扔垃圾运动的美国其他州相比，得州路边垃圾数量不及它们的一半。

“别把得州弄乱”无疑是很棒的口号，但我们不应该把口号和观念混为一谈。这里的观念：赛雷克可以让布巴关心垃圾之事，靠的是告诉他们真正的‘得州佬’是不会乱扔垃圾的。这里的观念：布巴对诉诸身份认同的反应要比诉诸自身利益的反应更好。就算当初请来的是位二流的文案写手，就算广告口号是“不要亵渎得州”，这项运动仍然可以成功地减少得州公路上的空罐子。

我为什么要保护双钢琴音乐

到现在为止，我们讨论过三种能让人关心在乎的策略：运用情感联想（或者避免联想，视情况而定）、诉诸自身利益和诉诸身份认同。这三类办法都可能奏效，但是还得小心我们的老对手——“知识的诅咒”，因为它可能会牵制我们执行以上策略的步伐。

2002年，本书作者之一奇普协助一群教授主持了一个讲习班，专为佛罗里达州迈阿密和劳德代尔堡的非营利艺术机构负责人举办。其中一项议程是帮助这些负责人明确并且进一步改善本机构的核心使命。讲习班上对与会者提出的问题都很难：贵机构为何存在？其他机构能否完成你们的工作？如果可以，你们的独特之处何在？

还有一个问题是要与会者定义本机构的宗旨，还要激发别人予以关心。志愿者必须足够关心机构才愿意奉献出自己的时间，捐赠人必须足够关心机构才愿意捐出自己的金钱，员工必须足够关心机构才会死心塌地为机构效力（即使其他营利性机构肯出高薪挖人）。参加讲习班的机构之一是默里·德拉诺夫双钢琴基金会（Murray Dranoff Duo Piano Foundation）。轮到这家基金会时，奇普请他们的代表宣读了一段能激发情感的宗旨宣言：

双钢琴基金会：本机构旨在保护、保存和推广双钢琴音乐。

奇普：保护双钢琴音乐为什么重要呢？

双钢琴基金会：嗯，现在很少有人演奏双钢琴音乐了。我们希望它不要就此失传。

一位与会者后来坦承，当他初听到“双钢琴”这一词的时候，还以为是观光酒吧里疯狂的“斗琴”呢，就是那种大家都喝得醉醺醺，一起跟着唱比利·乔尔（Billy Joel）那首《钢琴手》（*Piano Man*）的场景。当时会上甚至还有人认为，双钢琴音乐要失传的话，我们或许不仅不该阻止，还该加速一下。

大家的讨论就这样兜了好几分钟的圈子，却丝毫没能让在场的任何人开始关心双钢琴音乐这门艺术形式。终于，另外一名与会者插了句话：“恕我冒昧，但假如说双钢琴音乐彻底消失了，对人类世界会有什么损失吗？”

双钢琴基金会（显然大吃了一惊）：啊……

钢琴是一种华丽的乐器。它的设计就是把整个交响乐团的全部音域和音色都交给一位演奏者来控制，没有其他任何乐器能具有如此的广度和幅度。

而当你把两台这样的乐器放在同一个房间里，两位演奏者能够相互交流，相互呼应，这样既有管弦乐队的音效，又有室内音乐的亲密。

就在那一刻，全场听众惊讶得眉毛上扬，甚至发出一阵低声的赞同。“既有管弦乐队的音效，又有室内音乐的亲密”这句话既含义深刻，又能唤起共鸣。突然间，在场的人第一次理解了，为什么默里·德拉诺夫的团队致力于，而且应该致力于双钢琴音乐。

为什么默里·德拉诺夫的团队花了10分钟才能想出一个让人关心在乎的说法呢？你本来肯定以为，一个致力于双钢琴音乐的组织是全世界最有资格说明这种音乐类型价值的组织。

事实是，他们确实比全世界任何人都更懂得为何双钢琴音乐应该保存下来，但“知识的诅咒”却让他们无法清晰地表达。“保存双钢琴音乐”这项使命在默里·德拉诺夫团队内部很有效、也很有意义，但在他们团队之外就很难引起共鸣了。多名与会者事后也都表示，他们对于“假如说双钢琴音乐彻底消失了，对人类世界会有什么损失吗”这个问题也颇有同感。双钢琴音乐有什么了不起？谁会关心啊？

你要是多年来每天的工作都是一心一意扑在双钢琴上，自然就很容易忘记世上有很多人从来没听过双钢琴这回事儿。你会很容易忘记自己是拍打旋律的“击节者”，全世界到处都是要猜出你所敲的歌曲的人。把双钢琴团队从“知识的诅咒”中解救出来的，是不断发问“为什么”的那一屋子人。大家问了三次“为什么”之后，双钢琴团队才从他们在做什么，转移到他们为什么做的问题上。他们从一堆毫无力量的联想（除了对已经懂得双钢琴音乐的人以外）转移到一套更有深度、更具体并且情感上还能与外界联系的联想上。

这种“三个为什么”的策略可以有效避开“知识的诅咒”。（实际上，日本丰田汽车公司在生产线上用的是“五个为什么”的程序来找出问题的症结所在。你想用几个“为什么”都没关系，越多越好。）问“为什么”能提醒我们注意自己观念背后的核心价值与核心原则。

* * *

几年前，一群医院管理人员请了 IDEO 设计公司（全球创新设计公司）来帮助他们改善医院的工作流程。IDEO 团队非常明白，自己的建议将会遭遇医院内部的极大阻力。要让医院员工有意愿接受改变，第一步就得让他们明白医院有问题，然后让他们关心这一问题。

于是，IDEO 团队制作了一部影片，是从一位因腿部骨折而送往急诊室的病人的角度来拍摄的。影片中，我们以病人的视角穿过一道门进入急诊室，四处找挂号说明，跟住院工作人员打交道，可他们讲的全是一套听不懂的医学用语。最后，我们好不容易躺到担架上，在医院里被推着走，看到一块又一块天花板。我们听到支离破碎的声音，因为我们看不见说话的人。偶尔会有人探头进入我们的视线；但更常发生的是，有大段大段的等待时间，我们停着不动，眼睁睁地看着天花板，不知道下面会发生什么事。

IDEO公司的心理学家简·富尔顿·苏里（Jane Fulton Suri）说，这段影片放给医院员工看时，马上就引发了反响："第一个反应总是诸如'哇，我从来没意识到……'"苏里说她很喜欢"意识到"三个字。在没看影片之前，对于员工来说这些问题并不"真正"存在。而在之后，"他们就立即感到有解决问题的原动力，那不再仅是待解决问题清单上的一个问题而已了。"

IDEO公司也安排了一些角色扮演的练习，让医院员工从病人的角度看事情。练习中有这样一项任务："假如你是不懂英语的法国人，如何找到在医院里的父亲。"IDEO公司正是以这种迫使员工同情客户的模拟训练而闻名。在某些情况下，时间似乎会侵蚀人的同理心，而IDEO的模拟训练则能重建我们对他人的自然同理心。"商业世界越来越强调模式而忽视个体，"苏里说，"模式的理智层面让人们越来越疏于相互关爱。"

* * *

同理心产生于个体，而非模式——这种认知让我们在绕了一个大圈之后，重新回到本章开头特蕾莎修女的那句名言："如果我看到的是人群，我绝不会有行动；如果我看到的是个人，我就会。"

如何让他人关心我们的观点？我们应该让对方跳出分析性的角色；我们应该创造对特定个人的同理心；我们应该证明自己的观念与对方原先已经关心的事情有所关联；我们应该诉诸自身利益，也应该诉诸身份认同——不仅是他们现在的身份，还包括他们梦想获得的身份。

再者，虽然我们应该时常思考这件事对听众"有什么好处"，我们也应该记得跳出马斯洛的"地下室"。听众所渴求的"好处"不见得是 250 美元奖金，反而可能是对审美的需求或是对超越的期望。弗洛伊德·李说："在我看来，我负责的不是伙食，我负责的是士气。"有谁不想要弗洛伊德·李这样的领导呢？

06

故　事

促人起而行动

《心灵鸡汤》的巨大成功打破了“知识的诅咒”，这也让我们明白了一个道理——故事具有模拟和鼓舞的双重力量，想要让自己的创意与观念被人牢记，就从讲一个好故事开始。

一位护士正在新生儿重症监护病房值班，有严重健康问题的新生儿可在这里接受治疗和观察。她已经重点观察其中一个婴儿好几个小时了，情况并不乐观。婴儿肤色是反映潜在问题的关键指标之一，眼前这个宝宝的脸在健康的粉红色和不健康的暗青色之间不断变化。

突然间，只是短短几秒钟的事，宝宝的脸变成了深蓝色。护士一下子慌了，重症监护室里的其他人叫来了 X 光师和主治医生。

会诊团队初步判断这个婴儿患有肺萎陷症[①]，这是靠呼吸机维生的婴儿常见的身体问题。会诊团队准备施用肺萎陷的典型疗法，即用一条管子穿过胸腔，将肺周围的空气排出，使肺泡重新膨胀。

但这位护士觉得这是心脏的问题。她一见到婴儿的脸色变成了深蓝色，就怀疑是心包积气——心包积气是指包着心脏的囊内积有气体，压迫心脏，阻碍其正常跳动。护士吓坏了，因为她上次碰到心包积气的病情时，那个婴儿在还没诊断出病因前就已经

① 肺萎陷，couapse of lungs，指原已充满空气的肺组织因空气丧失而导致肺泡塌陷关闭的状态。——编者注

死亡。

这位护士想要阻止大家手忙脚乱地准备肺萎陷治疗的操作。“是心脏！”她大喊。但其他人的回应只是指向心脏监护仪，上面显示一切正常：他的心跳很稳定，是新生儿正常的心率——每分钟 130 下。但护士还是很坚持，一边奋力推开其他人的手，一边呼吁大家保持安静，然后把听诊器放在婴儿身上，检查心跳。

没有任何声音——其心脏并没有跳。

护士开始在婴儿胸腔上做按压动作。新生儿主治医生冲进病房，护士迅速把一根注射针筒递在他手上。“是心包积气，”护士说，“插心脏！”

X 光师拿到的片子最终证实了这位护士的诊断。主治医生把针筒插入心包，缓缓地把遏制婴儿心跳的空气抽了出来。宝宝的生命保住了，脸色也慢慢恢复正常。

后来，医疗团队弄清了心脏监护仪为何会误导他们。监护仪的设计是检测心电活动情况，而不是真正的心脏跳动。婴儿心脏的传导神经还在发出电波，指示心脏该以何种速率跳动，但心包囊中的空气已使心脏无法跳动。只有当护士用听诊器检查心脏是否正常跳动时，才注意到婴儿的心跳已经停止了。[1]

*　*　*

这则故事是由美国心理学家加里·克莱因（Gary Klein）搜集到的。克莱因专门研究人在高压、高风险的环境下如何做决策，他花了很多时间研究消防员、航空管制员、发电厂操作员和重症护理人员等人身上发生的案例。这个婴儿的故事出自克莱因所著《如何做出正确决策》(*Sources of Power*)中“故事的力量”那一章。

克莱因表示，在他研究的环境中，人们会一再反复地讲述某些故事，就是因为这些故事中蕴含着智慧。故事是很有效的教学工具。故事能告诉我们情境如何误导人们做出错误决策。故事能阐明我们未能觉察的因果关系，并教给我们别人解决问题时使用的出人意料而又充满智慧的方法。

从医学角度讲，上述故事给了我们很重要的教训。婴儿故事告诉我们如何发现并且治疗心包积气。更广泛地来说，婴儿故事警告医护人员不能太依赖机器设备。故事中那台心脏监护仪功能完全正常，但无法取代专业人士加上简单的听诊器所具备的洞察力。

这些医学教训对于医疗行业之外的人并不是特别有用，但婴儿故事却能启发我们每个人。这同时是一个女人的故事，即使在集体意见一致的压力下，仍能牢牢坚守自己的信念；这也是一个弱势个体的故事，即使在医院等级森严的环境下，由护士告诉主治医生什么才是正确的诊断。一条小生命就这样维系在她跨越自己“正确身份”的意愿上。

如此看来，这个故事的力量具有两个层面：提供了模拟（有关如何行动的知识），还提供了启发（行动的动机）。请注意，模拟和启发都是以激发行动为最终目的的。在前面的章节中我们讨论过，“可信的”观点让人相信，“情感的”观点让人关心。而我们将在本章中看到，好的故事能让人行动。[2]

公司餐厅里的行话

复印机大概是我们这一生中会用到的最复杂的机器了。想想看，还有哪种日常用的机器会集光学、机械、化学和电子技术于一身呢？复印机能正常运转，看起来真像个奇迹。但复印机也经常运转不灵。一旦出了毛病，如果普通白领把进纸盒开关几次也弄不好的话，那恐怕就得请技术高超的专业维修人员来帮忙了。

研究员朱利安·奥尔（Julian Orr）花了很多时间与施乐公司（Xerox）复印机维修员共处，他发现他们花了很多时间交换故事。下面的小故事就是一位施乐复印机销售员在午餐时边玩纸牌边讲的。（下文括号里的注释内容为笔者所加。）这位销售员一开始提到复印机设计师们做的一项机械结构改动，是为了防止常见的电压骤升而烧毁多重部件：

新的XER主板配置并不会在双电晕管发弧光的时候还把板子给烧了。相反，它会触发低压电源上的那个24伏特互锁，然后机子就会停下来。等到再开机的时候，就会显示E053错误信息。（这样的错误代码很误导人，容易把我们引向与实际问题毫无关联的机器部位。）

我刚刚在走廊尽头的那台机器上就发现了这种情况，我跟韦伯折腾了 4 个钟头想找出毛病在哪儿。结果呢，就只是一根双电晕管坏掉了。后来总算让机子运作得久一点，终于看到是 E053 和 F006 的错误代码，我俩一查双电晕管就发现其中一个彻底报废了……（奥尔还说，听到这里，桌上的纸牌游戏暂停了好长一段时间。）是啊，还挺好玩的。[3]

*　*　*

这些在餐厅里玩纸牌的家伙只不过在说行话，我们大家都会说行话。在你的世界里一个引人误解的 E053 错误信息可能没什么大不了，但我们都会在自己的生活中碰到类似的情况。

人为什么要说行话？部分原因只是"人际沟通入门课"而已，我们总是想跟别人说彼此都知道的事情。施乐复印机维修员平常摆弄的就是复印机，所以他们谈的也都是复印机。但那并不是这个故事的全部意义所在。比如，上面讲故事的人本可以只分享故事梗概，而不必提到细节："我今天真碰上了麻烦事儿，足足搞了 4 个钟头才找到毛病。最后总算解决了。"或者，他也可以直接跳到重点："搞了几个小时才发现，问题就出在一只烧掉的电晕管上。那你呢，上午怎么样？"

但他没有这样做，他讲的故事对于共进午餐的同事来说要有意思得多。故事内置了戏剧情节：一条误导人的错误代码让两人白忙一通，结果费尽心力之后，才发现问题远比想象中简单。这个故事的形式为什么比较有趣？因为这个故事让他的午餐伙伴们也能参与其中。维修员提供了充分的信息，让听众也可以在脑中测试自己会怎么处理这种情况。在场的人起先并不知道 E053 错误代码是怎么回事，现在便可修正自己的“E053 图式”。在此前，应对 E053 错误代码只有一种方法；而现在，其他维修员也都知道该怎样处理这种“误导人的 E053 错误代码”。

换言之，故事既是娱乐，也是学习。行话里面往往暗含应对现实世界的线索。故事能教会护士不要盲目相信心脏监护仪，故事也能教会复印机维修员谨防 E053 错误代码的误导。

但上述故事并不只是在传达零碎的信息。施乐复印机的故事在功能上并不等于写一封“注意：烧坏的双电晕管会引发 E053 错误信息”的电子邮件再群发给全公司，这里面还有更深层的含义。要揭示出这些故事中的其他价值，我们得花点儿工夫细细揣摩一番。

人们如何理解故事

故事总是跟娱乐密不可分，它经常跟电影、电视、书籍和杂志等联系在一起。每当孩子们说“给我讲个故事”时，他们要的是娱乐，不是学习。

故事的“听众”似乎是个被动的角色，比如成天懒在沙发里看电视的观众被戏称为“沙发土豆”。不过“被动”这个词可能有点儿言过其实。我们读书时，会有一种被吸入作者笔下世界的感觉；我们听朋友讲故事，会本能地投入感情；我们看电影时，会认同影片中的主人公。

但如果故事跟我们之间的关联不那么符合直觉，反而更具戏剧效果呢？有一组研究人员发现了相当令人兴奋的证据，表明了故事“听众”和故事“主角”之间的界限并不是那么泾渭分明。

* * *

三位心理学家对于人们如何理解故事很感兴趣，便创作了几个故事，供实验对象在电脑上阅读。他们将参加研究的人分为两组。第一组受试者读的故事里有个关键性的物体与故事主角产生了关联，比如“约翰在慢跑前穿上了运动衫”。第二组受试者读的故事里那个关键性的物体与故事主角发生了分离，比如“约翰在慢跑前脱掉了运动衫”。[4]

在描述了另外两句话之后，故事再一次提及这件“运动衫”，而电脑则追踪读者阅读这个句子需要的时间。奇怪的是，以为约翰已经脱掉了运动衫的读者比以为约翰还穿着运动衫的读者花了更多时间来读这个句子。

这个实验结果很微妙，也很有趣。这意味着我们听故事时会在心理进行地理位置的模拟。要说“阅读故事让我们在脑海中看见画面”倒也没什么，毕竟这种说法我们都会觉得再自然不过。

但如果说“当约翰把运动衫脱下来，放在家里，我们也就相应把它放在脑海中的某个偏远角落”，可就很不一样了。如果是这样的话，我们就不单单是能在脑海中把故事视觉化，我们必定还能将故事模拟化，包括我们在头脑中创造的与故事中描写的空间关系相对应的类似物（不管是多么不精确的对应）。这些研究报告显示，世上并不存在什么“被动”的听众。[5] 我们在听故事时，思维会从一个房间移到另一个房间；我们在听故事时，脑中会把故事模拟出来。但模拟又有什么用处呢？

* * *

研究人员要求三组加州大学洛杉矶分校的学生在心中默想，一个已经困扰他们许久、在未来有可能解决的问题，比如学业、情感方面的困惑。

研究人员还告诉学生，实验目的是希望帮他们有效地处理这些问题，并给了他们一些解决问题的简短指示：“重要的是要去思考这个问题，多了解这个问题，考虑你能怎么做，一步步去处理问题……解决问题可以减轻你的压力，让你对自己处理问题的办法感到满意，帮助你从经验中得到成长。”在接受这些指示后，第一组“控制组”的受试学生就各回各家，一周后再向实验室汇报结果。

第二组学生是“事件模拟组”，他们得留在实验室里。研究人员要求他们在脑中模拟出问题是如何展开的：

我们希望你能想象这个问题是如何产生的。仔细回想第一次事件的细节，想象问题的开始……把事件发生的每一步都想一遍。想象你采取过的行动、你说过的话和做过的事。想象那一幕谁在你周围，你自己在哪儿。

"事件模拟组"的受试学生必须一步步地回溯导致问题发生的诸多事件。其基本假定是，回顾问题一连串的因果关系有助于学生思考如何解决问题，就像程序员进行系统调试一样。

第三组学生是"结果模拟组"。研究人员要求他们在脑中模拟出问题可能达成的正面结果：

想象你的问题开始迎刃而解，你正在脱离令人窒息的压迫情境……想象你感受到的那种解脱。想象问题得到解决后你感受到的满足感。想象你心中充满了自信，知道自己成功处理好了这个问题。

结果模拟组学生把焦点集中在了自己期望见到的未来结果上：问题一旦解决，会是怎样的情况？

经过初步训练后，两个模拟组学生也都回了家。这两组人员都被要求每天花 5 分钟重复他们的模拟训练，然后在一周后向实验室汇报。

好了，现在是读者的模拟训练时间：请快速猜一猜，哪组学生最能积极应对自己的问题。（小提示：不是控制组。）

答案：事件模拟组。事件模拟组受试学生模拟过去的事件如何展开，在各方面的表现都优于其他两组。模拟过去的事件比模拟未来结果要有用得多。事实上，各组之间的差距在实验室的第一轮训练之后就立刻显现出来了。到了第一天晚上，事件模拟组已经比其他两组感受到更加积极的振奋情绪。

各组在一周后返回实验室，事件模拟组的优势变得更加显著。与其他两组相比，事件模拟组学生更容易采取具体行动解决问题，更有可能寻求他人的建议和支持，也更有可能汇报他们学到了一些东西并且成长了。[6]

你可能会觉得这些研究结果有些违背常理，因为大众心理学书籍里充斥着各种各样的鼓励，让你去幻想自己成了成功的大师。结果我们发现，光有积极心态并不足以解决问题。或许金融大师们不该教我们幻想自己一夜暴富，而该教我们去回溯导致自己贫穷的前因后果。

* * *

心理模拟为何有效？因为我们开始想象某一事件或一连串事件时，必定会激发身体实际活动时活跃的脑区。脑部扫描显示，人在想象一道闪光时，大脑的视觉区域会激活；人在想象别人触摸自己的皮肤时，脑中的触觉区域会激活。而这种心理想象的动作也不仅仅局限于脑部。人在想象声母是 b 或 p 的汉字时，嘴唇也会不自觉地跟着微微动起来；人在想象埃菲尔铁塔时，眼球会不由自主地往上翻。心理模拟甚至能改变真实的生理反应。人在喝白开水时若想象自己是在喝柠檬汁，唾液分泌会增多；更让人惊讶的是，人在喝柠檬汁时想象自己在喝白开水，唾液分泌则会减少。[7]

心理模拟可以帮助我们控制情绪。针对蜘蛛、公开演讲和乘坐飞机等各种恐惧症，有一种经典的治疗方法：首先让病人经历一个抑制焦虑的放松过程，然后要病人用视觉去想象自己害怕的东西。第一步的视觉想象是从恐惧源的周边开始。例如，害怕坐飞机的人可以先想象自己开车去机场的那段路程。接下来，心理治疗师会带领病人开始一系列的视觉想象，越来越接近恐惧源的核心。（“现在飞机引擎在跑道上运转起来，声音越来越大……”）只要某段视觉想象引发了焦虑，病人就立即暂停，运用放松技巧回到平衡状态。

值得注意的是，这些视觉想象的焦点仅仅放在事件本身上面；关注的是过程，而非结果。没有人是靠想象自己痊愈后有多快乐来治好自己的恐惧症的。

心理模拟可以帮助我们解决问题。即使在日常的规划情境中，头脑中模拟某一事件也有助于我们想起本来可能忽视的东西。想象去购物中心购物的过程，可以提醒我们顺道把衣服带到中心里的干洗店。心理模拟可以帮助我们预见未来情形下的合理反应。想象自己和老板争吵，想象对方会说什么，可以使我们在必要时让该说的话脱口而出（或者避免祸从口出）。研究显示，心理预演可以防止人们重新染上恶习，比如吸烟、酗酒和暴饮暴食等。一个正在戒酒的人，如果能在脑中预演自己会如何面对周日的超级碗比赛，就会比较容易防止酒瘾复发：要是看球时有人起来拿啤酒喝，我该怎么做？

或许最令人惊讶的是，心理模拟还可以培养技能。一项研究报告分析了包括 3 214 名实验对象的共计 35 个实验后得出结论：单靠心理练习就可以大幅改善自己的表现。你要是静静坐着不动，然后想象自己从头到尾成功做完了一项工作，结果真的就会做得更出色。这项结果已在多种工作中得到证实：心理模拟能使人工零件焊得更好，飞镖扔得更准，长号手的演奏水平更高，花样滑冰选手的溜冰技巧也更出色。可以料想得到，心理模拟在涉及脑力活动较多的任务（如长号演奏）要比运用身体活动较多的任务（如平衡木体操）时来得有效。但平均而言，心理模拟的收益都相当大：总的来说，光靠心理练习就可以产生身体练习 2/3 的效益。[8]

个中道理简单明了：心理模拟固然比不上真正做一件事那么好，不过绝对是仅次于此的第二选择了。再绕回到我们所谈的黏性创意的主题上，我们想说的是，故事选对了，就等于模拟成功了。故事可谓是大脑的飞行模拟器。听别人讲护士与心脏监护仪的故事，虽然不完全等同于亲临其境，但也非常类似了。

或者我们可以回想一下施乐复印机 E053 错误代码的故事。

为什么听人家讲这个故事比自己读培训手册里的一句警告更有用呢？这跟飞行模拟器对飞行员来说要比记忆训练卡片更有效的道理如出一辙。模拟训练越是接近真实世界的行动，就越行之有效。

具体故事比抽象文本更有力量，正是因为故事提供了文本所缺少的语境。这就把我们又带回到记忆的魔术贴理论：往创意里放进去的小钩子越多，黏性也就越强。E053 故事加入了情感要素：找不出问题还被错误代码误导的挫败感。E053 故事还用到了事件背景：原以为是“XER 主板配置的变动”引发了这个以前没有的错误。故事还在最后给出了一个深层面的寓意：不应该完全相信错误代码。这种“代码怀疑论”是维修员在未来任何工作场合都能用得上的。

对医生而言，阑尾炎一经诊断，要治疗也就手到擒来，但问题就在于首先要能分辨出究竟是阑尾发炎还是胃部不适、食物中毒还是胃溃疡。或者想想初学代数的学生，他们能解出复杂的方程式，但是一碰到改由文字叙述的同样一则数学应用题就束手无策了。问题 X 不一定总是以问题 X 的面目现身。

这就是故事所扮演的角色：把知识放入一个更生活化的框架中，比如上面说到的飞行模拟器的故事。结果我们发现，身为故事的听众也并不是那么被动。在内心深处，我们其实是准备有所行动的。

创意诊断

对付问题学生

背景

老师们总是免不了处理课堂上偶尔会出现的麻烦，比如说怒气冲冲、极富攻击性或是想要挑衅的学生。许多老师都曾被这种突如其来的意外弄得措手不及。我们将在本创意诊断中比较应对这类学生的两种策略。

* * *

信息一

以下摘自美国印第安纳大学给老师提供的教学指导手册：[9]

- 保持冷静。放慢速度，保持呼吸平稳。不要变得戒心十足。
- 不要忽视问题学生。试着化解他们的愤怒。安排在课间休息或课后找他们面谈。谈话时，试着理解学生的情绪，认真倾听。讲话时秉持专业且礼貌的态度。

大家可以注意到，这则信息的一切内容都在

信息一评析

意料之中，没有哪一条违反常识。（如果对付问题学生是常识的话，那我们为何还需要印发如何应对他们的教学指导手册？）大部分建议（如“保持冷静”“不要变得戒心十足”和“试着化解他们的愤怒”）都太抽象、太浅显而无法产生黏性。（大概没有几个老师会认为对付问题学生时应该“惊惶失措”吧。）

* * *

信息二

第二则信息是一位名叫艾莉森·巴克曼（Alyson Buckman）的教授非正式地发到某个新闻组上的，她希望跟组内其他老师分享自己的经验：[10]

我有个学生……在我讲课的时候总爱在教室最后面大声说话。我在最前面都听得到，全班当然也都听得到。我讲的每一点他都不同意，不管我讲的是什么。学生们很快就在日记里抱怨他的行为，而且提出各种办法，通常是建议用羞辱的方式来对付他。

我从一开始就试了几种方法，最后在某天下课后我把他和他的死党叫到教室前面来，约好时间一起来我办公室面谈。我要确保面谈时有证人在场——这也算合用办公空间的一项好处吧。我想他的死党也是陷进了那个角色——另一个学生只是利用他的身体作为捣乱的工具吧。

跟那“痞子”见面时，他戴着墨镜走进来，目中无人，举止挑衅。我的开场白：“你跟我说说，你在教室后面搞什么鬼呢？”他回答：“我不同意你说的。”我想试着再谈一谈这个问题，他却完全不搭理我了。

等到我跟他讲班上其他同学都在抱怨，还纷纷提议怎样解决时，他才开始听我说话。他的肢体语言完全改变了，态度也是。从那之后，我跟他之间就没有什么问题了。关于这堂小小的教育课，我的粗浅理解是，不尊重老师的学生可以通过其他学生的力量来加以规范。毕竟他以为自己是在跟其他同学炫耀，后来才发现其他人根本就不喜欢他的这副德行。

信息二评析

这则故事让我们了解了模拟应对问题学生的过程。巴克曼一步步地解决问题，我们也一步步地跟着她走。请注意，信息一里提出的几点建议在这里并没有直接讲出来，但都体现出来了。这位教授试着“化解”学生的愤怒，安排在“较私密的场合跟学生谈话"，并且自始至终都保持冷静。

最后的解决办法（利用同伴压力来加以管束）既具体又意外。这是"非常识"：我们本以为问题学生不会在乎其他同学的想法。我们会对巴克曼产生同理心，就会关心事情的结果。关心一个人要比关心几条重要建议容易得多。

记分卡

检查表	**信息一**	**信息二**
简单	○	○
意外	○	●●●
具体	●●●	●●●
可信	○	○
情感	○	●●●
故事	○	●●●

* * *

小结

若要培训教师，选几个像艾莉森·巴克曼这样的故事（等同于应对问题学生的飞行模拟器）远比信息一罗列的几条建议有效得多。运用故事的解决办法并非出于直觉，通常培训部门十有八九都会编写出像信息一那样的材料。我们必须抵制这种从省略故事直接跳到"要诀"的习惯。

故事即启发：贾里德的故事

20 世纪 90 年代末，快餐业巨擘赛百味公司发动了一波广告攻势，标榜新推出的三明治系列有多么健康。宣传运动以统计数据为根基：7 个三明治只含有不到 6 克脂肪。“7 个不到 6 克”——就统计数据而言，这已是相当好的卖点了；再者说十分“押韵”。但“7 个不到 6 克”远不如赛百味的下一波广告那么富有黏性，那是一个以大学生贾里德 · 福格尔（Jared Fogle）的故事为主题的广告。

贾里德有着严重的肥胖问题。到了大学三年级那年，贾里德的体重涨到了 425 磅[①]。他的衬衫是 XXXXXXL 号的，是超大尺码服装店里的最大尺寸了。他的腰围是 60 英寸[②]。

贾里德的父亲是印第安纳波利斯的一位全科医生，多年来一直警告儿子注意控制体重，却鲜有成效。直到有一年 12 月的某天，贾里德那位念医学院预科生的室友发现贾里德的脚踝肿了起来，并准确无误地诊断为水肿。水肿意味着人体内组织间隙体液积聚，这是因为血液没法运输足够的液体；水肿常常会导致糖尿病和心脏问题，甚至心脏病提早发作。贾里德的父亲告诉他，考虑到他的体重和健康状况，他可能活不过 35 岁了。

就在 12 月去医院看完病后的那个春假，贾里德终于下定决心

① 1 磅 ≈0.45 千克。——编者注

② 1 英寸 ≈0.025 米。——编者注

减肥。受到“7个不到6克”广告的鼓励，贾里德吃下了人生中第一份火鸡培根三明治。他很喜欢，最后设计出个人专属的赛百味饮食法：午餐吃12英寸的蔬菜三明治，晚餐吃6英寸的火鸡三明治。

贾里德坚持奉行他所谓的“赛百味饮食法”3个月后，当他再一次站到磅秤上时，读数是330磅。光靠吃了3个月的赛百味，贾里德就减重近100磅。他又以同样的饮食疗法坚持了数月，有时甚至一天就能减掉1磅体重。等到健康状况允许后，贾里德就开始尽量走路：上学不搭公交车，甚至在百货公司也爬楼梯而不乘电梯。

1999年4月，《印第安纳学生日报》（*Indiana Daily Student*）刊登了一篇报道，贾里德减肥成功的故事也从此开始轰动整个美国。报道由贾里德过去同宿舍的瑞安·科尔曼（Ryan Coleman）所写，科尔曼在见到减肥后的贾里德时几乎都认不出来了。他以动人的笔触写下了贾德里身体过胖是何等滋味：

> 福格尔在选课的时候，不是像多数学生那样以教授上课时间作为选择依据，其选课标准是看哪间教室的椅子他能坐得下。[11]
>
> 大伙儿担心的是在校园附近能不能找着停车位，福格尔担心的是能不能找到旁边没车的空停车位——他需要更大的空间才下得了车。[12]

这篇报道引用了贾里德的一句话作结尾："赛百味救了我的命，让我能重新做人。对此我无以为报。"一家快餐连锁店竟然因为积极地改变了一个人的生活而获得溢美之词，恐怕是破天荒头一遭。

后来，《男性健康》（*Men's Health*）杂志的一名记者正在构思一篇题为"真正有效的疯狂饮食减肥法"的文章，他碰巧读到了《印第安纳学生日报》那篇有关贾里德的报道，就写了一个关于"潜艇三明治减肥法"的简介。文章没有提及贾里德的名字，甚至没说他的三明治是在哪家店买的；只是泛泛地讲到"潜艇三明治"。

关键是赛百味连锁店一家加盟店的老板鲍勃·奥茨维亚（Bob Ocwieja）看到了这篇文章，觉得潜力无限，大有可为。于是，奥茨维亚抽空找到了赛百味在芝加哥的广告代理公司，并建议该公司的创意总监理查德·科德（Richard Coad）去看看这篇文章。科德说："我起初觉得很可笑，但后来还是继续跟进了。"

贾里德是这个减肥故事的主人公，而奥茨维亚和科德是我们黏性创意故事的主人公。奥茨维亚是能从故事中发掘潜力的英雄，科德则是愿意动用资源去执行的英雄。

科德和他那家哈尔·赖尼广告公司（Hal Riney）总裁巴里·克劳斯（Barry Krause）派了一名实习生到印第安纳州布卢明顿市去，只给了一些模糊的指示说去找一个吃三明治减肥的神秘家伙，另外还要实习生找出来他吃的到底是哪家的三明治。

那位实习生也不知道该从何入手。他的原定计划是先到布卢明顿市，翻翻电话黄页，到城里各家三明治店里去转转。此人可真是运气极佳，这趟工作远没有想象的复杂。他去的第一家就是校园附近的赛百味加盟店。他刚开始描述那位神秘食客，前台服务员就说："噢，是贾里德嘛。他每天都会来。"

实习生胜利而归。贾里德确有其人，他确实在吃赛百味，而且也确实减掉百磅体重。广告公司心想：这回可捞到一个精彩故事啦。

正当此时，贾里德故事又碰上一个阻碍。广告公司总裁克劳斯打电话给赛百味的市场营销主管，把贾里德的故事告诉他，建议广为宣传。但营销主管并不以为然。他刚来赛百味没多久，之前在另外一家快餐店公司工作。"这我以前见过，"他说，"但快餐是不能打健康牌的。"营销主管想要做的是突出赛百味三明治口味的广告宣传。

不过，为了应付克劳斯，营销主管还是把贾里德广告的主意说给赛百味公司的律师听。不出所料，律师们也众口一词地说，贾里德广告做不得，因为那会招致医疗纠纷，让公司背负责任等问题。要避免责任的唯一办法就是在广告里加上一条免责声明，比如说："本公司不推荐这套节食法。减肥请遵医嘱。"

看来这观念只能胎死腹中了。不过克劳斯和科德并不死心。赛百味公司跟美国其他加盟连锁公司一样，都在两个层面同时打广告：全国和地方。虽然赛百味全国总公司否决了贾里德的广告，但有些地方加盟店表示对此故事感兴趣，也愿意提供地方性的广告经费来投放广告。

一波未平，一波又起，随之而来的是又一个障碍：加盟店通常只出钱在当地播出广告，而并不出资来制作真正的商业广告。广告制作经费多半由全国总公司负责提供。那么贾里德的广告该由谁来埋单呢？

克劳斯决定免费制作这则广告。他说："我职业生涯里第一次也是唯一一次决定拍一支赚不到钱的广告。"

终于，贾里德故事的广告在 2000 年 1 月 1 日首播，恰好赶上一年一度的新年减肥许愿潮。广告里，贾里德站在自家门前。旁白说："这就是贾里德，以前体重 425 磅"——我们看到贾里德穿着以前 60 英寸腰围裤子的旧照片——"但是今天他只有 180 磅，这全要归功于他的赛百味饮食法。"旁白介绍了贾里德的三餐计划，然后结语："以上这些，再加上走很多路，对贾里德非常有用。我们并不是说这套方法人人适用，您在开始采用任何节食法之前都应该咨询医生。不过它对贾里德确实有用。"

克劳斯说，第二天，电话铃声从一大早就响起来，一直没停过。《今日美国》打来了，美国广播公司和福克斯新闻频道（Fox News）也打来了。第三天，奥普拉竟然也打电话过来了。"这些年我跟许多想在媒体曝光的营销人员说过，"克劳斯说，"所有人都疯狂地给奥普拉打电话，却从没有半点儿结果。我这辈子唯一跟奥普拉搭上线就是贾里德这一次，而且还是她主动打过来的。"

几天后，赛百味全国总公司打电话找克劳斯，询问这支广告能否投放到全国播出。1999 年，赛百味销售业绩尚且平平；而在 2000 年，营业额就上升了 18%，到 2001 年又同比增长了 16%。当时其他规模小得多的三明治连锁店［如斯乐斯基（Schlotzsky's）和奎兹诺斯（Quiznos）］每年的增长率也不过 7% 左右。[13]

* * *

贾里德的故事颇有几分模拟价值。奉行赛百味饮食减肥法究竟会是何等感觉，从故事中不难想象：午饭去点餐，晚饭去点餐，中间再不停走路。不过这故事并不算纯粹的"飞行模拟器"，更像是鼓舞人心的打气筒。故事里那个大胖子，光靠自己发明的节食法就甩掉足足 245 磅肉！天哪！这则故事对于 10 磅都瘦不下来的人来说是一个很好的激励。

正如本章开头的护士故事一样，贾里德的故事也能激起情感共鸣。即便是对节食不感兴趣的瘦子也可以受到贾里德的启发。他不畏险阻，偏向虎山行，凭着铁杵磨成针的毅力，有志者事竟成。这也是故事能提供的第二项主要益处：启发。模拟可促人行动，启发同样能激起行动。

对了，各位不妨留意一下，贾里德宣传广告把"7 个不到 6 克"广告甩出去多远。这两种广告都在挖掘同一片"矿源"：两者都强调营养又低脂的三明治，两者也都提出减轻体重的保证。结果，一个勉强还算成功，另一个则使全美国为之震动。

我们在本书中一直强调的，也是我们希望读者现在已经相信的：我们早就可以预测出贾里德故事会成为两个广告中的赢家。

下面我们可以看到，贾里德故事在我们的黏性创意检查表（简、奇、具、信、情、事）中表现有多么出色：

- 很简单：吃三明治就可减肥。（这句表述或许过于简单化，老实说，肉丸三明治再加双份蛋黄酱是没办法助你减肥的。）
- 很意外：有个家伙竟然光靠吃快餐就能瘦一大圈！这个故事违反了我们脑中的快餐图式，这个固有图式呈现给我们的形象是胖子贾里德而不是瘦子贾里德。
- 很具体：想想超大尺码的裤子、瘦掉的一大圈腰围和特定品牌三明治的饮食法。更像是伊索寓言，而不是抽象概念。
- 很可信：这跟帕姆·拉芬的反吸烟广告具有异曲同工的反权威真实感。曾经身穿60英寸裤子的家伙在教我们怎样节食呢！
- 有情感：我们更容易关心贾里德这个人，而不是某个群体。而且还探及马斯洛需求层次理论的深处：故事讲述了一个人在三明治快餐店的帮助下激发了自己的潜能。
- 是故事：我们的主人公冲破重重阻碍，终获成功。这故事能启发我们每个人都起而效仿。

接着我们来分析一下“7个不到6克”广告语，以做对比。“7个不到6克”很简单，但是请注意核心信息并不是那么吸引人。这里的核心信息：“我们有多种低脂三明治。”而贾里德故事：“吃赛百味、减肥，改变你的人生。”前者只是在卖钻头，后者则是告诉你如何把孩子的相片挂上墙。

“7个不到6克”很难算得上意外，贾里德的故事则堪称一记重拳，因为它打破了吃快餐会发胖的强大图式。如果“7个不到6克”也想攻击这个图式，恐怕很难产生效果。

“7个不到6克”不具体：数字没有细节可言的。“7个不到6克”算可信，但只是因为标准很低：没几个人听到三明治脂肪不足6克会怀疑，所以也用不着说服他们。“7个不到6克”不带有感情，也不是故事。

任何一位读者都可以自行分析这两个各耗资数百万美元的全国性广告，选出其中的较优者：只需要把两者放进我们的六项检查表（简、奇、具、信、情、事）中逐一对照，结果便可一目了然。（不过请注意，没有读过本书的人就不一定有这样的悟性。你看那位赛百味总公司的广告主管，虽然一辈子从事的工作都是想方设法让创意产生黏性，一开始还不是根本不愿理睬贾里德的故事嘛！）

贾里德故事还有一个动人之处在于，这个广告多亏了好多人的努力才得以实现。我们来看看，究竟要有多少不太可能发生的事件悉数发生，才能让贾里德最终登上电视：赛百味分店经理必须极其主动，才会向创意总监提到杂志文章的事。（您的一线员工会这样做吗？）那位创意总监必须处事非常得力，才会在一个可能徒劳无益的差事上投入资源。（这项投资一定会有很好的回报吗？）广告公司总裁必须无偿制作这个广告，因为他知道自己钓到了大鱼。（不收钱的广告！）赛百味总公司的营销团队也必须要放下面子，承认先前没认可贾里德故事是自己的失误。

这些行动没有一项是微不足道的，这种行为也绝不是例行公事。从观念的源头到最终的出口，有多少伟大的想法无疾而终就是因为中途人们放弃了。在普通人的世界里，加盟店老板只会觉得贾里德的故事很搞笑。他可能会把这故事贴在通往厕所过道的布告板上，供员工娱乐消遣。整个贾里德故事的最高潮本来也就不过如此。

贾里德的故事提醒了我们，不一定非要去创造黏性创意。只要能发掘出来，通常情况下会更容易也更有用。要是历史老师勤于跟别人分享出色的教学方法会怎样呢？要是我们可以依靠非营利组织的志愿者找出组织内能启发人心的象征性事件或机遇呢？要是我们的老板都愿意为了重要构想而放手一搏呢？你不一定非要喜欢赛百味三明治，才能欣赏将伟大创意化为现实的精彩历程。

伯乐的艺术

我们怎样才不会让伟大创意（比如未来的贾里德故事）从眼

皮底下溜走呢？发掘好东西虽然并不难，但这能力也不是与生俱来的。创意可不会自己顶着小旗子来吸引我们注意，我们得要有意识地不断找出好的想法。那么，我们应该寻找的目标究竟是什么呢？

我们在本书前言中讨论过一项研究，其中指出运用经典广告模板的外行也能创作出优质广告，成绩远远胜过未经训练的人。有些广告模板已经由时间证实确有实效，同样，故事也有类似行之有效的模板。学习这些模板能大大提高我们发掘好创意的能力。

美国著名投资人沃伦·巴菲特很喜欢跟人讲他投资的一家公司里某位女经理人的故事，这位女子名叫罗丝·布卢姆金（Rose Blumkin）。布卢姆金原是俄罗斯人，23 岁时骗过边境官员混入美国。那时她既不会说英语，也没正经上过学。

1937 年，布卢姆金用攒下来的 500 美元积蓄开始做家具生意。差不多 50 年之后，她的家具店每年营业额高达 1 亿美元。虽然已经年过百岁，布卢姆金仍然每周 7 天都去店里。事实上，她还把自己的百岁生日聚会延后到家具店公休日的晚上。曾经有竞争对手控告她违反公平贸易原则，因为她家卖的东西售价太低。他们认为布卢姆金以亏损的低价贩卖商品，为的是要搞垮其他竞争对手。巴菲特说："她向法庭证明，虽然自己打的折扣很大，但仍然能有利润，她还卖了一条 1 400 美元的地毯给法官。"[14]

罗丝·布卢姆金的故事并不是出自《心灵鸡汤》，但很符合《心灵鸡汤》的风格。《心灵鸡汤》系列已经成为出版界的奇迹，总共卖出至少 430 万册，并有 37 种《心灵鸡汤》出版物仍在发售中，像《父亲心灵鸡汤》《护士心灵鸡汤》和《全国运动汽车竞赛协会心灵鸡汤》等。

《心灵鸡汤》里讲的都是深具启发性的故事，能振奋人心、鼓舞人心、激励人心。从这个意义上说，这些故事跟都市传说可谓天壤之别；都市传说总是想要强化一种愤世嫉俗、悲观和偏执的世界观。

《心灵鸡汤》最厉害的一点就是，这些故事不是作者编造出来的，而是由他们发现并搜集起来的。笔者想知道这些启发性的故事何以成功，因此仔细研究了数百个故事，有些来自《心灵鸡汤》，也有些出自其他地方，而我们想找出这些故事背后的相通之处。

亚里士多德认为戏剧可以分为四大类型：简单悲剧、简单喜剧、复杂悲剧和复杂喜剧。剧本创作大师罗伯特·麦基在他的书中列举了 25 种故事类型，比如现代史诗和幻灭情节等。我们将一大堆具有启发意义的故事（只占所有故事的一小部分）进行分类整合后得出结论，这些故事的基本情节共有三类：挑战情节、联系情节和创造情节。

原版《心灵鸡汤》里有 80% 以上的故事可以归入这三种基本类型。更惊人的是，这些类别也可以用来归类《人物》(*People*)杂志里 60% 以上的普通人故事。如果一个普通人上了《人物》杂志，通常是因为他身上有个能启发别人的故事。如果我们的目的是要激励和启发别人，那么这三类情节正是最佳的出发点。（对了，即便你是比较厌倦世故的人，觉得《心灵鸡汤》更像甜言蜜语而不是启发人心的故事，那么这三种情节模板对你仍有价值，你只要适当削弱其中的情节因素即可。）[15]

挑战情节

大卫（David）和歌利亚（Goliath）的故事就是典型的挑战情节。主人公成功克服了令人望而生畏的巨大挑战，年轻勇士大卫用自制的投石弹弓打倒了腓利士巨人歌利亚。[16] 挑战情节还有许多其他版本：反败为胜的故事、麻雀变凤凰的故事和身残志坚者终成大器的故事等。

挑战情节的关键要素就是这些障碍对于主人公来说都极难克服。贾里德体重减到 180 磅是挑战情节，而贾里德体重 210 磅的邻居腰围减掉 1 英寸就不是挑战情节。我们每个人脑中都装有一大堆挑战情节的故事：美国曲棍球队在 1980 年奥运会上击败占尽优势的苏联队，美国独立战争，白手起家，电影《星球大战》，身患癌症后重返赛场的兰斯·阿姆斯特朗（Lance Armstrong）和美国黑人民权运动之母罗莎·帕克斯（Rosa Parks）等。

即使不如上面的例子那么戏剧化或是历史性，挑战情节还是可以启发人心的。罗丝·布卢姆金的故事就没有名人担纲主角。挑战情节以某种特定的方式启发我们，它鼓舞我们的勇气，让我们想要更加努力，承担更多挑战和冲破障碍。要是听完罗丝·布卢姆金等到店面休息后才办百岁庆生会的故事，很可能不知怎么回事你突然就愿意去打扫车库了。挑战情节促使我们起而行动。

联系情节

在今天，“好撒玛利亚人”这个词指的是在别人陷入困境时主动伸出援手的人。《圣经》中“好撒玛利亚人”的原版故事当然符合这一定义，但也更加深刻。

故事的开始是一位律师问耶稣如何可得永生，但其实这位律师是来试探耶稣而非诚心请教的。耶稣就问律师以为如何，律师答曰：“爱邻人如同自己。”耶稣认同律师的说法。接着律师（或许是想限制他该爱的人数）又问：“那么谁才是我的邻人呢？”

耶稣以一个故事回答了他：

> 有一个人从耶路撒冷到耶利哥去，落在强盗手中，他们剥去他的衣裳，把他打个半死，就丢下他走了。
>
> 有一个祭司，刚巧从这条路下来。看见他后就从路的对面过去了。又有一个利未人[①]，看见他，也照样从路的对面过去了。
>
> 唯有一个撒马利亚人，行路到那里。看见他就动了慈心，上前用油和酒倒在他的伤处，包裹好了，扶他骑上自己的驴子，带到旅店里去照应他。第二天他还拿出两个银币来，交给店主说：“你且照应他。此外所花费的，我回来必还你。”
>
> “你想这三个人，哪一个是伤者的邻人呢？”
>
> 律师说：“是怜悯他的那个人。”

---

① 利未是以色列未支派的祖先。他是雅各和利亚的第三个儿子。

耶稣说："你去照样做吧。"[17]

对于今日的读者来说，这个故事还缺少了一点儿背景。故事里的撒马利亚人并不只是个好心人而已，他是个跨越了巨大社会鸿沟来救助一个伤者的好心人。当时，撒马利亚人和犹太人之间存在着强烈的敌意，而故事中的其他主要角色都是犹太人。要用今天来类比的话，撒马利亚人的受歧视地位可能相当于"不信神的飞车帮成员"。故事留给我们的启示很清楚：好邻人会表现出怜悯和同情，而且不仅限于对自己的同类。

这就是联系情节的要点所在。联系情节讲的是跨越鸿沟建立关系的故事，不论是种族、阶级、民族、信仰、地域或是其他巨大分歧。联系情节倒也不一定要像好撒马利亚人故事这样攸关生死。这种联系甚至可以不起眼到像是一瓶可乐，就如黑人橄榄球运动员乔·格林（Joe Greene）那个著名的"坏蛋乔·格林"广告一样。骨瘦如柴的白人小球迷遇到人高马大的黑人明星球员，一瓶可乐就把他俩联系了起来。这不是好撒马利亚人故事，但绝对是联系情节。

联系情节也极适合运用在爱情故事里——想想《罗密欧与朱丽叶》或是曾经的电影票房冠军《泰坦尼克号》。所有的联系情节都在社会关系上让人有所启发，促使我们想助人为乐、待人宽容、与人合作和爱人如己。联系情节是《心灵鸡汤》系列中最常见的一类故事。

挑战情节讲述的是自我突破和克服困难，联系情节讲述的则是人际关系和与人为善。如果你是在公司年终晚会上讲故事，联系情节可能最合适；如果是在公司新项目启动大会上讲话，选择挑战情节保准没错。

创造情节

启发性故事的第三种主要类型是创造情节。创造情节的原型或许可以说是苹果落到牛顿头上的那个故事，启发牛顿提出了万有引力定律。创造情节是有关人们脑力智慧上的突破，解开长久以来的迷思，或是以打破常识和创意革新的办法处理问题。这也可以说是电视剧《百战天龙》(*MacGyver*)的情节。

英格索兰公司(Ingersoll-Rand)是一家大型企业，专门生产不怎么好玩的产品，比如汽车抛光用的工业研磨机等。一直以来，英格索兰推出新产品的速度很慢。有一位员工，很受不了产品平均 4 年才更新一次，他直言："我们公司推出新产品的周期比我们国家打第二次世界大战的时间还久。"

英格索兰决定采取行动解决研发周期过长的问题。公司成立了一个项目小组，目标定为一年内研发出新的研磨机——时间压缩到 1/4。根据企业文化的一般理论来看，这想法成功的机会相当渺茫。不过这支研磨机小组做了很多正确的决定，包括借用故事来强调团队的新态度和新精神。比如说，其中一个故事内容是关于新研磨机外壳是要用塑料还是金属的这个关键性决定。塑料对于用户来说更舒服，但是塑料能像金属一样坚固耐用吗？

要解决这个问题，依照英格索兰过去的传统做法，会对两种材料进行旷日持久而又细致深入的抗拉和抗压强度测试。不过，这可是“研磨机小组”啊，行动应该迅速才对。于是，小组几个成员想出了一种不太正规的测试程序。有一次出访客户时，小组成员把两种材料的样品绑在一部租来的汽车的后保险杠上，然后在停车场里兜圈子，车后的材料就在地上拖着。他们就这样一直开，直到警察来叫他们停下才罢休。测试结果就是，这种新的合成塑料材质和传统金属一样耐用。问题就这样迎刃而解了。

在“研磨机小组”的历史上，这则故事称为“拖拉测试”。“拖拉测试”是一个创造情节，加强了团队的新文化。“拖拉测试”的隐喻：“我们仍需要找出正确的数据来做决定，只不过动作要快很多。”[18]

著名探险家欧内斯特·沙克尔顿（Ernest Shackleton）在探险过程中历经各项严峻考验（很明显这是典型的挑战情节），队员之间的向心力也就关乎成败。若有一人拖后腿，所有人都活不成。沙克尔顿想出了一套极富创造力的办法，用来对付那些成天发牢骚的家伙。沙克尔顿规定：休息时，那些人各自睡在自己的帐篷里；分组工作时，那些爱抱怨的人都跟沙克尔顿安排在一起。由于沙克尔顿总是在场监督，也就减少了这些人对其他队员的负面影响。创造情节会启发我们不走寻常路，另起炉灶，革故鼎新。

* * *

考察这样三种情节类型并非为了帮助我们写故事——除非你是小说家或是广告文案写手，否则这些东西没什么大用。我们的目的在于，学习如何发掘出那些有潜力的故事。当那篇贾里德的文章送到我们桌上时，我们应该能立即发掘出关键元素。有个家伙不仅面对巨大障碍，还克服了障碍——这就属于挑战情节。挑战情节会启发人们接受挑战，努力奋斗。如果那种感觉跟你的理想目标相吻合，那你就该好好利用这则故事，而不要只是往布告板上一贴了事。

如果由你来领导这支“研磨机小组”，你想要设法重建公司文化，那么你就应该随时留意创造情节。你要是听说手下有人常常在停车场里拖着金属跑，就该知道你已经找到答案了。

重要的是知道你该找的是什么。不一定要自己编造出什么故事来，也不必像《心灵鸡汤》那样夸张煽情。（“拖拉测试”就绝不煽情。）当生活给你礼物时，你只需要认清即可。

世界银行的故事

1996 年，斯蒂芬·丹宁（Stephen Denning）任职于世界银行；世界银行是专门贷款给发展中国家用作学校、道路和饮用水供应等基础建设的国际组织。当时，丹宁负责世界银行在非洲的事务——这是该行第三大业务地区——看起来，丹宁往银行最高层爬升的速度可谓是平步青云。

然后，丹宁的两位前辈——一人退休，一人离职。不久，世界银行要求他卸下非洲部门的工作，去“研究信息问题”。丹宁的顶头上司要他去探索一下知识管理这块领域。丹宁心说：“现在这个银行关心的是资金流通，而不是信息流通。新指派的这项任务岂不是等于将自己打入公司冷宫？”[19]

这份工作不仅在人事上相当不讨喜，而且异常艰巨。世界银行对于如何在发展中国家有所作为颇有心得，但这些信息都分散在各机构各部门。世界银行在全球数十个国家都有项目在进行，虽然有总部机构，但是业务上的专业知识自然都留在地方。每个项目可以说都有自己的一个小世界。赞比亚的水资源专家可能已经找到如何与当地打交道的好方法，但他不可能将这种经验与身处孟加拉国的公路建设专家分享。两位专家甚至可能不知道对方的存在，除非他们碰巧都有共同的朋友或同事圈子。

丹宁在接受这项任命的一个月后，和一个刚从赞比亚回来的同事共进午餐。这位同事在负责一个重点改善母亲和儿童的医疗保健项目。他在距离赞比亚首都 360 英里处的小城卡马纳遇到一个医疗工作人员，此人正在想办法对抗当地的疟疾，也在寻找如何防治这种疾病的信息。这名工作人员想办法连上了互联网，并在美国亚特兰大的疾病防治中心（Centers for Disease Control，简称 CDC）网站上找到了他需要的答案。（要知道那是 1996 年，那时候大家查找信息的第一步不会想到要上网，尤其是在非洲。）

丹宁说他当时并没有太留意这个故事，那只不过是一个同事的趣闻轶事而已。后来，他突然领悟到这个故事就是知识管理力量的完美范例。某项重要工作的负责人需要信息，就去找，找到了，结果就能更有效地采取行动。这就是知识管理的愿景——只不过这位医疗工作人员不应该被迫四处碰壁，最终登上疾病防治中心的网站才找到所需的信息。他本该能直接取用世界银行的知识库。

丹宁开始在跟同事的谈话中提及这个故事，强调世界银行应该郑重考虑把知识管理放在优先位置。几周后，丹宁得到一个与银行高层管理委员会面谈的机会，日程安排里他只有 10~12 分钟的时间。短短十来分钟里，他必须提出一套全新的组织战略，还得赢得委员会的首肯。任务非常艰难。

首先，丹宁勾勒出了问题：世界银行在汇总现有知识方面所经历的困难以及信息系统目前所处的尴尬地位。接着，大多数人会做的恐怕就是重复一套知识管理的学问，再引用一些权威谈到有关 21 世纪知识管理的重要性等；而丹宁不落窠臼，他讲了那个赞比亚的故事。

丹宁刚做完汇报，两名高管立刻冲到他面前，开始大谈他应该采取各种行动来推行这个项目。听着诸如此类的轮番轰炸，丹宁心想："这次谈话也太奇怪了吧。10 分钟前这些人理都不肯理我，现在居然变成是我不够用心执行他们的观念。太不像话了吧！他们偷了我的点子！"不过他后来就想通了："多妙啊！他们偷了我的点子。现在这已经变成他们的点子了！"[20]

*　*　*

过了几年，丹宁离开世界银行之后，开始致力于传播自己所学到的讲故事法。2001年，丹宁写了一本见解深刻的书，名叫《跳板》(*The Springboard*)。丹宁给“跳板故事”下的定义是，能让人看到现有问题如何发生改变的故事。跳板故事讲的是未来的可能性。

跳板故事的一个重要优点就是能够抵抗怀疑论，进而产生代入感。丹宁说，起初他也觉得讲故事不符合自己的直觉。过去，他一直相信直截了当的重要性，总是担心讲故事太模棱两可、太无关紧要且太缺乏普遍性。他曾想：“为什么不把信息直接说出来呢？直接用抽象的指令不是更简单吗？为什么要自找麻烦，还得设法循循善诱？为什么不让听众一目了然？”[21]

问题是，你让听众一目了然，他们的反应可能是反对。你传达信息的方式也就暗示了对方应该反应的方式。如果你直接提出某个论点，你就等于暗示对方要评价你的论点，也就是判断、争论乃至批判你的观点，于是他们就可能提出反驳，至少在心里面会。但是丹宁认为，要是用讲故事的方式，你就能让听众置身其中，让他们参与这个观点，邀请他们一块加入。

丹宁还谈到如何吸引听众“心中的小声音”，这种声音总是会跳出来反驳演讲者的观点。丹宁说：“传统的沟通理念是要我们忽略心中的小声音，希望它能乖乖地保持安静，好让信息顺利通过。”

但是他的建议不太一样："不要忽略那些小声音……相反，应该跟它和谐共处。给它一点儿事做，让它参与进来。跟小声音讲故事，再从中引出另一个故事。"[22]

除了产生代入感以外，跳板故事还能促使人们起而行动。故事让人专注于可能的解决办法上，而目标明显和界限清楚的故事则可以让听者切换到解决问题的模式中。显然，我们究竟会参与到多少问题的解决过程中则因故事而定。观看《泰坦尼克号》时，我们恐怕不会开动脑筋研究如何改进航行系统，帮助船只尽早发现冰山；但我们的心绪会随着主角的经历此起彼伏，也会在他们遭遇问题时为之加油鼓劲："当心你身后""快痛骂他一顿""别打开那扇门"。

跳板故事绝不只是让我们替主角解决问题。跳板故事能帮我们解决自己的问题。跳板故事是一种集体进行个人定制的练习，每一位听者都利用同一个跳板来达到稍有不同的目的。

就在丹宁讲完赞比亚的故事之后，有一位参加会议的高管把知识管理的概念传达给世界银行的总裁，并主张这是世界银行的未来。接着，丹宁受邀前去把自己的观念向银行最高层领导人（包括总裁在内）汇报。同年年底，总裁宣布，知识管理是世界银行的优先目标之一。

会议记录故事书

我们在这一章开篇所讲的护士故事出自加里·克莱因的著作《如何做出正确决策》，书里还有另外一个故事可为本章作结。

有一次，某个研讨会的主办人要求克莱因的公司为会议内容做一份总结摘要。主办人特别要求，会议总结必须实用有效：既要比会议记录简洁精炼，又要比各位汇报人的幻灯片合集清晰完整。

克莱因的公司为大会上 5 项同时进行的议题分别派了专人负责监督记录。这些监督员出席了每一场小组座谈，每当有人讲了个故事，他们就会记下来。会议结束后，各位监督员比对了各自的记录，发现已经搜集到一系列“好笑、悲惨且刺激”（克莱因之语）的故事。大家把故事整理归类后寄给了会议主办人。

主办人欣喜若狂。她觉得这些故事比典型的会议记录更生动有用——绝不是那种枯燥乏味、术语堆叠的摘要。她甚至向自己的公司申请经费，把这些记录出版成书。与此同时，出于好意，她还特地把总结记录寄给了所有的会议演讲者。

结果他们怒不可遏。他们觉得自己的故事被断章取义，自己简直是受了莫大的侮辱——他们不希望自己在别人记忆中只是个会讲一堆轶闻趣事的人。他们觉得自己倾注了无数小时的时间才将自己的经验提炼成一系列的建议。他们事前寄给会议主办人的演讲大纲都充满智慧，比如“保持沟通渠道畅通”和“问题越堆越多时务必快刀斩乱麻”等。

克莱因说："我想跟他们解释的是，这些口号跟故事相比显得成效甚微。比如有个故事就讲述了一家工厂出了问题被迫关闭时，他们是如何保持沟通渠道畅通的。"然而对此那些演讲者态度非常坚决，这个计划只好被迫放弃。[23]

以上故事情节跌宕，正是克莱因书中我们最钟爱的例子。我们并不想把这些演讲者描绘成讨厌新观念的坏人。设身处地替他们想想：你构思了绝顶完美的演讲，总结了长年积累的工作经验，你的目标是帮助别人学会一套你多年来构建的复杂框架；你架设了一座壮丽的理论大厦！然后克莱因这帮人走到你的宏伟大厦前，拆下几块墙上的砖头，还想用这来骗人说它们是你全部的劳动成果。胆子可真够大的！

问题当然在于，宏伟大厦是没法儿在90分钟的演讲中搬到听者面前的，你能做的只是取下某些建筑砌块给人看。但你不该从大厦顶层开始拆砌块，那正是"保持沟通渠道畅通"这类建议所做的。

不妨假设你是诺德斯特龙百货公司经理，正在会议上对一群同事发表演讲。演示幻灯片的最后一页可能写着："诺德斯特龙的教训——在零售业，杰出的客户服务是竞争优势的主要来源。"而在你谈到第4页幻灯片时，可能顺道幽默地提起那个小诺免费帮客人包装梅西百货买来的礼品的故事。现在，克莱因公司的这帮"跳梁小丑"们居然想保留你那个包礼品的故事，而删掉你用来总结的金句。但是，他们这样做是完全正确的。

我们曾在本书的"简单"和"意外"两章中说过，好的信息必须由常识转变成非常识。相较之下，“保持沟通渠道畅通”和“问题越堆越多时务必快刀斩乱麻”这些建议里只有常识。（克莱因评论说，愿意聆听这类教训的人恐怕更可能关闭沟通渠道，或是面对巨大困难时踌躇不前。）

再一次，“知识的诅咒”蛊惑了这些演讲者。当他们讲着“保持沟通渠道畅通”这类教训时，他们脑中响起一首歌，充满了热情和感动。他们回忆起当初领受这些教训的经验——挣扎浮沉、政治斗争、不慎失误与锥心痛楚。他们是打着拍子的击节者，但他们忘记了，听猜者是无法听到他们所知的旋律的。

故事几乎可以单独击败“知识的诅咒”。事实上，故事天生就包含了我们六项检查表（简、奇、具、信、情、事）上的大部分项目。故事几乎永远是“具体”的，大部分故事也都具备“情感”和“意外”的因素。要想有效运用故事，最困难的部分就是保证故事的“简单”，确定故事反映了你的核心信息。光是讲一个精彩的故事并不够，故事还得反映你的旨趣。你可不希望见到自己的将军在开战前集合部下时，对大家讲一个联系情节的故事吧。

故事具有模拟和启发的双重力量。大多数时候，我们甚至不需要多少创造力就能驾驭这些力量——只需你独具慧眼，随时认出人生中每天都会涌现出来的好故事就够了。

结语　黏性如此产生

有的创意就是会很有黏性，挡也挡不住。1946 年，美国职业棒球队洛杉矶道奇队的教练是利奥·迪罗谢（Leo Durocher）。当时，迪罗谢带领的球队在全美职棒冠绝一时，而该队的宿敌纽约巨人队则每况愈下，排名跌到了谷底。

就在一场道奇队对阵巨人队的比赛中，迪罗谢当着一群体育记者的面嘲笑了巨人队。其中一位记者取笑迪罗谢道："你干嘛不做做好人，别老这么刻薄嘛。"迪罗谢指着巨人队的球员休息区说："诸位好人！请看那边。你们说还有谁比梅尔·奥特（Mel Ott，巨人队经理）更好呀？或者比其他巨人队球员更好呢？哎呀，他们可是全世界最好的人啊！他们排在哪？第 7 名！"

拉尔夫·凯斯（Ralph Keyes）在他的专论错误引用的书《好人排名第七》（*Nice Guys Finish Seventh*）中记述道，迪罗谢的这句话在一年之后开始蜕化变质。[1]《棒球文摘》（*Baseball Digest*）

引用迪罗谢的话："好人总在第二梯队屈居末座。"迪罗谢这句挖苦人的俏皮话在人们口中传来传去，没多久就开始演化了，变得更简单、更通用，最后变成一句讽刺人生的评断："好人总是屈居末座。"不再提巨人队，不再提第 7 名——事实上，根本就跟棒球无关了。好人总是屈居末座。

这句历经观点市场洗练的格言让迪罗谢万分苦恼。多年来他一直否认自己说过这句话（当然，他确实没说过），但最终还是认输了。结果，"好人总是屈居末座"成了迪罗谢自传的书名。

* * *

史上最著名的错误引用要数阿瑟·柯南·道尔（Arthur Conan Doyle）笔下虚构的侦探夏洛克·福尔摩斯（Sherlock Holmes）。福尔摩斯从来没说过："这是基本的，我亲爱的华生（John Watson）。"这或许难以置信，因为这句引语跟我们对于福尔摩斯的图式完全吻合。事实上，你要是让谁举出一句福尔摩斯的名言，准保就是这句。福尔摩斯最有名的一句话竟然是他从没说过的话。

为什么这句不存在的引语黏性如此之强呢？事情的来龙去脉也不难想象。福尔摩斯经常说"亲爱的华生"，也经常说"这是基本的"。要想引用福尔摩斯侦探故事里的文字，很自然就会犯两句拼成一句的错误。而且就像适应性极强的生物变种一样，这句新拼合成的话改得太出彩了，想要它不流传开来都不行。毕竟，这句名言描述了福尔摩斯的形象精髓：这位聪明绝顶的侦探再忙也要去调侃一番他忠心耿耿的助手。

* * *

在本书的“简单”一章里，我们讲过1992年克林顿参加总统竞选的故事，还有卡维尔的名言：“关键是经济啦，笨蛋。”我们也提到，这句格言是当时卡维尔在白板上写的三句话之一。现在是竞猜时间：另外两句是什么？

另外两句分别是“改变和重复又重复”以及“别忘了医疗保健”。这两句话黏性不强。这样说来，卡维尔是否应该为“关键是经济啦，笨蛋”这句话所传达的观点之成功而感到高兴呢？一方面，他的话引发了强而有力的反响，甚至成为此次竞选定位的关键工具；但另一方面，他的信息只有1/3传了出去！

我们举出这些例子的原因在于：创意若要产生黏性，听众自有投票权。听众可能改掉你创意的本意，就像迪罗谢的例子；听众也可能改良你的创意，就像福尔摩斯的例子；听众还可能保留你创意的一部分而丢掉其他部分，就像卡维尔的例子。

我们大家往往都有一种“观点自尊”，我们都希望自己的信息能够按照我们设计的模式流传下去。迪罗谢看到听众随意改变他的原意，先是否认，否认，再否认……最后终于接受了。

不论何种情形，我们都必须自问：听众改过的版本是否仍保留了我们观点的核心？在“简单”这一章中，我们讨论过聚焦核心信息的重要性，核心信息就是指我们需要传达的最重要的真理。如果世人改变了我们的创意，或是删减了我们的创意，我们所要做的只是确定这些变种版本是否仍保留了核心。如果是的话（比如“关键是经济啦，笨蛋”），那么我们不妨虚心接受听众的判断。我们身为观念创造者之成败，终究不是看众人是否愿意效仿我们的一字一句，而是看我们的目标是否达成。

发掘的力量

卡维尔、迪罗谢和柯南·道尔三人都是创意创造者，而且都是从零开始创作的。但我们别忘记，发掘黏性创意与创造黏性创意同样有效。

回想一下诺德斯特龙百货公司的例子，你不可能凭空编造出一堆小诺高高兴兴包装顾客从梅西百货买来的礼物之类的故事。但如果你碰上了这样的真实故事，你就得敏锐地嗅出它的潜力。不过，这也绝非想象中那么容易。

观点发掘的障碍在于，我们思维处理趣闻轶事的方式跟处理抽象概念很不一样。假如诺德斯特龙的经理得到的是抽象概念，像“本季度将顾客满意度提高 10%”，这个抽象概念便会触发管理思维：我们要怎么做才能达成目标？但是，销售员为顾客的汽车防滑链退货、帮顾客暖车之类的故事则会激发另一种思维模式。我们可能会把这种思维模式归入其他日常的个人信息里去，像是约翰理了个光头、詹姆斯连续一周迟到了等，有趣但无关紧要。从某方面来说，我们在脑中有一堵墙——把小事（比如说故事）和大事分隔开来。而要发掘创意，就得把这堵墙拆掉。

这道墙要怎么拆除呢？打个粗略的比方，想想我们是怎样为亲友买礼物的吧。如果我们知道圣诞节或者某人生日要来了，我们心里就会开启一个自我叮嘱过程，提醒自己："老爸是个机械发烧友，所以得多留意哪儿有超酷的小玩意儿。"这几乎是下意识的，但我们要是碰巧在 12 月 8 日见到一个伸缩式旋转激光灯，就会立马意识到这是可以考虑送给爸爸的礼物。

创意世界的类比可以让我们想传达的核心信息持续深入人心。就好像我们可以戴上"爸爸礼物眼镜"，从他的角度来挑选商品一样，我们也可以戴上"核心观点眼镜"，让我们从那个角度来筛选不断涌现的创意。如果你是急于改善客服质量的诺德斯特龙公司经理，这种筛选器就可以帮你发掘出为客人暖车的故事，这其实就是完美主义的象征，而不仅仅是一段有趣的小插曲。

在本书前言里，我们驳斥了一种常见想法：唯有天生的"创意天才"才能创造出伟大的观点。你当然不需要是"天才"；但此外我们还必须认识到很重要的一点，其实连"创意"都不需要。回顾一下本书所有被发掘出来而不是被创造出来的观点：小诺、贾里德、土星光环之谜、帕姆·拉芬、吸烟反权威和救了宝宝性命的护士……出色的发掘者永远胜过出色的创造者。这是为什么？因为全世界生产出来的出色观点，永远多过任何一个个体所能生产出来的出色创意，即便此人是创意天才。

演讲者与黏性创意创造者

奇普每年都会在斯坦福大学开设一门“让创意更有黏性”的课程，而在这门课的第二节课上，学生们都要参与一项练习，算是一种可检验性认证，目的是告诉学生什么样的创意才具有黏性。奇普先给学生分发一份美国犯罪模式的官方数据资料。然后要求班上一半的学生做一个时长1分钟的演讲，努力说服同学们相信，非暴力犯罪在美国是一个严重的问题，另外一半学生则要持相反的立场，阐述此问题并不严重。

不用想也知道，斯坦福大学的学生都很聪明。脑筋转得很快，也善于沟通表达。课堂上还从来没有哪个人演讲得不好。

学生们被分成小组，每人讲1分钟，其他人听。每个人演讲完毕后，听者要给讲者评分：演讲得好不好？有没有说服力？

结果每次都一样，讲得最流畅的人总是拿到最高分，最稳健、最流利且最有魅力的学生总是获得最优的评价。这不稀奇，是吧？会讲话的人总会在演讲比赛上得高分。

让人惊讶的事还在后头。练习似乎已经做完了；事实上，奇普常会播一小段英国搞笑片来消磨几分钟时间，以转移学生的注意力。然后，出其不意地，奇普要求学生拿出一张纸来，写下他们还能记得的每一位演讲者所说的每一个创意。

学生们都很吃惊，自己能记得的创意竟是如此之少。别忘了，这离演讲结束也不过 10 分钟的时间。再者，这里面的信息量也不算大，大家顶多是听到总共 8 段各 1 分钟的演讲而已。然而学生们能记得每位演讲者提到的一条或两条观念就已经很不错了，更多学生对某些演讲内容的记忆是一片空白——半个创意都记不得。

在每段 1 分钟演讲中，学生平均用到了 2.5 个统计数据，只有 1/10 的学生提到了故事。这只是演讲的统计数据，而“记得”的统计数据几乎像是一面镜子：当学生们回忆演讲内容时，63% 的人记得故事，只有 5% 的人记得个别数据。

另外，“演讲天分”和“让创意具有黏性”的能力之间几乎没有任何关联。能抓住观众注意力的演讲者，内容并不比其他人更有黏性。英文口语不够流利、演讲技能排名垫底的外国学生，却突然间能跟说母语的学生平起平坐。黏性最高的演讲学生要么借用故事来阐述，要么调动观众情感，要么只强调 1 个重点而不是 10 个重点。毫无疑问，读过本书的学生来做这项练习，绝对会把其他学生甩得远远的。一个来自社区学院的外国学生，也可以轻松击败没有心机的斯坦福大学研究生。

这些演讲者个个思维敏捷且才气逼人，为何无法让自己的创意产生黏性呢？这里牵涉到本书谈过的几个障碍。第一个障碍是埋没导语的自然倾向——淹没在信息的汪洋大海中。懂得太多信息或者掌握太多信息，最大的坏处就是会产生全部分享给别人的冲动。高中老师都会告诉你，学生在写研究报告时总觉得一定要把所有发掘出来的事实全部放进去，好像文章质量取决于搜集到的资料数量，而不是资料的相关性和清晰度。删减资料，突出核心，并不是人人都懂的道理。

第二个障碍是关注呈现方式而非信息本身的倾向。公共演讲者自然会希望自己看起来沉稳镇静、富有魅力且积极励志。魅力无疑可以让设计完善的信息更有黏性，但全世界所有魅力加起来也救不了一场烦琐而没有重点的演讲。这可是斯坦福学生经历了惨痛教训才领悟到的事。

更多障碍

本书还提到另外两个障碍是这些斯坦福大学学生不必费心对付的。第一个是决策瘫痪——由于选择过多或情况不明而导致的焦虑和非理性状态。请回想一下那些既错过演讲又错过电影的学生，就是因为他们无法决定哪个更好。或者想想奔迈掌上电脑研发团队领导人杰夫·霍金斯，要让团队专注在少数议题而非全部问题上，该有多么困难。

要打败决策瘫痪，交流者必须下苦功找到核心。例如，律师在结案陈词里必须只强调1~2个论点，而不是10个；老师的课程计划里可以包含50个要传授给学生的概念，但若想卓有成效，就必须集中精力让其中2~3个概念产生黏性；经理必须表达出“人名、人名，还是人名”或是“全球票价最低的航空公司”这样的格言，好让员工在模糊不明的情境下做出决策。

各位现在已经知道，黏性创意的头号敌人就是“知识的诅咒”。斯坦福大学学生之所以没有碰上这个问题，是因为这些犯罪资料对他们而言也是全新的知识，他们比较像是想办法避免导语被埋没的记者，而不像那些忘记了什么是不知道的科学家。

“知识的诅咒”不是个简单的对手，因为在某种程度上，“知识的诅咒”是无法避免的。阐明信息可分为两步：解决阶段和传达阶段。在解决阶段，你运用自己的专业知识得出你要和别人分享的观念。医生得要经历 10 年苦读再加医院实习才有资格提供解决之道，公司经理可能要琢磨上几个月才能解决问题。

问题就出在这里：解决阶段对你有利的因素会在传达阶段反过来阻挠你。要解决问题，你就需要专业知识，但你无法把专业知识和“知识的诅咒”分离开来。你知道某些知识，但忘记了当初自己没有掌握这项知识时的感觉。因此，等到要分享解决之道的时候，你会以为观众都像你一样知道它们。

你会强调很多数据，这是你在解答过程必不可少的统计数字；然后就像斯坦福大学学生一样，你会发现没有人过后还记得。你会跟听者分享你的总结警句，是你研究分析了长达数月之后找出的首要真理；然后就像那位要求一线员工“股东价值最大化”的首席执行官一样，没有人清楚你的总结箴言跟平日工作内容有何关系。

我们在训练人们如何“解决”和训练他们如何“传达”时所

投入的时间全然不成比例。不用修读什么沟通交流的课程，你也可以轻松拿到医学院或者工商管理硕士学位；大学教授必须修过几十门专业领域的课，却没有一门是关于如何教书的内容；若是专门开设“如何传达信息”的培训项目，很多工程师一定会笑掉大牙。

公司经理似乎都以为，只要从头到尾演示了一遍满是结论的幻灯片，他们就成功传达出了自己的观点。其实他仅仅是在分享资料。他们若是能言善辩，可能还会在员工和同事之间塑造起“决断果敢”“擅长管理”或是“很鼓舞人”之类的印象。但是，就像斯坦福大学的学生一样，等到他们发现自己所说的内容完全没有产生影响时，才会大吃一惊。他们只分享了资料，并没有创造出有用或持久的创意，因此这一想法一点儿黏性都没有。

黏性创意：沟通框架

要让创意产生黏性，有效而又持久，你必须得让观众：

（一）集中注意听

（二）听懂并记住

（三）同意或相信

（四）关心、在乎

（五）能起而行动

这本书本可以用以上五大步骤作为主要的组织结构，但我们现在将之留作结语并非没有原因。因为“知识的诅咒”可以轻而易举地让整个框架彻底失效。当一个专家自问：“别人能不能理解我的观点？”她的答案一定是“能”，因为她自己理解。（“那当然，我的员工一定能理解‘股东价值最大化’。”）当一个专家自问：“别人会不会在乎我的观点？”她的答案一定是“会”，因为她自己在乎。请回想一下默里·德拉诺夫双钢琴基金会的代表，他们说：“本机构旨在保护、保存和推广双钢琴音乐。”他们很惊讶这项宣言居然没有在其他人心中激起和自己同等的热情。

我们用黏性创意成功的六项检查表（简、奇、具、信、情、事）取代了上面的框架，检查表的优势在于它更加切实可行，也比较不会受制于“知识的诅咒”。事实上，如果诸位回顾一下前面的章节，会发现以上框架其实跟我们的检查表十分吻合：

（一）集中注意听——**意外**

（二）听懂并记住——**具体**

（三）同意或相信——**可信**

（四）关心、在乎——**情感**

（五）能起而行动——**故事**

因此，我们不必费心去猜别人能不能听懂我们的观点，而是应该问自己：“观点是否具体？”不必费心去猜别人会不会在乎我们的观点，而是应该问自己："观点是否带有情感？是否逃出了马斯洛的'地下室'？是强迫别人扮演分析性角色，还是让别人投入情感？"（对了，"简单"并不在上面的清单里，因为"简单"主要属于解答阶段——打磨信息核心，使之越精炼越好。不过"简单"信息在整个过程中都有帮助，尤其是能帮助别人理解和行动。）

所以说，我们的黏性创意成功检查表是对付沟通问题的理想工具。下面是我们来分析沟通问题的几种常见症状，以及相应的解决之道。

创意诊断的沟通框架：症状与解决

如何让人集中注意听

症状

"没有人在听我说话"或"他们看起来很厌倦——这类东西他们听得多了"。

解决

破坏听众的预测机器，让他们惊讶。具体做法：告诉他们一些"非常识"。（导语是"下周四不上课"和"小诺在给顾客免费包装从梅西公司买来的礼物"。）

* * *

症状

“我才讲到一半他们就不怎么听了”或“快到结尾时他们已经心不在焉了”。

解决

制造好奇心缺口：只告诉他们一部分，让他们意识到自己还缺少一些知识就行了。(请记住鲁恩·阿利奇给大学橄榄球赛制作的赛前简介，告诉观众比赛所处的环境背景。)或者制造悬疑或谜题，而在沟通过程中慢慢解开。(就像每堂课都用谜题开头的那位教授，比如土星光环的故事。)

如何让人听懂并记住

症状

“我跟他们讲的时候大家都在点头，却总没有人照着去做。”

解决

用具体的语言，把信息变得更简单。运用别人已有的知识，让自己所表述的目标更明确，比如善用生成性类比(请回顾迪士尼乐园的“演员”类比)。或者运用具体、真实生活中的例子。(不要空谈“知识管理”，要讲一个赞比亚医疗工作人员从互联网上找到疟疾信息的故事。)

*　*　*

症状

“在我们的交流会上好像每个人都在自说自话”或“大家的知识背景很不一样，真的很难教”。

解决

创造高度具体的合作领地，引导人们共享自己的知识。（想想推销笔记本电脑的商业计划，那位创业人把文件夹扔到桌上，引起众人头脑风暴。）着力针对特定范例或个案，不要用抽象概念。

如何让人同意或相信

症状

“他们都不信这一套。”

解决

为你的信息找出有说服力的生动细节（比如年纪 73 岁的老年舞者或是排出的水比饮用水更干净的环保型纺织布料工厂）。少用权威，多用反权威。

* * *

症状

“我说什么他们都要反驳”或“我的时间全花在跟他们辩论上面了”。

解决

讲一个跳板故事来平息听众的怀疑，将他们转入解决问题的创造模式。远离统计数据和事实，走向有意义的实例。讲一个能通过“西纳特拉测试”的故事。

如何让人关心、在乎

症状

“他们完全无动于衷”或“似乎没人对这事有热情”。

解决

想想特蕾莎修女效应（人们比较关心具体个人而不是抽象群体）。给他们讲个挑战情节或者创造情节的启发性故事。诉诸身份认同感（就像“别把得州弄乱”广告提出不乱扔垃圾才是“得州佬”应有的行为）。

* * *

症状

“以前能让大家兴奋起来的事情现在都没用了。”

解决

跳出马斯洛的“地下室”，尝试诉诸人们心中较高层次的自身利益。

如何让人起而行动

症状

“每个人都点头称是，但接着就没下文了。”

解决

用挑战情节的故事来启发他们（比如贾里德、大卫和歌利亚的故事），或者用跳板故事来使他们有参与感（比如世界银行的例子）。要确保你的信息足够简单、足够具体才能有用：将之转变成格言（“人名、人名，还是人名”）。

约翰·肯尼迪与弗洛伊德·李

“我认为我国应该在60年代结束前矢志达成一项目标：将人类送上月球，再平安接回地球。”这是约翰·肯尼迪在1961年5月说的话。一项启发性的任务，一句启发性的信息。这个观点令整个美国为之努力了10年，最终换来历史性的、难以忘怀的成功。

但有个问题：你不是肯尼迪。

笔者当然也不是肯尼迪。肯尼迪的魅力和权力我们可都没有。相比较能不能漫步月球，我们可能更关心早上出门时记不记得带钱包。因此，如果非得要成为肯尼迪才能让创意产生黏性的话，这本书就太让人绝望了。

黏性创意都有其共性，而在本书中我们借用逆向工程[①]的办法加以剖析。我们研究过聪明至极的观点：胃溃疡是由细菌引起的。我们研究过把无趣变成有趣的观点：飞行安全广播。我们研究过把有趣变成无趣的例子：可以拯救成千上万名儿童性命的口服电解液。我们还研究过有关报纸、会计、核战争、传教、安全带、垃圾、橄榄球、艾滋病、快递以及三明治的案例。

所有这些创意，不论深奥还是寻常，不论严肃还是愚蠢，全都有共通的特点。现在各位既然已经了解这些共性，我们希望你能运用到自己的创意中去。你不用统计数据反倒讲了个故事时，他们都笑你，但当你的创意产生黏性时……

黏性创意成功检查表本身就被设计成了超实用的工具。检查表是一列单子而不是方程式，这并非偶然。检查表一点儿都不难，这可不是什么火箭科学。但检查表也并非自然的、直觉的。检查表要求你勤勉用功，要求你保持警觉。

本书所讲的全都是面临普通问题的普通人，但他们运用黏性

---

① 亦称“反求工程”，指根据已有的东西和结果，通过分析来推导出具体的实现方法。

创意六大原则后确实收到了惊人的成效（即使有时候他们本人并未察觉自己在用这些原则）。这些人都太普通了，普通到你将来再次读到他们的名字时可能都认不出来。他们的名字没有黏性，但他们的故事很有黏性。

还记得阿特·西尔弗曼吗？他就是那个阻止了美国人大吃极不健康的电影院爆米花的人。他把一整天吃进去的高脂肪食物放在一包爆米花旁边，然后说："这包零食里面就有这么多饱和脂肪。"一个做普通工作的普通人，做了件不普通的事。

还有诺拉·依弗朗的新闻老师。真是可怜的家伙，我们连他的名字都没提到。他告诉全班学生："导语是'下周四不上课'。"就用这么一句话，他颠覆了学生对新闻的印象。他启发了依弗朗还有其他人，后来投身于新闻行业中。一个做普通工作的普通人，做了件不普通的事。

那么鲍勃·奥茨维亚呢？你绝对不可能记得他的名字。他是赛百味一间加盟店的老板——每天卖三明治给一个胖子——就在其中见证了活生生的精彩故事。就因为有奥茨维亚，大获成功的贾里德广告宣传才被人发掘出来，才得以在全国推广。一个做普通工作的普通人，做了件不普通的事。

然后还有弗洛伊德·李，美军在伊拉克的飞马食堂的负责人。他把自己的使命定位为鼓舞士气，而不是提供伙食。他用的食材跟其他地方一样，但士兵们纷纷涌进他的食堂，他的甜点师傅还形容自己做的甜点很"诱惑"。一个做普通工作的普通人，做了件不普通的事。

还有简·埃利奥特。她在教学里所做的种族偏见模拟练习，20 多年后依然烙印在学生的脑海之中。要说她当时的观念就像疫苗一样预防了种族歧视，也绝不为过。一个做普通工作的普通人，做了件不普通的事。

所有这些人都是以推出了有影响力的观念而卓尔不群。他们没有权力，没有名气，没有宣传公司，没有广告经费，没有炒作专家。他们有的只是创意。

这也就是创意世界中最厉害的一点：我们任何一个人，只要有真知灼见，只要有正确信息，都可以让创意产生黏性。

附录 1　黏性建议

1　黏性战略

本书出版至今，笔者有幸与许多组织通力协作。我们不无惊讶地发现，各个组织的外部沟通总比内部沟通复杂得多。就以企业对待客户和对待员工的典型做法为例做一番比较。公司愿意一掷千金，竭尽全力地了解典型客户，反复研究，再三分析；客户的奇思妙想变成详尽曲折的图表，客户的一举一动受到无微不至的关怀，客户的任何需求都满足到触手可及的地步。

与此同时，典型员工则有幸收到一月一次的业务通信电子邮件，语句平淡，措辞枯燥（不过好歹也能换来几分雀跃之情），该邮件由某位倒霉的人力资源员工腾出一个半小时赶工而成。

以上当然不乏夸张，但总体趋势就是这样。客户沟通总是一丝不苟，员工沟通却不尽如人意。事实上，这本该是组织领导者的天赐良机。员工需要了解组织的存在意义，组织的前进方向，组织的成功要素。换言之，你需要跟员工“共商战略”。要是他们还能回过头来跟你共商战略，那么你必将从诸多的见解中获益匪浅；这些真知灼见有待发掘，尚且不为人知。

与人共商韬略，集思广益，何以收效甚多？我们来看美国游戏制造商颅骨公司（Cranium）的故事，该公司开发了包括知名棋盘游戏《脑力大作战》在内的众多产品。有一次，颅骨公司的共同创始人惠特·亚历山大（Whit Alexander）打电话给中国的制造合作伙伴来描述一个新的塑料游戏棋子的概念。亚历山大描述称，这种棋子外观为紫色，由多块部件黏在一起。不料对方一口回绝，理由是“这个概念不够CHIFF”。亚历山大错愕不已：远在地球另一侧的供应商，居然使用颅骨公司的战略术语纠正了自己。而且供应商所言绝对正确。

CHIFF代表聪明（Clever）、优质（High-quality）、创新（Innovative）、友好（Friendly）和有趣（Fun）五大理念。颅骨公司提出CHIFF这个概念，正是期望在竞争激烈的桌面游戏市场中建立差异化战略。CHIFF已融入颅骨公司决策的方方面面，从品牌管理、包装设计到游戏的每个提示问题皆有体现。（举例而言，某款游戏里可能会问：“美国最高法院共有几位法官？”但这样的问题不够聪明也不够有趣，不符合CHIFF理念，因而就会改成：“美国最高法院所有法官如果组成一支常规球队，恰好全员上场没有替补，这是一种什么运动？”）

亚历山大对棋子游戏的描述混乱不堪，中国制造商用CHIFF

理念直接驳了回去。黏在一起？这可算不上创新，也远远达不到优质，这种棋子想要给人的感觉完全没到点子上。相形之下，游戏制造商反馈的设计显得平滑而又新颖：玩家可以一边玩游戏一边拿着多余的棋子，捏在手中颠来倒去，享受触觉带来的快感。制造商不仅改善了棋子质量，还使之更富乐趣。亚历山大为此深受触动。

这是个桌游制造商获得成功的故事。但更重要的，这是一个战略获得成功的例子。颅骨公司高管借用通俗易懂、行之有效的方式，将战略层面的关键要素准确传达出去；CHIFF 五大理念堪称对差异化战略极为简明可行的表述。颅骨公司的员工、供应商和渠道合作伙伴都依照 CHIFF 框架完成众多实地决策，进而维护颅骨公司差异化的竞争优势。

一家远在异国、语言不通的制造供应商，竟然用创始公司的战略思想纠正了其创始人。老实说，恐怕没有什么战略能比这传播得更清晰无误，沟通得更顺畅无阻了。

那么，CHIFF 五大理念为何如此有效？因为 CHIFF 恪守了产生“黏性”观点的若干原则，使得想法易懂、易记，并能有效改变他人的思想和行为。遵循黏性创意的形式原则，可以改善企业内部的战略沟通。

战略沟通

本质上，组织战略就是行动指南。战略一旦产生效应，便能调动组织里上上下下的万千员工，影响大大小小的无数决策。好的战略如能尽其所用，将会引领公司鹤立鸡群，财源滚滚；坏的战略如果一旦落实，反而会让公司失去竞争力，泯没无闻。不过，很多战略难以衡量其优劣，因为这些战略是惰性的，根本没能发挥作用。惰性战略要么仍以原始状态存在于演示文稿中，要么还夹在“战略规划”文案里，要么只停留在高管的嘴边。战略倘若无法转化为行动，那么毫无意义，只能是纸上谈兵。

战略之所以表现为惰性，并非因为员工努力程度欠佳，也不是由于战略制定人的出发点不够好。每位管理人员想必都衷心希望团队能理解组织战略并且付诸行动。但在高层与员工进行战略沟通的过程中，往往会遭遇三道棘手的障碍。我们将逐一探讨如何克服这些障碍并给出相应建议。

障碍一：“知识的诅咒”

我们在本书中反复强调、唯恐不能尽述的一大概念，就是“知识的诅咒”。我们已经谈到，“知识的诅咒”产生的影响无处不在，就像我们在书中讨论的所有领域一样，知识的诅咒折磨着领导者——当他们试图向组织的其他成员传达一种策略时。“知识的诅咒”使得管理者认为听众和自己知识水平一致，在此基础上解说战略，还常常诱使管理者使用笼统抽象、高层次的语言来描述战略，例如：效率最高的半导体制造商！成本最低的立体声设备供应商！世界一流的客户服务！

很多时候，领导者根本意识不到自己所说的战略过于抽象。正如本书开篇提及的击节者和听猜者一样，首席执行官高谈“释放股东价值”，脑中正播放着一曲员工听不见的生动旋律。战略是“释放股东价值”没错，那么我该怎样对待某个特定的客户呢？战略是“生产质量最优”没错，那么我该怎样跟某位难以对付的供应商谈判呢？

事已至此，组织领导者当然无法忘掉已有的知识，但可以设法挫败“知识的诅咒”，办法就是将战略转化为具体的语言。美国乔氏食品连锁公司（Trader Joe’s）是一家专售平价外国食品的超市。在乔氏超市，你可以花2.53美元买到摩洛哥风味的焖锅酱汁，或者花1.99美元买到1夸脱（约为946克）红椒汤。乔氏超市将目标顾客描述为“开破旧沃尔沃汽车的失业大学教授”。这个定位很简单，但无疑片面而单一；不管哪个时刻走进乔氏超市，可能一个完全符合描述的“目标顾客”也找不出来。那么，乔氏超市为什么要提出“失业大学教授”的形象呢？因为这个概念能让组织中每位员工的脑海里都浮现出一幅关于目标顾客的图式。

企业战略的其中一项关键要素，就是要界定服务哪个市场，面向哪类客户。“失业大学教授”明确回答了这个议题。当然，乔氏超市也可能将目标顾客定义为：“具有较高社会经济地位、注重生活品质、消费有节制、追求多样化及热衷新鲜事物的人。”这个描述堆砌了各色词汇，但很难让人形成“失业大学教授”之类的生动形象。这位失业大学教授会喜欢红椒汤吗？会。“知识的诅咒”就此消散。

要避开“知识的诅咒”，采用讲故事的办法总是屡试不爽，因为故事强迫我们必须使用具体的语言不可。举个例子，联邦快递曾推出“紫色承诺”荣誉奖项，用于表彰遵守交付承诺、将所有包裹“绝对、肯定”隔日送达的公司员工。紫色承诺奖挖掘了众多富有代表性的故事，我们摘录两段以飨读者。其中一个故事发生在圣文森特——一起牵引式挂车车祸导致通往机场的主要道路全线封锁。一名运货司机与一位机坪操作员千方百计地从其他路线进入机场，但皆因交通拥堵而失败。最终他们无计可施，只得在距离机场一英里远处弃车步行，将每份包裹逐一送到机场，保证了货运飞机准点起飞。另外一个故事发生在纽约，运货卡车半路抛锚，接替车辆迟迟不到，车上的女司机便开始徒步送货。后来她发现单靠走路很难按时完成剩余的工作量，便竭力说服来自竞争企业的一位司机，由对方载着她送完最后几份快递。

这样的故事不仅饶有趣味，更是生动鲜活、形象具体而又真实可信的，充分展现了联邦快递公司的竞争优势，使之成为全球最受信赖的企业之一。这些故事正如 CHIFF 一样，能够向整个组织有效地传达管理层的决策。高级销售主管可以用纽约故事来表达信息：“这就是我们对可靠性的重视程度。”新入职的送货司机可以用纽约故事来作为行为指导：“我的工作不光是沿着常规路线驾车送货，一到 5 点准时下班；我应该尽己所能，确保包裹准时送达。”运维服务人员也可以用纽约故事来督促自己做出更好的维修决策："有必要想想办法，缩短运货卡车的保养周期。"

好的战略有助于指导行为，在这个角色中，一个故事可以比标准的样板任务更有效。伊夫琳·克拉克（Evelyn Clark）所著的《围坐公司篝火旁》（*Around the Corporate Campfire*）一书中描述了美国仓储连锁超市好市多公司（Costco）的"鲑鱼故事"。好市多创始人之一詹姆斯·辛尼格（James Sinegal）介绍说："1996年，我们全公司每周卖出鲑鱼片的收入在15万~20万美元之间，售价为每磅5.99美元。之后，我们切除了鲑鱼的腹部脂肪、背鳍和锁骨，改进产品，以便采购员的进货价格更优惠。为此，鲑鱼片的零售价下调到每磅5.29美元，顾客也能享受到更物美价廉的商品。"

但采购员还不满足，希望好市多给鲑鱼去皮去骨，得到更好的进货价。鲑鱼片品质更优，售价也降至每磅4.99美元。再后来，物超所值的鲑鱼片销量大涨，好市多开始跟加拿大和智利的鲑鱼养殖场签订合约，直接大量采购，带动鲑鱼片的零售价下降到4.79美元。重点是什么？好市多代表着企业对品质无限提升、价格无限降低的不懈追求。鲑鱼故事就像CHIFF五大理念，完美地呈现了公司独树一帜的竞争优势。

辛尼格还说："我们每次培训都会讲到这个故事。如今，我有时遇到公司其他部门的采购员，比如加拿大的服装采购员，他们甚至会告诉我'我有个鲑鱼故事想讲给你听'。"

我们往前倒两段，回到"好市多代表着企业对品质无限提升、价格无限降低的不懈追求”这句话。请注意，这个句子堪称鲑鱼故事的点睛之语，为整个故事画上完满的句点。但这正是有悖常理的地方：因为这句话一旦脱离了故事，就没有了可取之处。抽象空洞的表述，跟击节者 / 听猜者游戏中击节者的思维没什么两样。对于长年来将鲑鱼故事内化于心的管理者而言，“品质无限提升、价格无限降低”无疑是深刻有力的信念；但对于不甚了解状况的人来说，这句话干燥乏味，模糊不明。(怎样才能降低价格？要是价格下调利润也跟着下跌该怎么办？)

组织战略引申出来的故事往往具备两项要素：其一是故事本身，其二是故事承载的理念。鱼和熊掌兼得当然最好，但如果一定要两者择一，请选择故事本身。因为故事可以隐含理念，但理念蕴藏不了故事。故事包含具体的语言、特定的主角和现实的背景，因而更有可能用来指导行为。

不论是故事还是具体的语言，都能帮助组织领导者破除“知识的诅咒”，每位成员也都将从获得共识的组织战略中受益良多。

障碍二：决策瘫痪

组织中大多数人并不负责战略制定，只需要理解战略和消化战略，并根据战略做出决策。但是，很多战略不够具体，很难根除员工根深蒂固的心理偏差——决策瘫痪。

心理学家发现，当需要选择的事物风险较大、信息较复杂时，选择增多就会导致“决策瘫痪”。(我们在“简单”的章节中提过一个例子。）美国心理学教授巴里·施瓦茨（Barry Schwartz）在《选择的悖论》（*The Paradox of Choice*）一书中探讨了许多决策瘫痪的案例。试想一家美食店里放了两张桌子，供顾客免费试吃各类果酱。其中一张桌上展示了 24 种果酱，另一张桌上则摆着 6 种果酱。两边都吸引了不少顾客驻足，但销售统计结果令人大吃一惊：仅有 6 种果酱的展台购买概率比 24 种果酱那边要高足足 10 倍！（顾客面对 24 种选择不知所措，难以决断。）又比如，公司员工面对 401K 养老金计划遭遇决策瘫痪：每增加 10 项基金投资工具，愿意加入退休金储蓄账户的员工比例就减少 1%。决策瘫痪甚至影响到小爱神丘比特的领地。单身男女参加闪电约会活动，接触过 6 个异性的年轻人与接触过 12 个异性的人相比，前者速配成功的概率更高。

既然决策瘫痪的影响遍及零售业、金融业乃至浪漫爱情，那么我们几乎可以断言，决策瘫痪必将影响你的组织成员。想象一下你在组织层面碰上决策瘫痪的根源。各行各业都得在多个极具吸引力的选项之间抉择：是服务客户，还是压缩成本；是快速增加收入，还是最大化利润率；是不断优化产品，还是加速市场投放；是发展营销队伍，还是拓宽目标区域。将所有矛盾对立的选项摆在一起，面对诸多潜在机遇和未知风险，加上局势不确定、信息不完备，这绝对是制造决策瘫痪的不二法则。

再者，很多常见的战略表述（例如目标为“成本最低的供应商”）根本不会提及这些形形色色的折中权衡（例如平衡产品质量水平和市场投放速度）。如今，组织领导者可以借助规定来消除决策瘫痪，事前确立方方面面的规定：为患者实施手术前必须试遍所有药物疗法！其实，一些企业已经推行了这种办法，结果新员工一个个捧着七八厘米厚的“公司守则”埋头苦读，以防行事逾矩。事实上，你永远不可能制订面面俱到的规定，更无法涵盖员工可能遇到的所有决策。世界很复杂，而且不断发展变化着；规定阻止所有人适应世界，它只能用来适应撰写规定的领导者。

如何让组织战略将员工从决策瘫痪中解救出来呢？员工可以被动地接受一连串规章制度，也可以主动谈论战略计划，但后者更容易帮他做出好的决策。一线员工总是希望做应该做的，也多半容易在正确的事情和错误的事情之间做出选择。难题在于，怎样在正确的事情和正确的事情之间做出抉择。

要知道，最困难的问题是必须得在两个都很棒的选项之间做决定。想想好市多的鲑鱼故事。假如你正在大批量贩卖鲑鱼片，售价为每磅 5.99 美元，然后你接触到另一批供应商，提供品质更优、价格更低的货源。并且你确信，即使卖 5.99 美元也能顺利清除尾货。那么，你会怎么做？你是维持（甚至抬高）售价以便保证股东利润，还是降低售价从而创造顾客价值？这两个选项都不错，你必须二中选一，做出决策。为此，你需要认清哪件事更重要，而鲑鱼故事点明了优先级。鲑鱼故事阐述了好市多的竞争优势，并将之传遍千家万户：好市多更注重顾客，而不是股东。（或者更确切地说，长期顾客价值胜过短期股东利益。）

组织在制定战略时，不仅需要定位竞争优势，还应当把握内部能力。怎样的能力才能帮助组织成长？怎样的能力才能让员工更好地服务顾客？怎样的能力才能在长久的客户服务中立于不败之地？下面便是组织战略解答了内部能力的一个案例。美国发明家爱迪生改良了留声机和钨丝灯泡，但他并不是一个人在战斗；爱迪生还在新泽西州门洛帕克建立了史上首座工业研发实验室。爱迪生亲切地称呼实验室研究人员为“混混”，这个词来自当时的两个俚语：跟同事合作叫作“混在一起”，摆弄实验叫作“混混日子”。对爱迪生研究团队而言，为什么“小混混”算是一种好的组织战略呢？

不论在哪家企业或组织，生产效率和前期实验往往像是针尖对麦芒。创新需要重复实验，需要自由空间，需要携手合作；但创新也免不了走进死胡同，免不了浪费时间，免不了碰壁犯错——这一切都会降低效率。表面上看来，爱迪生实验室不可避免地要陷入决策瘫痪：效率还是实验，人们该如何取舍？注重效率意味着成本更低，利润更高，订单更多；注重实验则预示着诞生新的产品，获得新机遇。每日种种情境之下，矛盾无时无刻不在针锋相对，你该怎样选择？（例如：“接下来一个小时，我打算去实验室‘混混日子’，这样合适吗？”）

“混混”两个字貌似绰号，实则是组织战略的另一种表述。“混混”一词明白无误地告诉你，效率和实验之间，你应该选择实验。为什么？因为你是个“混混”。混混不会纠缠于进度条，混混喜欢瞎摆弄，混混喜欢“混混”。混混正是门洛帕克实验室大获成功的内部能力。将组织战略以体贴周到的方式潜移默化，营造亲切感人的氛围共商战略，将会大幅减轻决策瘫痪带来的负担。

障碍三：缺乏共同语言

在20世纪50年代的信息与通信技术的经典模型中，“发送者”与“接收者”这样通信：发送端将数据打包后，经过信道传输，接收端获取数据然后解压缩。无疑，现实世界的许多沟通方式也遵照这一模型，比如教授给学生讲课或者牧师给信众传教等。那么，战略沟通也能这样进行吗?

绝对不能。良好的战略应该像世界通用语言那样，令言语不通的族群相互沟通，开辟出人人愿意分享的活动领地。员工依赖领导者制定战术方针，领导者则依靠员工反馈局势信息。要让领导者和员工互动起来，两者都必须能理解对方。很遗憾，事情往往说时容易做时难。

组织战略的确将双方联系在一起，但现实是员工多半很难向领导者传达意见。举个例子，假设颅骨公司的战略定位是“登上桌游界的第一把交椅”。现在，想象你就是那位中国的游戏制造商，并且对新款棋子的设计概念非常不满。请问你该提出什么理由表示反对? 公司战略太过高层，太过抽象，会让你觉得商讨这个议题相当愚蠢。你要怎么说? “粘在一起的游戏棋子会威胁我们头号供应商的地位”? 恐怕不会吧。

澳大利亚阿德莱德的信用合作社“储蓄与贷款信贷联盟”（Savings & Loans Credit Union，简称信贷联盟）发展得蒸蒸日上，这家机构就找到了战略层面的共同语言。公司内部的战略定义如下：“我们不想当第一，但也绝不想当第三。”大致意思：他们希望公司能快速跟上领头羊。他们不做出头鸟，静候先锋承担未知风险或者享受创新果实；然后他们紧随其后，如法炮制，甚至青出于蓝而胜于蓝。比如说，竞争对手推出一款信用卡，将部分支付手续费捐给一所环保组织，但这一举措出师不利。信贷联盟见状，便将本公司的信用卡与当地儿童医院关联在一起，反倒一炮打响——卡片为医院急诊科募得资金多达 250 万美元。

这项战略清晰准确，我们也很容易理解战略怎样引导公司上下的行为。依照公司战略，营销人员必须时常关注市场上涌现的神机妙策；人力资源部门在招聘时应当优先雇用思路活、反应快的执行者，而不是考虑偏重创意的开拓者；高管们需要使用激励措施来奖励那些改进的人，而不是发明家……这句战略格言简单精辟而又诙谐俏皮，为弥漫着选择迷雾的情境拨云见日。

还有一点同样重要，组织战略使得一线员工有勇气挑战高管的权威。比方说，行长试图推行手机银行的一项业界创举，他坚信这是未来市场的发展方向，信贷联盟必须抢占竞争地位。但请稍等，出纳员有话说：我们不想当第一。何不等其他竞争对手先试试水手机银行再说呢？我们可以密切地关注哪些可行，哪些不可行。

如果组织中所有人都对战略目标存有共识，那么意见分歧反而会有助益。举个简单的例子，一群人围在一起掷飞镖，你发现有位朋友瞄准的位置总是太高，你就可以走过去建议对方进行调整。不过，唯有在靶心位置显而易见的情况下，你的反馈才可能奏效。要是你们连靶心在哪里都意见相左呢？那么你和朋友之间的沟通将注定徒劳无益，也令双方不快。若将上面的飞镖靶子换成商业靶子，那么双方一旦发生争执，手握权势者往往胜出。组织战略如能表述成共同的语言，便可引得人人参与、各尽其职。

黏性战略的三大原则

战略沟通所面临的三道障碍（“知识的诅咒”、决策瘫痪和缺乏共同语言）由不同的原因造成，但可以用同样的办法克服。颅骨公司的 CHIFF 理念便一箭三雕：其一，有效传达了管理层的品牌战略，打败了“知识的诅咒”；其二，指导员工从诸多对立选项中抉择，打败了决策瘫痪；其三，建立了组织内所有人都能顺畅沟通的共同语言和领地，甚至连中国的游戏供应商也有机会与公司创始人展开深入可信的探讨。

怎样让组织战略得到有效传达？答案是让战略富有黏性。要让战略产生黏性，以下三条小诀窍或许对你有所帮助。

（一）具体。所谓具体，是指语言清晰明确、易于感知；具体的语言能通过简单的方式让每个人明白你想传达的信息。

乔氏超市提出的“失业大学教授”就获得了人们共同理解，而若提出“注重生活品质、消费有节制的顾客”不可能达到这等效果。

（二）意外。如果组织战略只是一般常识，那就不必花时间沟通。（假如真是常识，何必费时费力？）不过关键在于，领导者应该努力挖掘战略中的非常识。这项战略有何新颖之处？有何不同之处？爱迪生提出的“混混”概念就是非常识。试想，在一个日出而作日落而息、劳动光荣懒惰可耻的年代，爱迪生居然告诉大家可以在工作中“混混日子”。

（三）故事。精彩的故事胜过一切抽象的战略。请记住，你可以从故事中读出理念，但无法在理念中看到故事。回顾一下联邦快递的紫色承诺奖故事或者好市多的鲑鱼故事，字里行间蕴藏着巨大能量。如果你的企业没有能够传达战略的故事，那恐怕就该敲响警钟：你的战略或许还不够清晰，难以影响他人的行为。（不然的话，你肯定会有故事可讲。）

避免惰性战略

传统观念认为，组织领导者应当倾注大量的时间来介绍和讨论战略，最常见的战略沟通手段就是“重复、重复、重复”。不断重复组织战略，直到每个员工都将其深植心中。但问题在于，重复避免不了“知识的诅咒”，也改善不了双向沟通。事实上，黏性战略无须重复多次，比如鲑鱼故事就很容易传播。心理学研究一再告诉我们，具体的语言和故事才更容易被人牢记。

怎样制定出优秀的战略？本文不打算提出放诸四海而皆准的普遍真理，我们建议组织领导者将战略分成两步走：第一步，规划出正确的战略；第二步，将战略融入组织词汇，沟通讨论战略。两个步骤缺一不可。

不幸的是，许多组织只做到了第一步；或者完成第一步后，紧跟着举办 150 场高管演讲，硬要向员工灌输一幅他们无法记住也难以应用的愿景。要想延续战略、激活战略，要想让内部员工和外部合作伙伴化战略为行动，那就必须把战略编织进日复一日的例行会话和常规决策中去。

组织内部探讨的策略不应该是惰性战略。如果你的一线员工可以谈及战略，可以讲出战略故事，可以自在地跟经理共商战略，那么这项战略便能切切实实满足终极目标：指导行为。

2 黏性教学

作为教师，你简直是黏性阵地的前线岗位。老师的每日工作职责就是试图让自己的想法产生黏性。承认吧，老师的活儿可不太好干。几乎没有几个学生冲进教室，期待着关于标点符号、多项乘除法或英国工业革命等最新一课。怎么可能做得到呢？

本节我们将介绍更多细节，教你怎样将黏性创意的六大特征运用在教学上。（笔者按：此处假定你已读过，至少已快速浏览过本书，我们不再赘述基本概念问题。另外，如果你希望将黏性创意的免费资源转给其他没有读过书的同事看，请访问网址 www.madetostick.com/teachers。）

要让教学富有黏性，有些办法相当实用。例如，地球科学课总会一如既往地讲到地磁场，不过有位老师打算先放几颗“烟雾弹”。于是她问学生：“你知道吗？25 000 年前，如果你拿着指南针，朝着指针指向的北极一直走，最后你会走到南极！”这个例子就是借用知识缺口让观念更为意外。（如欲了解知识缺口，请参阅本书中“好奇心的缺口理论”一节。）

接下来，我们将逐个介绍黏性教学的六项特质，说明只要多一点儿专注，就能让几乎所有的想法产生黏性。黏性创意更有可能改变学生的思维模式和行动方式。

原则一：简单

美国伊利诺伊大学厄巴纳–尚佩恩分校教师安德鲁·卡尔·辛格（Andrew Carl Singer）开班教数字信号处理的课程。这门课错综复杂，一不小心就会让人迷失在繁复的数学分析中。为此，辛格努力想要找出课程的核心所在，于是他开始自问一个简单的问题：

> 假设伊利诺伊大学的一名学生去公司应聘，并称：“我上

过辛格老师的数字信号处理课。”他要想顺利通过面试，同时能让母校为该领域的这位毕业生竖起大拇指，他最需要了解哪三件事？

站在教师的角度，这个问题真是难之又难。你所知的知识，你想传授的知识，永远得比学生能够记住的东西要多。那么，哪些概念最重要？你又该怎样充分利用课堂时间，确保各个要点产生黏性？辛格表示，把目光聚焦在课程的核心思想上以后，“我就可以删掉各种细枝末节；这些细节只能区分 A^{++} 学生和 A^{+++} 学生，但对普通学生没什么帮助”。辛格指出若干核心概念，希望班上的每一位学生都能在学年内掌握。为此，辛格还专门画了示意图，帮助学生记忆核心信息。示意图简要描绘了信号转换过程，声音（如歌曲录音）经过采样后转存为数字文件，数字文件再通过数字模拟转换器播放出来。辛格说：“学期一开始我就给全班学生看这幅图，并且课上常常提到这幅图。就这样，我发现学生能沿着核心信息的轨道展开课程学习了。核心信息对我自己备课也有帮助，我就可以依此决定哪些材料继续使用，哪些材料应该替换。”

只要找到课程核心所在，解释工作就再简单不过了。要想讲解得更简单，你应该设法衔接学生已形成的旧概念。通过新旧衔接，你能将他们已经拥有的知识作为一个新的学习平台。例如 19 世纪末，新型交通工具汽车诞生，人们大多将“汽车”称为“不用马拉的马车”。马车是当时广为大众所知的代步工具，汽车制造商正是将汽车和马车这两个概念衔接起来。又如本书“简单”一章中，我们提到原子结构的经典玻尔模型。老师往往会这样解释：“电子围绕原子核旋转，正如太阳系行星围绕着太阳转。”这正是将玻尔模型与学生已知的太阳系模型衔接起来。类比也是衔接新旧概念的一剂良方。南非高中教师比约恩·霍尔特（Bjorn Holdt）在教授 Java 语言程序设计课时，一度很难将“变量”的概念传达给学生。后来霍尔特灵机一动，想出类比的办法：“变量就像杯子，就像一个个装有信息的容器。”每个学生手上都拿到一只形态各异的杯子，玻璃杯只能存放数字，啤酒杯只允许存放文本，咖啡杯只能存放“真”或“假”。不同类别的杯子储存不同类型的内容，不得相互混淆。比如，咖啡杯里绝不能放数字。（以上限制阐明了“类型安全程序设计”的要求。）霍尔特表示，实物类比帮助学生对变量概念理解得更快，也记忆得更久。霍尔特还说，要是学生碰上难题，他还常常借用咖啡杯或玻璃杯的表述来答疑解惑。

要让观点变得简单，首先找出课程的核心，然后将之与学生已有的知识衔接起来。

【阅读提示】本书可供指导教学的“简单”内容：生成性类比，从简单到复杂，倒金字塔结构。

原则二：意外

爱尔兰诗人威廉·巴特勒·叶芝（William Butler Yeats）曾说：

"教育不是灌满水桶，而是点燃火种。"真可谓高尚师德、神圣使命。不过话说回来，对于哺乳动物生理学之类的课程，你该怎样点燃学生心中的火种呢？对了，我们最近在书店里看到一本书，你或许可以从中得到提示，该书的标题是《男人为什么有乳头？》（*Why Do Men Have Nipples?*）。笔者猜想，10 秒钟前你尚对哺乳动物生理学没什么兴趣，但一看到书名的这个问题，便发现自己想不出现成的解释，你就会渴望有所了解。好奇心激发出来，火种也就随之点燃。

本书在"意外"一章中讨论了乔治·洛温斯坦的好奇心缺口理论，也就是说好奇心来自我们已经知道和想要知道之间的缺口。教师可以灵活使用这项有用的技巧。比如说，美国科罗拉多州的一名物理老师向学生提问："你们有没有注意到，汽车轮胎一到冬天就会变扁？那么空气去哪儿了？"社会学读物《魔鬼经济学》（*Freakonomics*）也用上了好奇心缺口："为什么很多毒贩都跟老妈住在一块儿？"

好奇心可以助推各种各样的课程教学。美国加利福尼亚州圣迭戈动物园开设了面向初中学生的为期一周的暑期教学项目，帮助孩子们了解 DNA，为期一周。项目策划人玛吉·兰博（Maggie Reinbold）围绕这一主题，安排了类似电视剧《犯罪现场调查》（*CSI*）的趣味悬疑剧。一家可爱的动物园里，粮食总是不翼而飞，一定有只动物长期潜入"食堂"偷吃。山羊每天领到的食物总是缺斤少两，羊群也因而日益消瘦。（你可不希望一头头山羊都患上厌食症。）为此，学生必须展开调查，揪出偷吃食物的罪魁祸首。

两天前的夜晚，粮食大盗不小心在饲养站里留下了一小撮黑色毛发。可惜，毛发颜色只把嫌疑对象的范围缩小了一点点。偷吃的坏蛋可能是山羊、小猪和绵羊，也可能是小马，只有检测 DNA 才可能真相大白。兰博借助这幕悬疑情境，在一周内逐渐向学生传授了分子生物学的一整套迷你课程。首先，学生们用立体显微镜提取一些细胞进行 DNA 分析。其次，学习获得过诺贝尔化学奖的聚合酶链式反应（Nobel Prize-winning Polymerase Chain Reaction，简称 PCR），这种分子生物学技术可以将几份 DNA 复制成数十亿份。接着，披上实验室白大褂，向动物园研究人员咨询如何操作 PCR 分析仪。最后，使用凝胶电泳的方法来鉴定 DNA，确定偷吃者究竟是山羊、小猪、绵羊还是小马。经过一番详细调查，孩子们终于锁定了大盗——小马埃德。（不过可别指望会有痛哭流涕悔不当初的剧情哦。）

简而言之，好奇心的价值就在于：吸引了学生整整一周时间的注意力，尽管面对的是枯燥严肃的科学知识。因此，要让你的课程更有效，请使用知识缺口和悬疑谜题的力量。

【阅读提示】本书可供指导教学的“意外”内容：好奇心的缺口理论，西奥迪尼的土星光环之谜，诺拉·依弗朗的新闻课老师。

原则三：具体

很多学生在上数学课时，总是对“函数”的概念感到头疼，也觉得函数符号“$f(x)$”相当莫名其妙，觉得这跟以往所知的东西毫无相似之处。$f(x)$ 这种符号到底代表着什么意思？

这实在太抽象了，太难理解了。所以美国弗吉尼亚州劳登科学院（Loudoun Academy of Science）数学教师黛安娜·弗戈（Diana Virgo）为了帮助学生更容易领会函数的概念，给学生设计了一次基于现实世界的体验。弗戈把一串蟋蟀带进教室，并且留给学生一个问题：如果升高温度，蟋蟀鸣叫将产生怎样的变化？是变快还是变慢？我们有没有可能预测蟋蟀的反应，还能画出相应的函数图像？我们建立的函数就好比一台小机器——输入温度（比如29摄氏度），就能得出相应的鸣叫频率（比如每分钟60次）。

于是，班上就此展开了“蟋蟀鸣叫”的实验。首先，学生数出正常情况下的鸣叫频次。接着，弗戈调整恒温箱内的温度，蟋蟀鸣叫快慢也随之受到影响，然后由学生重新计数。很快，师生实验小组就统计得到一大堆数据，进而借助软件包生成了用于预测蟋蟀鸣叫频次的函数。结果表明，周围环境温度越高，蟋蟀鸣叫速度越快——蟋蟀对温度的反应果真可以预测！就这样，学生一下子就领悟了函数的意义，函数其实源自现实。学生们亲身经历了整个来龙去脉，体会到函数从何而来、函数怎样构造与函数如何使用等问题。（附注：弗戈也提醒学生不要忽略人为的判断因素。举例来说，要是你赋给函数的温度值是“1 000 摄氏度”，预测函数将会输出非常非常高的鸣叫频次！但遗憾的是，1 000 摄氏度时蟋蟀已经不会再叫了。）

要让想法落到实处，变得具体，请避开抽象语言和概念，将想法跟感知实际紧密相连——蟋蟀函数便是这样一例。一边像是阅读葡萄酒的抽象文字（“浓郁但很均衡”），一边则是亲口举杯品尝，差别不言自明。想法与我们感官“挂钩”得越多，其黏性也就越强。

八年级教师萨布丽娜·理查森（Sabrina Richardson）借用小玩具帮助学生“看懂”标点符号。理查森详细描述了自己的练习课：

> 学生们拿到一张大幅纸板，上面写着的句子缺少标点符号，甚至连引号、句号、感叹号、顿号和省略号都没有。学生被分成 2~3 组，每组各领到一塑料袋小玩具，有的是小弯管，有的是小圆片，还有的是小柱子。学生的任务是将小玩具摆在句中正确的位置上。例如，纸板上会有这样一个句子：
>
> 小杰 大喊 小温 快点 回来
>
> 学生们必须开动脑筋，用小弯管组成逗号和引号，用小圆片充当句号；还可以将小圆片和小柱子组成感叹号。我非常清楚，班上很多学生搞不清楚点号究竟放在引号内部还是外部，这个过程能够帮助他们“看懂”标点符号的正确使用

方法。学生完成任务后，可能会得到这样一个句子：小杰大喊："小温，快点儿回来！"

具体且感知化的体验，让此观点牢牢粘在我们的大脑之中。要知道，记住一首歌总比记住一串信用卡数字容易得多，尽管歌曲里包含的数据更丰富！

【阅读提示】本书可供指导教学的"具体"内容：给认知做减法，记忆的魔术贴理论，简·埃利奥特反种族偏见模拟。

原则四：可信

美国文学老师埃米·海伊特（Amy Hyett）在波士顿布鲁克莱恩高中教授"超验主义"单元课程。亨利·戴维·梭罗（Henry David Thoreau）是美国超验主义[①]集大成者，学生开始阅读梭罗的作品，了解到梭罗花了那么多时间待在荒野，总是会萌生这样的想法：呃，他为什么要这样做呢？海伊特本着培养同理心的出发点，给学生们布置了一项非正统的功课——走进大自然，独处 30 分钟。没有手机，没有音乐播放器，没有宠物，没有游戏机——只有你，还有户外风光。

海伊特说："效果非常惊人，因为几乎每位学生都获得了启发

① 超验主义的核心观点是主张人能超越感觉和理性而直接认识真理，认为人类世界的一切都是宇宙的一个缩影。

性的体验。他们很惊讶，小小一段的体验怎么会产生这么大的触动。就连班上最怀疑的学生也从中悟出了更多有关超验主义和自然的理解。”

创意要产生黏性，必须得可靠、可信。网络视频时代的学生不相信，独自外出有助于伟大的思考。那么，你该怎么打消他们的怀疑呢？耳听为虚、眼见为实，你应该让他们亲眼看见。常言道，百闻不如一见，唯有亲眼所见和亲身体验才能让人相信。例如，你可能不会相信，把曼妥思（Mentos）糖果放进汽水瓶内，会产生喷泉效果，汽水甚至可能溅到 4 米开外；不过只要你看过，你就会相信。（请上网自行搜索相关视频。）很多科学实验为人所信，正是因为这项原则：亲眼所见。[值得一提的是，实验室教学的成功原因不仅限于此，科学实验往往具备意外（“看，两种溶液混合后变成了明亮的蓝色”）和具体（实验现象不仅耳闻，还可以目见，甚至还能亲手做成）两项要素。]

要让创意变得可信，还有一则技巧就是借助统计数据，不过这种方法可能跟你的想象大有出入。要让某个统计数字为人牢记非常困难，数字很容易一只耳朵进一只耳朵出；但是，统计数字所显示的关联很快就能为人记住。新奥尔良重建学区的四年级老师托尼·普拉特（Tony Pratt）要向学生传授概率方面的基本知识，试图说明中彩票的概率非常非常小，概率是百万分之一。但是，确切的统计数字实在超越了学生的想象，很难产生黏性。“百万分之一”和“万分之一”固然天差地远，但在我们脑中并没有太大分别。于是，普拉特借助对比关联传达出了这一概念。他告诉学生："被雷劈的概率比中彩票的概率高得多。"学生们闻言不由得大吃一惊，并且马上领会到中彩票的概率何等之小。事实上，不少孩子还跑回家把这句话讲给家人听。

一位名叫贾里德的学生诉说了他的经历："昨晚我看见叔叔在买彩票，我就跑去跟他说，彩票中奖的可能性还没有被雷击中那么高，因为概率问题，买彩票根本就是烂点子。"

"那他怎么说？"

"他叫我赶紧滚蛋！"

看来有些人真不怎么愿意接受黏性的想法呢。

【阅读提示】本书可供指导教学的"可信"内容：美国职业篮球联赛球员的防艾滋病指导，吞下亿万细菌的科学家，人性尺度原理。

原则五：情感

美国俄勒冈州波特兰市林肯高中的历史老师巴特·米勒（Bart Millar）一度伤透了脑筋，不知怎样才能让学生更关注南北战争时期的那段历史。米勒解释称："我们讨论过武器装备、用兵战术和战略部署等话题，学生的态度很尊敬，但也只是尊敬而已。"

米勒决心推波助澜，便到美国国家档案馆（National Archives）网站下载了很多照片，这些历史影像记录了内战战场上的外科医生和手术帐篷。米勒将这些老照片放给学生看，并让大家想象战争的声音（爆炸的轰鸣声、制服的沙沙声与偶尔短暂诡异的静默无声），想象战争的气味（烟尘味、火药味、血腥味与粪便味）。这场活动将枯燥乏味的议题变得鲜活动人，一切仿佛就在眼前，极为具体。但米勒为学生准备的惊喜还远不止于此。

教室角落里摆着一张桌子，桌上盖着一张篷布。米勒掀开蒙布，露出两块秒表、两根外观粗大的骨头还有两把手锯。骨头是从本地屠户那里买来的牛腿骨，重量和厚度跟人类的股骨相仿。两名学生自愿参加比赛，扮演战地医生的角色，负伤士兵为了活命必须忍痛接受截肢术。两位“医生”的任务是用上全力尽快锯断骨头。毕竟战时麻醉品短缺，药物支撑不了太久。

米勒说：“整节课只花了15分钟左右时间；但直到10年以后，学生碰见我跟我打招呼，还是会谈到这堂课。”个中缘由相信你也不难理解。米勒想出办法让学生投以关注，让他们窥到战争的残酷现实。

这就是创意带有情感后发生的事情；情感使人投射关注，情感使人产生感觉。某些科学系在讲授“实验室安全”问题时，指导老师常会做出惊人之举：取一定量学生可能接触到的酸液，然后把牛的眼珠溶解在里面。学生看到这一幕后多半会倒抽一口凉气，他们产生了感觉。（当然还有一些男生会觉得这很“酷”。）实验室安全注意事项并不能打动人心，但溶解眼球绝对可以。

情感要素在黏性创意中起到的作用，在于转化创意中或分析、或抽象、或理论的成分，使之扣人心弦。

【阅读提示】本书可供指导教学的“情感”内容：“体育精神”之先例，为什么学代数，选民投票反对自身利益。

原则六：故事

你有没有注意到，在教学过程中，一旦你开始与学生分享个人经历，他们立刻就会全神贯注，竖起耳朵聆听。你应该明白故事的价值所在。但有些老师从来不在课堂上穿插故事，因为他们担心自己选的故事没办法吸引学生的注意，又或者觉得自己不擅长讲故事。所以问题就来了，有没有必要界定哪些类型的故事比较能产生黏性呢？答案是，几乎所有故事都有效。

故事不一定要跌宕起伏，也不一定要引人入胜，甚至不一定要有趣。故事本身已经承载了足够多的功能，就连淡而无味的故事也比一连串的事实更有黏性。本书中，我们已经多次见识到故事的力量，完全可以用于教学。“安全夜游”产品的创业故事无疑是教授会计学的绝佳案例，西奥迪尼讲述了科学家相互较劲儿的故事，吸引学生关注土星光环之谜。往前翻几页，我们还讲过动物园粮食大盗的故事。这些故事远远达不到奥斯卡最佳剧本的水平，但足以牢牢吸引住学生的目光。

故事不仅可以用于传授知识，还能帮助管教学生。美国弗吉尼亚州伊格尔罗克高中的九年级英语老师格雷格·金（Greg Kim）

就使用故事改变了一个不守规矩的学生，我们姑且称他为约翰。约翰本性并不坏，但总是不停地在课堂上玩闹捣乱。金找约翰谈过好几次，试着向他解释这种行为扰乱了班级秩序，也会影响他的成绩评定。约翰通常会把这些话听进去，也收敛行为，可惜只能维持几天。更糟糕的是，约翰有些时候难得表现规矩，还会说："难道你不为我骄傲吗？我今天表现这么好。"

金说："我试图跟他谈一致性的概念，告诉他为什么应该每天都集中注意力。但是约翰望着我，一脸迷惑……在他眼中，有时表现好跟一直表现好没什么两样。"金一直很苦恼，不知道怎样才能让约翰懂得行为需要一致性。金试过用"进一步退两步"之类的比喻，但得到的回应仍是一脸茫然。

后来，金找到前一年给约翰上英语课的老师，跟对方讨论约翰的情况。那位老师也遇到了类似的问题，而且约翰唯一一次脱颖而出是因为他写了一篇有关减掉 14 千克体重的个人经历的叙事文。金灵光乍现，突然意识到自己接下来该怎么做了。

> 第二天，我跟约翰谈了行为没有保持一致性的问题，还提到我有一位朋友努力减肥的经历。这位朋友决心执行节食和锻炼相结合的减肥计划。第一天，他表现良好，保证饮食，也按时锻炼；第二天，他打破节食计划，也停止运动；第三天，他表现良好；第四天，他又故态复萌……就这样周而复始地继续下去。我告诉约翰，这位朋友在表现良好时总是拉

着我要我夸他，不过几个星期过去了，他的体重反而增长了。我讲完这个故事后，问约翰知不知道问题出在哪里。约翰笑着说，答案很明显。约翰满面笑容地说：“因为他没有每天坚持饮食计划。”我目不转睛地盯着约翰，看着他沉浸在领悟之中，看着他陷入若有所思的笑意中。

这场谈话结束后大约三个星期内，约翰虽然算不上每天都表现出色，但好坏比例已经逆转，几乎每天都能一致性地集中注意力了。

约翰无法“看懂”自己的行为，也无法理解为什么这些行为需要纠正，直到故事帮助他从另一个角度审视了自己。喋喋不休、唠唠叨叨改变不了行为，但故事可以。故事可以吸引他人、启发他人，故事具有无与伦比的力量。你该怎样利用这股力量，使课程产生黏性呢？

【阅读提示】本书可供指导教学的“故事”内容：飞行模拟器的故事，启发人心的三类故事情节。

“知识的诅咒”

请不要忘记本书反复提到的罪魁祸首——“知识的诅咒”：一旦掌握了某种知识，便很难想象不知道这种知识的人是什么状态。正因为如此，你往往很难跟新手进行清晰有效的沟通。要规避这个问题可是相当棘手：你数年如一日走进教室，脑中带着已有的丰富经验和知识提炼。每年反复教授同样的概念，每年对知识的理解也愈加通透。假如你是生物老师，根本无法想象其他人第一次听到“有丝分裂”这个术语时会如何反应，也无法理解刚学到“人体由细胞组成”这则知识的学生们为何那样反应。你无法把已经知道的东西直接忘掉。

这就是黏性工具该派上用场的时候了，黏性就有如我们的第二语言。当你不假思索开口与人沟通时，你所说的语言是“内行语”。但学生不会说“内行语”，他们只讲“黏性语”。每个人都会说“黏性语”，在某种意义上，“黏性语”是世界通用语言。黏性语法不仅简单易懂，附带故事，而且还能借助感官来学习，让所有人都理解你所传达的想法。

黏性创意

要让创意黏性更强并不难，只需要一点点时间，一点点关注。我们提出的黏性创意六大原则便可以用作检查表。想象一下，你开始备课时，办公桌前粘着一张便利贴，上面列着六大事项检查表。“好的，明天的课我该讲沉积岩和火成岩的对比了。怎样才能讲得简单？学生有没有什么可以衔接的知识？怎样才能讲得具体？我能不能带几份岩石样品给学生看？怎样才能讲成故事？我能不能找个故事，比如说考古学家利用岩层的知识解决了某个有趣的问题？”你肯定就会有主意了。

琳达·古尔登（Linda Gulden）、珍妮弗·林恩（Jennifer Lynn）和丹·克罗（Dan Crowe）是劳登科学院的三位老师，他们正是使用这种办法修改了“海洋学”单元的课程。几位老师对过去的教学效果不甚满意，因此花了大量精力改进。以下便是新的课程计划。

第一课，老师先留下一道谜题：“假设你在漂流瓶里放一封信，然后跑到海岸边，尽你所能朝海里投得远远的。那么，瓶子最终会漂到哪里去呢？”学生会做出各种猜测（“海浪会把瓶子重新冲上岸”或“最后会漂到南极洲”“以及会沉下去”），但老师并不会给出答案（其实根本没有确切的答案）。

然后，老师开始深入探究这个谜题，形式也更加新颖有趣。学生阅读到一篇引人入胜的文章，讲述的是1992年1月太平洋某地遭受强烈风暴袭击，一艘货船上运载的一只集装箱不慎落水。集装箱在海中开裂，货物纷纷浮出水面：箱内装有28 800只充气鸭子、乌龟、海狸和青蛙。多年后，我们才知道这些动物玩具的去向。数百件玩具在阿拉斯加州锡特卡附近搁浅，距离落水地点足足3 540千米；有些玩具的搁浅时间距离事故发生时间仅6个月，有些玩具则花了整整12年。沿着这些橡皮鸭的漂流轨道，我们学到很多有关洋流运动的知识。

接下来的课程中，老师带领学生们进行动手实验。老师准备了一系列水槽，其中水体盐度不同且温度各异，供学生观察这些变量将如何改变水流运动。本质上，学生其实是在自己动手创造洋流。

最后，老师点明海洋在全球气候中发挥的重要作用。老师首先提出问题：城市天气（如纽约天气）取决于哪些因素？毫无疑问，学生一定会答出纬度（越接近赤道的城市越温暖，越接近两极的城市越寒冷）。这个原因相当有道理，但还是解释不了某些巨大差异。比如说，纽约和马德里大致处于同一纬度，但每年冬天纽约下雪，马德里则不会。为什么会这样？接着，老师便顺理成章地进入了洋流影响全球气候的话题。

请注意，这些老师改进教学计划的过程，用到了黏性创意的所有要素。

- 简单：衔接学生已有的天气知识（纽约对比马德里）。
- 意外：瓶子最终去向何方？鸭子会漂到哪里？为什么马德里和纽约的天气会不一样？
- 具体：瓶中信、橡皮鸭、水槽，并提及具体城市。
- 可信：亲眼所见，亲自动手，了解温度如何影响水流运动。
- 情感：想想看，要是把装有重要信件的漂流瓶扔进海里，你会持有怎样的希望、未知和焦虑情绪，想要知道它何去何从。
- 故事：数千只橡皮鸭落水后漂洋过海的故事。

笔者真该给这些老师脱帽致敬。我们希望这样可以让你更加理解，你所做的事情已经产生了黏性，期待你继续尝试一些新办法。愿创意永葆黏性！

3 去除黏性

自从本书所介绍的黏性创意六大原则面世以后，很多人纷纷满怀焦虑地跑来请教我们："怎样才能把黏在脑子里的想法给撕掉呢？"人们总希望别人能忘掉某家公司的不实谣传，忘掉对某件产品的错误认知，忘掉有关政治候选人的流言蜚语。甚至还有人问我们："我要怎样才能忘掉帕丽斯·希尔顿？"

说真的，面对最后这个问题，我们的答复并不那么灵光。我们最终不得不承认："你没法儿忘掉。"一旦形成黏性，就不可能一撕了之；黏性想法始终黏附在记忆里。不论是出于自愿还是被迫洗脑，成千上万人的脑海中一直萦绕着这一幕：好莱坞交际花兼希尔顿集团继承人在大跳滑稽古怪的热舞。世上可没有去除黏性的神奇咒语，无法让我们的注意力迅速切换到其他有意义或有价值的议题上去。至于说帕丽斯·希尔顿，我们所能给出的最好建议：只是等待。光阴似箭、岁月如流，记忆终会褪色，或许到时候这些神经元就会全消失。

"怎样去除黏性"这个问题长期困扰着我们。于是，笔者决定潜心深挖这一学术领域。钻研过程相当漫长而又令人沮丧，因为没有多少研究探讨这一话题。但是，我们的确找到一条有价值的线索，这个故事已有 65 年历史。

第二次世界大战期间，谣言管制问题方兴未艾，美国社会学家每每乐此不疲。当时约有 2/3 的传闻都属于“揳入型谣言”，极富黏性。这些论调极易激怒各类社会群体（像黑人、犹太人和英国人），从而引发美国社会混乱和负面情绪。流言虽多半来自谣传，但破坏力很强，政府有必要给予积极打击。其中一项打击战术，就是把揳入型谣言的矛头掉转方向，将群众怒火引到造谣者身上。例如，谣言控制人员在公共场所张贴纳粹间谍的海报，把谣言传播给轻信的人。当有人散布谣言时，听众会愤怒地做出反应：你在散布纳粹的鬼扯谎话！你在侵蚀美国的战争成果！

起初，战时宣传的工作似乎与读者的担忧完全没有关系，读者大多关心如何让自己在职场或者教学上的观点富有黏性。但我们很快意识到：试图去除观点具有的黏性算不上什么好主意。第二次世界大战的谣言控制人员并没有试着消除人们脑中的想法，反倒转换阵地，转而宣布另一个与之相对抗的黏性观点。他们并没有说服大家谣言无根无据、不要受骗，反倒告诉众人：纳粹想着法子要骗你，你还能再轻易上当吗？

也就是说，我们不需要费尽心思地把黏性观点拔下来，而应该以“黏”制“黏”：拿大力胶带去对付透明胶带，用更强的黏性去对付一般的黏性。

数十年来，麦当劳一直疲于应对各类谣言，其中一条是说麦当劳汉堡里的肉饼用蚯蚓滥竽充数。起初，麦当劳试图让大众忘掉这则传闻。1978 年，麦当劳公司高管就站出来驳斥：“这种说法毫无根据，完全未经证实。”［出自《新闻周刊》（*Newsweek*），转引自都市传说辟谣集散地网站 Snopes.com。］来，请你猜猜看，以下哪个想法比较有黏性：是“你吃的汉堡里有蚯蚓”，还是“毫无根据、未经证实”？

1992 年，麦当劳最著名的首席执行官雷·克罗克（Ray Kroc）心生妙计。克罗克向消费者公开表示：“我们可负担不起蚯蚓。你们要知道，一磅肉饼要价 1.5 美元，请专人去抓蚯蚓再剁碎，一磅那得花 6 美元！”克罗克以黏制黏，这条思路十分出彩。请注意，克罗克传达的观念里包含可信（计算出每磅成本）和意外（我们实在负担不起蚯蚓肉！）两大要素。克罗克甚至开玩笑地反讽道：“要是有人卖给你蚯蚓汉堡，你可得小心里面偷加了牛肉！”

还有一则以黏制黏的案例发生在 20 世纪 90 年代后期，当时有关计算机病毒的电子邮件谣言传得满天飞。这些邮件警告称，要是你误点了链接，或者不小心打开某些邮件，你的电脑就完蛋了。某天，一位年轻的系统操作员实在受够了每天收到数十封类似的“邮件炸弹”提醒，于是仿写了如下谣言新编：

> 郑重警告：如果您接到标题含有“好时光”字样的邮件，千万不要打开！！！“好时光”病毒将清空硬盘上的所有文件！不仅如此，病毒还会损坏您电脑附近的每一片磁盘；会重置您冰箱的校准温度，让冰激凌全部化掉；会让每一张信用卡的磁条失效，自动更改取款密码；会利用子空间场谐波

刮坏光盘；会把您的新手机号码告诉旧情人；会把果汁饮料倒进鱼缸；会把您的爱车移到未知地点……

这封拙劣的模仿邮件很快像病毒一样传播开来，哪里有流言，哪里就有嘲笑。美国宾夕法尼亚州黑泽尔顿的民俗学者比尔·埃利斯（Bill Ellis）研究发现，随着这封谣言新编广为流传，铺天盖地的邮件炸弹警告也逐渐淡出视野。谣言新编非常高明，没有花时间澄清谣言的内容荒诞不经，而是塑造更荒诞的想法去打击荒诞。如果你再次收到邮件警告，看到夸张激愤的言辞和惊人可怖的警告，不仅不会担心，反而是会心一笑。这位年轻的系统操作员用更“黏”的想法击退了谣言。

但有些时候，打败黏性想法的最好办法并不是传递信息，也不是打造黏性更强的想法，你需要的是黏性行动。我们来一睹公众拥抱汽车时代到来的历程。斯坦福大学组织行为学教授海亚格里瓦·里奥（Hayagreeva Rao）所著的《市场造反派：激进分子如何左右激进创新的成败》（*Market Rebels: How Activists Make or Break Radical Innovations*）中描述称，在汽油动力汽车问世初期，怀疑论调盛极一时，大众持有的态度也是彻头彻尾的恐惧。人们甚至称汽车为“魔鬼机器”，无时无处不涌动着激烈狂热的反对声浪。举个例子，宾夕法尼亚州有一个名为“农民反汽车协会”的组织，要求夜间行驶在乡村道路上的汽车“必须每开 1 英里就发射 1 支信号火箭，原地停留 10 分钟，直到前方道路空无一人时方可继续行驶；司机看到马队后，必须把车子停到路边，并给机器盖上迷彩毯子或防尘罩。”前卫人士提出汽油发动机在未来将得到广泛使用，当时一名技术专家对此嗤之以鼻：“没有人愿意坐进可爆物里。”

无疑，这就是黏性的想法，简单、具体而有情感。假设你就是引领时代的汽车制造商，你该怎么击败这种想法呢？你要是想靠新观念去“消除黏性”，那就大错特错了。不信你试试，请告诉潜在客户：“别担心，您所乘坐的可爆物其实处在我们的掌控之中。”还有，汽车业界的权威人士也大可以苦口婆心地劝告大众，你们的恐惧“毫无根据、未经证实”。

汽车爱好者选择诉诸行动。他们举办了一系列“汽车可靠性大赛”，汽车发明家开着各自的作品，比赛耐久程度、油耗效率和爬坡能力等项目。可靠性竞赛既是产品测试，也是盛大节日。第一场比赛在1895年举行，第二场是1912年，之后就停办了，因为那时候汽车已经成为广受认可的出行工具了。那么，比赛究竟改变了什么？成千上万的民众有机会亲临现场，领略汽车预示的未来生活，见识到汽车并不是可怕的事物。（插一句：亨利·福特推出的汽车性能在赛事中大受好评，福特也因此名声大噪，并在1903年成立了福特汽车公司。）

请注意，汽车爱好者并没有依靠言论来消除恐惧，而是借助行动来解决问题。众人云集的汽车展示活动，兼具了意外（直到现在我还以为汽车很危险、很不可靠！），具体（你看到汽车爬上那座山了吗？），情感（多希望有朝一日我也可以成为幸福的司机啊！），以及可信（这一切可都是我亲眼所见！）。

那么，我们该怎样去除黏性想法呢？首先，请接受现实吧。汽车依赖可靠性的比赛赢得了公众信任，前后花了整整 17 年时间；麦当劳汉堡肉饼中掺入蚯蚓的谣言，尽管有了雷·克罗克的机智应对，但有些地方直到今天仍在流传。我们已在本书中见识过，黏性想法往往持久。这当然可以是好事；但如果想改变错误的观念，黏性就成了阻力。

我们的建议很简单：以“黏”制“黏”，用更有黏性的想法盖过已有的观念。我们衷心希望，你可以从本书中学到一些打造黏性想法的实用工具。要是你想从脑中除掉帕丽斯·希尔顿，或许可以另找一位渴望成名的女继承人取而代之？（这一招我们也不确定能成功。）

附录 2　便捷指南

前　言　何为创意黏性？

电影院爆米花 / 万圣节毒糖果

黏性 = 易懂，易记及持久影响他人的思想或行为

黏性观念六大原则：简（简单）奇（意外）具（具体）信（可信）情（情感）事（故事）

罪魁祸首：“知识的诅咒” / 击节者处境不易 / 创意始于模板 / 借助六项原则检查表，打败“知识的诅咒”

01　简单

找到核心

“指挥官意图” / 找出最重要的单一事物：“全球票价最低的航空公司” / 倒金字塔结构：不要埋没导语 / 决策瘫痪之苦 / 强迫排定优先顺序来打败决策瘫痪：“关键是经济啦，笨蛋” /[创意诊断：日

晒危险]/ 人名、人名，还是人名

分享核心

简单 = 核心 + 精炼 / 谚语：深刻的只言片语 / 视觉谚语：掌上电脑木块 / 如何在精炼沟通中塞满冲击力：（一）善用现成知识：借助已有图式（柚子）；（二）高概念营销："公交车上的《虎胆龙威》"；（三）生成性类比：迪士尼的"演员"

02 意外

吸引他人注意：惊奇

飞行安全广播 / 打破旧有公式：在核心议题上打破他人的预测机器 / 惊讶眉：暂停片刻以接收信息 / 避免使惊讶沦为噱头：使之"可以后测" / "小诺替顾客……"/ "下周四不上课" /[创意诊断：外援过多？]

维持他人注意：兴趣

制造谜题：土星光环的成分是什么？ / 电影剧本是生成好奇心的范本 / 好奇心的缺口理论：点明知识缺口 / 预打新闻广告："本地哪家餐馆的制冰机不干净？ " /[创意诊断：筹款汇报]/ 填充大缺口：阿利奇如何让非球迷爱上大学橄榄球赛？ / 维持长久的兴趣：口袋型收音机与月球漫步

03 具体

帮人理解和记忆

寓言故事之具体（酸葡萄）/ 化抽象为具体：大自然保护协会化地貌景观为生态名人 / 提供具体语境：亚洲老师的数学教学法 / 置人于故事中：会计课教学模拟电视连续剧 / 记忆的魔术贴理论：给观念装上尽可能多的小钩子 / 褐眼睛、蓝眼睛：模拟“治疗”种族歧视

助人协调

工程师与制造人员：在共识地带找到共同点 / 化共同目标为具体实体：我们的飞机要降落在 4–22 跑道上 / 化虚拟为真实：费拉里斯家游迪士尼乐园 / 具体何以有益：白色的东西与冰箱里白色的东西 / 开辟出供人协调合作的土地：风险投资计划案与暗红色文件夹 /[创意诊断：口服补液]/ 谈真人，不谈数字：“汉堡帮手”家庭访问与“萨德尔巴克 · 萨姆”

04 可信

让人相信

诺贝尔奖得主的胃溃疡大发现 / 食人香蕉

外在可信

权威和反权威：老烟枪帕姆 · 拉芬

内在可信

生动细节：陪审员和黑武士牙刷 / 年逾古稀的舞者

统计数据：塑料子弹模拟原子弹 / 人性尺度原理 / 史蒂芬·柯维将工作同仁比作足球队 /[创意诊断：鲨鱼袭击]

“西纳特拉测试”：“如果你在那儿能成功，到哪儿都能成功。”/ 运送宝莱坞电影：“我们负责运送过《哈利·波特》和令弟考卷。”/ 可以吃的布料：企业目标与环保目标一致，布料工厂排出的水比饮用水更干净

可检验性认证：“先试再买”/“牛肉在哪里？”/ 斯纳普支持三 K 党？ / 教练：放油容易加油难；加满“情绪油箱”/[创意诊断：直觉缺陷]/ 美职篮新秀培训：“她们是艾滋病患者。”

05 情感

使人关心在乎

特蕾莎修女原则：看见个人才会行动 / 愿意捐款给罗基娅而不是整片非洲大陆 /“真相”反吸烟广告：让青少年关心的不是健康问题而是对大企业的反叛

运用联想力量

克服语义夸张：“相对论”失去本义，“独特”不再独特 / 化“体育精神”为“尊重比赛”

诉诸自身利益（但不仅仅依赖自身利益）

邮购广告："我坐在钢琴前他们都笑我……" / "这对你有什么好处？" / 坦佩市的有线电视：视觉想象它对你有什么用 / 逃出马斯洛的"地下室"：错误假设他人需求都更低层 / 弗洛伊德·李和伊拉克食堂："我负责的是士气。"

诉诸身份认同

拒绝爆米花机的消防员 / 理解身份认同决策模式（我是谁？现在什么情况？像我这样的人在这种情况下该怎么做？）/ [创意诊断：代数需求] / "别把得州弄乱"："得州佬"不乱扔垃圾 / 别忘记"知识的诅咒"——双钢琴音乐捍卫者以为别人都和自己一样关心这门音乐

06 故事

促人起而行动

故事即模拟（教人行动方向）

心脏监护仪不具备指导意义：那位护士如何行动 / 施乐公司餐厅的行话：维修员如何行动 / 视觉想象"我如何做到"：模拟问题以解决问题 / 故事作为飞行模拟器 / [创意诊断：问题学生]

故事即启发（给人行动力量）

体重 425 磅的快餐减肥者贾里德 / 如何发掘启发人心的故事 /

留意三类故事情节：挑战情节（克服困难）、联系情节（与人为善）、创造情节（别出心裁）/ 讲个跳板故事：让人看清现有问题怎样解决 / 斯蒂芬·丹宁在世界银行：赞比亚的医疗工作人员 / 故事中可蕴藏理念，理念中无法蕴藏故事 / 汇报内容浓缩为故事后，演讲者为何发怒？

结　语　黏性如此产生

好人总是屈居末座 / 这是基本的，我亲爱的华生 / 关键是经济啦，笨蛋 / 发掘的力量 / 为什么好的演讲技巧不一定会增强黏性：斯坦福学生与演讲练习 / 有关“知识的诅咒”的最后忠告 /［创意诊断：症状与解决］

约翰·肯尼迪与弗洛伊德·李：黏性创意如何帮助做普通工作的普通人做出不普通的事

请记住，黏性创意成功六项检查表：

简单——多个阶段皆有助益，最重要的是告诉你该说什么

意外——集中注意听

具体——听懂并记住

可信——同意或相信

情感——关心、在乎

故事——能起而行动

附录3 章节注释

前言 何为创意黏性？

[1] 爆米花故事出自 Howard Kurtz, "The Great Exploding Popcorn Exposé," *Washington Post*, May 12, 1994, C1.

[2] 万圣节毒糖果故事出自 Joel Best and Gerald T. Horiuchi, "The Razor Blade and the Apple: The Social Construction of Urban Legends," *Social Forces* 32 (1985): 488–499. 乔尔·贝斯特是专门从事社会问题"构成"研究的社会学家。社会大众关心的社会议题（如酒后驾驶、毒品滥用或万圣节毒糖果等）并不一定总是与背后的社会事件相吻合，社会学家的研究目的就是弄清这些社会问题如何成为"问题"。有关这一主题的其他趣味资料，参见 Joel Best, *Random Violence: How We Talk About New Crimes and New Victims* (Berkeley: University of California Press, 1999).

[3] "知识的诅咒" 出自 C. F. Camerer, G. Loewenstein, and M.

Weber, “The Curse of Knowledge in Economic Settings: An Experimental Analysis,” *Journal of Political Economy* 97 (1989): 1232–1254. “知识的诅咒”会伴随专业知识的累积而愈加严重。帕梅拉 · 海因兹（Pamela J. Hinds）要求专业人士（一家手机公司的推销员）估测手机新用户学会操作某项功能（例如，在语音信箱里存入一句问候语，或者删除某些短信以外的其他所有信息）需要花费的时间。结果表明，专业人士极大低估了新手用户所需的学习时间（例如，他们推测学会某项操作需时 13 分钟，而新手实际上花了 33 分钟）；即使这些专业人士应要求回想自己当初学习操作时所遭遇的困难，再次进行预测得到的准确度仍然没有提高。参见 Pamela J. Hinds, “The Curse of Expertise: The Effects of Expertise and Debiasing Methods on Predicting Novice Performance,” *Journal of Experimental Psychology: Applied* 5 (1999): 205–221. 也可参考此项杰出的心理研究 Boas Keysar, Linda E. Ginzel, and Max H. Bazerman, “States of Affairs and States of Mind: The Effect of Knowledge on Beliefs,” *Organizational Behavior and Human Decision Processes* 64 (1995): 283–293. 讽刺的是，“知识的诅咒”在经济和市场的语境下早有详尽记载，从事这些领域的群体本该最有动力克服（参见 http://curse-of-knowledge.behaviouralfinance.net/）。如果在损耗大量金钱的情境下，人们都无法克服“知识的诅咒”，那么日常生活中的“知识的诅咒”

就更难察觉，也更难克服了。

[4] 1990 年，伊丽莎白·牛顿请参见 Elizabeth Newton, "Overconfidence in the Communication of Intent: Heard and Unheard Melodies," Ph.D. diss., Stanford University, 1990.

[5] 1999 年，以色列研究团队请参见 Jacob Goldenberg, David Mazursky, and Sorin Solomon, "The Fundamental Templates of Quality Ads," *Marketing Science 18* (1999): 333–351. "视觉类比"模板是指将极端的类比加以视觉化。举例而言，耐克公司（Nike）有一则广告的拍摄视角是一个从高楼往下跳的人，地面上则是一群消防员准备用超大的耐克球鞋来接他，广告字幕写着："你和地面之间需要几分柔软。"大多数得奖广告作品都使用了"视觉类比"和"极端结果"两套模板，其余四套模板分别是"极端状况"（产品置于非常规情境下展现其性能，或者将产品特性极度夸大）、"竞争对比"（产品打败其他竞争对手，通常处于不寻常的使用条件下）、"互动实验"（听众直接与产品形成互动，参见本书第四章的"可检验性认证"部分）以及"维度更改"（例如将时间维度快进，展现产品带来的长远效用）。

01 简单：精炼核心信息

[1] "赫伯·凯莱赫曾告诉别人……"摘自 James Carville and Paul Begala, Buck *Up, Suck Up, and Come Back When You Foul Up*

(New York: Simon & Schuster, 2002), 88. 此书是让我们发现有关政治选举很有趣的著作之一。其中一章谈到如何在竞选过程中有效沟通的问题，与我们在本书中所涉及的原则不谋而合。此书提到的要点包括：要讲故事（“事实有理，故事有效”）、要有情感且要与众不同（本书所说的“意外”）。

[2] “一颗健康的 17 岁的心脏”摘自 Jonathan Bor, “It Fluttered and Became Bruce Murray’s Heart,” *Syracuse Post-Standard*, May 12, 1984.

[3] “耶路撒冷，11 月 4 日”摘自 Barton Gellman, “Israeli Prime Minister Yitzhak Rabin Is Killed,” *Washington Post*, November 5, 1995. 奇普·斯坎伦（Chip Scanlon）开辟了一些精彩的网上专栏，介绍新闻工作者常用技巧，其中一篇提到了本书引用的两则头条新闻：www.poynter.org/column.asp?id=52&aid=35609.

[4] “倒金字塔结构发源于……”参见 Rich Cameron, “Understanding the Lead and the Inverted Pyramid Structure Are Staples of Journalism 101 Classes,” *The Inverted Pyramid*, 2003. 见于 www.cerritosjournalism.com 的“101–Newswriting”版块。

[5] “它很简单……”摘自 Mary Matalin and James Carville, *All’s Fair: Love, War, and Running for President*（New York: Random House, 1994）, 244. 下一段与克林顿的对话见于第 175 页。

[6] 1954 年，美国经济学家伦纳德·吉米·萨维奇……参见

Leonard J. Savage, *The Foundations of Statistics*（New York: Wiley, 1954）.

[7] 有关圣诞假期夏威夷行的研究，出自 Amos Tversky and Eldar Shafir, "The Disjunction Effect in Choice Under Uncertainty," *Psychological Science* 3 (1992): 305–309. 有关演讲 / 电影 / 学习的研究，出自 Donald A. Redelmeier and Eldar Shafir, "Medical Decision Making in Situations That Offer Multiple Alternatives," *Journal of the American Medical Association* 273 (1995): 302–306. 决策瘫痪现象对于专业人士而言也很严重，此文就研究证实了医生面对多种优良治疗方法选择时常会拖延诊断。

[8] 创意诊断"日晒危险"的信息一摘自 http://ohioline.osu.edu/hyg-fact/5000/5550.html.

[9] 本段有关谚语的讨论出自 Paul Hernandi and Francis Steen, "The Tropical Landscapes of Proverbial: A Cross Disciplinary Travelogue," *Style* 33 (1999): 1–20.

[10] "早期 PDA 的真正障碍……" 摘自 Tom Kelley, *The Art of Innovation: Lessons in Creativity from IDEO, America's Leading Design Firm*（New York: Doubleday Currency, 2001）.

[11] "JFKFB INAT OUP" 这项随机字母与字母缩写的测验展示了认知心理学中"组块"的经典理论，人脑的短时记忆容量一般为 7 个独立组块。[参见 George Miller 的经典论述："The

Magical Number Seven, Plus or Minus Two," *Psychological Review* 63 (1956): 81–97.］在第一轮测验中，各个组块是随机字母，大多数人只能记住大约 7 个片段；在第二轮测验中，各个组块是预先储存在脑中的字母缩写，人们可以记住大约 7 个缩写，尽管每个缩写各自都由多个字母组成。由于充分调用了脑中现成的信息组块，我们可以在有限的注意空间内塞入更多的内容。

[12] 图式是认知心理学和社会心理学的一类标准工具。如想了解图式在社会认知中的一项有趣讨论，参见 Susan T. Fiske and Shelley E. Taylor, *Social Cognition*, 2nd ed. (New York: McGraw-Hill, 1991) 的第四章和第五章；关于图式在认知心理学中的研究概述，参见 David C. Rubin, *Memory in Oral Traditions: The Cognitive Psychology of Epic, Ballads, and Counting-out Rhymes*（Oxford: Oxford University Press, 1995）的第二章。

类比（analogy）是帮助人们获取图式中所含知识的有效途径。教育心理学家已经发表了大量论文，探讨类比在学习新资料时所起的效用，其中理查德·梅耶（Richard Mayer）的研究值得一提。梅耶在 1980 年发表的一篇论文中，研究教会学生数据库程序设计语言的教学过程。受试学生被分为对照组和实验组，实验组的学生接受电脑结构的类比教学："电脑的长期储存功能好比文件柜，整理功能好比办公桌上的收件篮、存件篮与弃件篮。”面对简单问题时，学生有无学过类比差别不大；但当问题变得复杂时，学过类比的实验组学生表现要比对照组好一倍。参见 R. Mayer, “Elaborate Techniques That Increase the Meaningfulness of Technical Text: An Experimental Test of the Learning Strategy Hypothesis,” *Journal of Educational Psychology* 72 (1980): 770–784.

隐喻（metaphor）是帮助人们获取图式中所含知识的另一种有效办法。乔治·莱考夫（George Lakoff）在其多本著作中阐明了我们对世界的认识和叙述方式受到隐喻框架的深远影响。（参见 George Lakoff and Mark Johnson, *Metaphors We Live By*, Chicago: University of Chicago Press, 1980.）例如，我们把爱情看成并且说成是一段旅程。（看看我们一路走了多远，我们正面临十字路口，我们偏离正轨了。）莱考夫比任何人都洞悉了这一点，隐喻其实无孔不入地影响着我们的日常沟通；然而，隐喻并不需要深不可测或者无所不在才能有效传达信息，只要相关受众彼此共享即可，好莱坞的“高概念营销”这段讨论便是一例。

[13] “好的比喻具有‘生成性’……”参见 D. A. Schon, “Generative Metaphor: A Perspective on Problem-Solving in Social Policy,” in *Metaphor and Thought*, 2nd ed., edited by A. Ortony, (Cambridge: Cambridge University Press, 1993).

[14] 迪士尼的例子出自 Disney Institute, *Be Our Guest: Perfecting the*

Art of Customer Service (New York: Disney Editions, 2001).

02 意外：吸引和维持注意

[1] 卡伦·伍德会在西南航空任职空乘人员并非偶然。引文摘自 Kevin Freiberg and Jackie Freiberg, *Nuts! Southwest Airlines' Crazy Recipe for Business and Personal Success* (Austin, Tex.: Bard Press, 1996)，209–210.

[2] “惊讶眉”请参见 Paul Ekman and Wallace V. Friesen, *Unmasking the Face: A Guide to Recognizing Emotions from Facial Clues* (Englewood Cliffs, N.J.: Prentice-Hall, 1975). 惊讶究竟在心理学中扮演何种角色？相关研究仍然不足，因为惊讶恰好处于心理学学科分支的中间地带上。研究注意力和学习的认知心理家认为惊讶偏重情感，而研究情感（如愤怒、恐惧和厌恶等）的社会心理学家则认为惊讶有过于认知。不过你也可以辩证地说，惊讶是掌管注意力和学习等认知的一种重要情感。

[3] “PHRAVG 和 TAYBL”参见 Bruce W. A. Whittlesea and Lisa D. Williams, “The Discrepancy-Attribution Hypothesis Ⅱ: Expectation, Uncertainty, Surprise, and Feelings of Familiarity,” *Journal of Experimental Psychology: Learning, Memory, and Cognition* 27 (2001): 14–33.

[4] “小诺熨衣服……”参见 Jim Collins and Jerry I. Porras, *Built to Last: Successful Habits of Visionary Companies* (New York:

HarperBusiness, 1994), 118.

[5] “新闻入门课” 参见 Lorraine Glennon and Mary Mohler, *Those Who Can ... Teach! Celebrating Teachers Who Make a Difference* (Berkeley, Calif.: Wildcat Canyon Press, 1999), 95–96.

[6] 创意诊断 “外援过多”? 的信息一摘自 www.ipjc.org/journal/fall02/nick_mele.htm.

[7] “调查建议美国民众……” 参见美国马里兰大学 Program for International Policy Attitudes（PIPA）所做的调查。

[8] 截至 2001 年，撒哈拉以南非洲地区以及整个亚洲地区每年各自得到稍多于 10 亿美元的经济援助。假设美国人口 2.8 亿，每人 12 瓶廉价汽水（以单价 0.33 美元计）共计 11 亿美元；每人每年一部电影（以 8 美元票价计）相当于 22.4 亿美元。

[9] 如何激发并且维持他人注意力是那些希望儿童专注于教科书的教育心理学家时常探讨的议题，许多研究结论都与本书所谈到的主题相吻合，例如：如果课本能够激起行动和视觉（“具体” 原则），或是不同情感（“情感” 原则），或是新鲜内容（“意外” 原则，虽然我们认为新鲜可能只会吸引但无法维持），学童会更加投入。其他研究话题则超出了本书所涵盖的范围，例如：如果课本更加个性化，学童会更加投入（比如数学问题里放入了自己或同学的姓名，孩子们会更专心学习），不过这种个性化策略很难得到普遍推行。但教育心理学界大多数研究仅限于课本的字句或段落层面，而不是更为

宏观的问题（例如如何让读者专注于文章章节乃至整本书）。西奥迪尼在悬疑谜题方面的观察以及洛温斯坦的好奇心缺口理论皆可为这一研究领域大大增色。如欲了解教育研究方面的文献综述，参见 Suzanne Hidi, "Interest and Its Contribution as a Mental Resource for Learning," *Review of Educational Research* 60 (1990): 549–571.

[10] 西奥迪尼此篇文章虽然是面向心理学教授所写，但也为所有教师提出了极佳的建议。详见 Robert B. Cialdini, "What's the Best Secret Device for Engaging Student Interest? The Answer Is in the Title," *Journal of Social and Clinical Psychology* 24 (2005): 22–29.

[11] "麦基说，好奇心……" 参见 Robert McKee, *Story: Substance, Structure, Style and the Principles of Screenwriting* (New York: ReganBooks, 1997). 麦基也对电影中的噱头式惊讶与暗示性惊讶之间的差异有过深入观察："我们只要把镜头切到观众没料到的画面或是切离观众以为会持续的画面就很容易让人产生惊吓感。" 不过麦基认为，"真正的惊讶" 出现在观众预期和实际事件之间的合理缺口突然得到揭露之时，这种合理性源自揭开此前隐藏的某些真相时，人们突如其来的顿悟。

[12] "1994 年，乔治·洛温斯坦……" 参见 George Loewenstein, "The Psychology of Curiosity: A Review and Reinterpretation," *Psychological Bulletin* 116 (1994): 75–98. 此文是回顾过去数十

年来心理学研究的精彩文章。

[13] 有关停车场问题的研究出自 Charles F. Gettys, Rebecca M. Pliske, Carol Manning, and Jeff T. Casey, "An Evaluation of Human Act Generation Performance," *Organizational Behavior and Human Decision Processes* 39 (1987): 23–51.

[14] 鲁恩·阿利奇的故事出自其自传 Roone Arledge, Roone: *A Memoir* (New York: HarperCollins, 2003). 引言引自备忘录 32 页。

[15] 索尼公司的故事出自 John Nathan, *Sony: The Private Life* (Boston: Houghton Mifflin, 1999).

[16] "要是人们喜欢好奇心……" 摘自 Loewenstein, "Psychology of Curiosity," 86.

03 具体：帮人理解记忆

[1] "商业时髦术语生成器" 由美国南卡罗来纳大学艾肯分校的戴维斯·福尔瑟姆（W. Davis Folsom）所发明。参见 http://highered.mcgraw-hill.com/sites/0072537892/student_view0/business_jargon_exercise.html.

[2] "具体帮助我们避免这些问题……" 心理学研究中随处可见阐明具体观念之优势的例子。具体观念比较容易记住，这项证明中最精彩的文献综述要数杜克大学心理学家戴维·鲁宾的著作（David Rubin）。鲁宾多年来试图理解文化的诸多

面向（如史诗传奇、叙事诗歌和儿歌等）何以从一人传至另一人，从一代传往下一代。鲁宾的著作《口头传统的记忆》（*Memory in Oral Traditions*）是一部跨越人文科学和心理学的概论杰作。具体元素最能在人际传播中得以存活，是因为具体能使人听得懂、记得住。参见 David C. Rubin, *Memory in Oral Traditions: The Cognitive Psychology of Epic, Ballads, and Counting-Out Rhymes* (Oxford: Oxford University Press, 1995).

具体也比较容易理解。在教育研究领域，马克·萨多斯基（Mark Sadoski）、欧内斯特·戈茨（Ernest Goetz）等人发表过一篇论文，阐明具体观念较易理解、较易记住，同时也较有趣。参见 Mark Sadoski，Ernest T. Goetz 和 Maximo Rodriguez 的 "Engaging Texts: Effects of Concreteness on Comprehensibility, Interest, and Recall in Four Text Types," *Journal of Educational Psychology* 92 (2000): 85–95.

[3] "耶鲁大学研究学者埃里克·哈夫洛克……" 参见 Eric A. Havelock, *Preface to Plato* (Cambridge, Mass.: Harvard University Press, 1963).

[4] "美国乔治亚州立大学的两位教授……" 参见 Carol W. Springer 和 A. Faye Borthick 所著的 "Business Simulation to Stage Critical Thinking in Introductory Accounting: Rationale, Design, and Implementation," *Issues in Accounting Education* 19 (2004): 277–303.

[5] 简·埃利奥特的反种族偏见模拟教学出自 PBS 节目《前线》中的纪录片《分裂一班》(*A Class Divided*)。此片是 PBS 有史以来观众点播次数最多的节目之一，并于 1985 年荣获艾美奖最佳信息、文化与历史节目奖。纪录片可在线观看，请访问 www.pbs.org/wgbh/pages/frontline/ shows/divided/etc/view.html.

[6] “模拟实验后 10 年至 20 年中的调查研究显示……” 参见 Phil Zimbardo, *Psychology and Life*, 12th ed. (Glenview, Ill.: Scott, Foresman, 1985), 634.

[7] “一位名叫贝丝·贝施基的研究人员……” 参见 Beth A. Bechky, “Crossing Occupational Boundaries: Communication and Learning on a Production Floor,” Ph.D. diss., Stanford University, 1999.

[8] “波音 727 客机载客 131 人……” 参见 Jim Collins and Jerry I. Porras, *Built to Last: Successful Habits of Visionary Companies* (New York: HarperBusiness, 1994), 93.

[9] 斯通－山下公司为惠普公司所做的展示案例出自 Victoria Chang and Chip Heath, “Stone-Yamashita and PBS: A Case at the Graduate School of Business,” Stanford University Graduate School of Business case study SM119 (2004).

[10] 卡普兰的案例出自一本杰作 Jerry Kaplan: Start-Up: *A Silicon Valley Adventure* (Boston: Houghton Mifflin, 1995). 此书是有关

创业者新创公司每日所要面对的不确定性和挣扎方面很出彩的著作之一，笔调也极为风趣。

[11] “我的观众看上去很紧张……” 参见前引书第 25 页至第 26 页。

[12] 卡普兰的公司后来命名为 Go 电脑公司（Go Computers），公司最终失败是由于当时的技术不足以支持手写输入电脑的研发。不论如何，“手写输入电脑”的观念确实很有黏性（可谓那个时代的“口袋型收音机”），此后其他多家类似的公司也如雨后春笋，并吸引到风险投资资金（以及杰出工程应用人才）投身其中。

[13] 创意诊断“口服补液”的信息一摘自华盛顿特区一家非营利组织 PSI，该组织专为低收入人群提供创新医疗服务。参见 www.psi.org/our_programs/products/ors.html.

[14] 创意诊断“口服补液”的信息二出自詹姆斯 · 格兰特。据可靠资料显示，他在任职联合国儿童基金会会长期间所做的改革至少拯救了 2 500 万名儿童。例如，预防疫苗接种比例从 20% 大幅提升到 80%。这个非同寻常的故事出自 David Bornstein 的 *How to Change the World: Social Entrepreneurs and the Power of New Ideas* (Oxford: Oxford University Press, 2004). 引文摘自第 248 页。

[15] “萨德尔巴克 · 萨姆” 参见 Rick Warren 所著 *The Purpose-Driven Church* (Grand Rapids, Mich.: Zondervan, 1995): 169. 此书介绍了美国规模较大、发展较快的教会之一的组织原则。

04 可信：让人愿意相信

[1] “他那模样举止根本就跟科学家毫不沾边儿”参见 Daniel Q. Haney, “News That Ulcers Are Caused by Bacteria Travels Slowly to MDs,” *Buffalo News*, February 11, 1996.

[2] “味道就像沼泽水”参见 Manveet Kaur, “Doctor Who Discovered ‘Ulcer Bugs,’” *New Straits Times*, August 13, 2002, 6.

[3] “现代医学的一项重要议题”参见 Laura Beil, “A New Look at Old Ills: Research Finds Some Chronic Diseases May Be Infectious,” *The Record* (Northern New Jersey), March 24, 1997.

[4] 天生具有黏性的想法可以为研究说服过程提供诸多灵感，探讨心理学中说服力的研究人员也可以从中受益匪浅。传统心理学中有关说服力的研究都避开了可信度这一议题，取而代之的做法：制造一堆参数，让人逐个评估其可信度，再取其中可信度评级较高或较低者用之。除了一部分有关权威影响力的研究以外，研究人员大多避而不谈信息的可信之源。然而事实上，谣言和都市传说通常具备将可信归因于荒诞情节的特性。比如我们在本章中讨论的“可检验性认证”就是都市传说所具备的数十种特性之一，但这在说服力研究的文献中却尚无涉及。

[5] 有关噬肉菌香蕉传说的讨论，请访问 www.snopes.com/medical/disease/bananas.asp.

[6] 帕姆·拉芬的故事出自 Bella English, "Sharing a Life Gone Up in Smoke," *Boston Globe,* September 20, 1998.

[7] "我开始吸烟是为了看起来成熟一点儿" 摘自美国疾病控制与预防中心的网页 www.cdc.gov/tobacco/christy/myth1.htm.

[8] 感谢斯潘塞·罗伯逊（Spencer Robertson）提供无名氏基金会的故事。

[9] 摘自 Jan Harold Brunvand, *The Vanishing Hitchhi-ker: American Urban Legends and Their Meanings* (New York: W. W. Norton & Company, 1981), 7. 美国的都市传说热主要就是由此书所掀起。多年来，民俗学研究者一直在进行有关现代人传说的写作，但布伦万德的书通俗易懂，使得都市传说传遍街头巷尾，人们甚至会因自己当地传闻的改编版本流传全美国而深感震惊。

[10] 心理学文献中有一场持久的论战，就是关于生动细节对于记忆和可信度的影响。在我们看来，这些证据很混乱，因为研究人员一直未能注意区分对核心信息有支持作用和分散作用的两类细节。人们自然会关注而且记住生动细节。当这些生动细节支持核心信息，会让信息印象更深刻，也更加可信；但是无关的生动细节也会分散人的注意力，从而让核心信息不易被记住，也不那么可信（因此教育心理学中才会有担忧"诱惑性细节"之虞。）如欲了解这一问题，请参见此篇精彩的综述文章 Ernest T. Goetz and Mark Sadoski, "Commentary:

The Perils of Seduction: Distracting Details or Incomprehensible Abstractions?" *Reading Research Quarterly* 30 (1995), 500–511.

[11] "1986 年，乔纳森·谢德勒和梅尔文·马尼斯" 参见 Jonathan Shedler and Melvin Manis, "Can the Availability Heuristic Explain Vividness Effects?" *Journal of Personality and Social Psychology* 51 (1986), 26–36.

[12] 柯维的例子摘自他的《第八个习惯》一书，后重新发表于 *Fortune*, November 29, 2004, 162.

[13] 创意诊断"鲨鱼攻击"信息二使用的对比手法，笔者衷心感谢蒂姆·奥哈拉（Tim O'Hara）提供的想法。

[14] 参见 William McDonough, 2003 Conradin Von Gugelberg Memorial Lecture on the Environment, Stanford University, February 11, 2003; www.gsb.stanford.edu/news/headlines/2003_vongugelberg.shtml. 亦可参见 Andrew Curry 的 "Green Machine," *U.S. News & World Report*, August 5, 2002, 36.

[15] "情绪油箱" 出自 Jim Thompson, *The Double-Goal Coach: Positive Coaching Tools for Honoring the Game and Developing Winners in Sports and Life* (New York: HarperCollins, 2003). 该项练习出自第 63 页。此书是每一位青少年体育运动教练员的必读书之一。

[16] 创意诊断"直觉缺陷"中有关各项死因的统计数字出自 2001 年《美国统计摘要》。

[17] 参见 Michelle Kaufman, "Making a Play for Players," *Miami Herald,* October 5, 2003. 有关美国职业篮球联赛新球员的新生培训在此文中有精彩描写。

[18] 美国国家橄榄球新手球员培训参见 Grant Wahl and L. Jon Wertheim, "Paternity Ward," *Sports Illustrated*, May 4, 1998, 62.

05 情感：使人关心在乎

[1] "2004 年，一些美国卡内基梅隆大学的研究人员……" 参见 Deborah A. Small, George Loewenstein, and Paul Slovic, "Can Insight Breed Callousness? The Impact of Learning About the Identifiable Victim Effect on Sympathy," working paper, University of Pennsylvania, 2005.

[2] 本章的重点在于情感能引人关心的这种力量，但研究表明，带有情感的观点也更容易让人记住。情感能增强我们对某一事件"中心要旨"的记忆。有关记忆的研究人员总会谈到"武器聚焦"现象：抢劫案受害者或目击者往往对犯人的枪械武器记忆相当清晰，而对其他一切都记忆模糊（Reisberg & Heuer）。人们容易记住事件的中心情感主题以及其他在空间或因果结构上关联密切的事物。因此，突显观点的情感部分可以让人专注于其传递的核心信息。参见 Daniel Reisberg and Friderike Heuer, "Memory for Emotional Events" in *Memory and Emotion*, ed. Daniel Reisberg and Paula Hertel (Oxford:

Oxford University Press, 2004).

马克·萨多斯基等人发现，人们认为文本的情感层面较为重要（Sadoski, Goetz, and Kangiser, 1988），也能让人清晰回忆（Sadoski and Quest, 1990）。有意思的是，后一篇论文所代表的一些研究显示，越容易视觉化的东西也越容易情感化。因此，让事情具体化不仅更容易理解，也更情感化，因而也更能引人关心。Mark Sadoski and Z. Quest, "Reader Recall and Long-term Recall for Journalistic Text: The Roles of Imagery, Affect, and Importance," *Reading Research Quarterly* 25 (1990), 256–272. Mark Sadoski, Ernest T. Goetz, and Suzanne Kangiser, "Imagination in Story Response: Relationships Between Imagery, Affect, and Structural Importance," *Reading Research Quarterly* 23 (1988), 320–36.

[3] "真相"广告参见"Smoke Signals," *LA Weekly*, November 24–30, 2000 (也可访问 www.laweekly.com/ink/01/01/offbeat.php).

[4] "真相"与"想一想，别吸烟"两个广告系列的比较研究出自 Matthew C. Farrelly, et al, "Getting to the Truth: Evaluating National Tobacco Countermarketing Campaigns," *American Journal of Public Health* 92 (2002), 901–907.

[5] 自从巴甫洛夫因条件反射研究而获得诺贝尔生理学或医学奖以来，这个原则就广为人知。罗伯特·西奥迪尼的书 Robert Cialdini's book *Influence: The Psychology of Persuasion* (New

York: Quill, 1993) 有一章专门写到关于联想力量的有趣讨论。西奥迪尼首先谈到气象员困境问题：一个多雨城市里的气象员总是收到大量攻击或恐吓信，因为观众总是把他本人和他所预报的天气状况混为一谈。西奥迪尼还提到有关“午餐技巧”的研究：人们总是比较容易支持吃午餐时初次听到的政见。西奥迪尼的这本书是有关影响力的经典研究，也是整个社会科学领域的杰出著作。

[6] “《罗生门》可以被看作……” 参见 C. Vognar, “Japanese Film Legend Kurosawa Dies at 88,” *Dallas Morning News*, September 7, 1998, 1A.

[7] 爱因斯坦有关人们对“相对论”一词用法的评论参见 David Bodanis, *$E=mc^2$: A Biography of the World's Most Famous Equation* (New York: Walker & Company, 2000). 引文摘自第 84 页和第 261 页。

[8] “研究在斯坦福大学与耶鲁大学展开” 参见 Chip Heath and Roger Gould, “Semantic Stretch in the Marketplace of Ideas,” working paper, Stanford University, 2005. 两位作者也在此文中指出，“好”这个形容词的极端同义词（例如：棒极了、不得了）的使用频率也在迅速上升，并且上升速度超过较不极端的同义词（例如：不错、挺好）。而“坏”字的极端同义词（例如：糟透了）也有类似现象。这要么就是语义夸张现象的结果，要么就是这个世界既变得更棒，也变得更糟了。

[9] “体育精神曾经是一个强有力的观念”参见 Jim Thompson, *The Double-Goal Coach: Positive Coaching Tools for Honoring the Game and Developing Winners in Sports and Life* (New York: HarperCollins, 2003). 此书第四章谈到“体育精神”问题以及“尊重比赛”的观念。

[10] 关于邮购广告的经典著作是 John Caples, *Tested Advertising Methods,* 5th ed., revised by Fred E. Hahn (Paramus, N.J.: Prentice Hall, 1997). 邮购广告通常格调不高，但是正如我们在正文中所说，邮购广告是广告商既可即时又可测地获得广告成效回馈的少数方式之一。这也就意味着，研究邮购广告背后的运作原理可以吸收到许多智慧结晶，因为毕竟有人已经测试过其中每一项的属性。

[11] “杰里·韦斯曼曾担任电视制作人”参见 Jerry Weissman, *Presenting to Win: The Art of Telling Your Story* (New York: Financial Times Prentice Hall, 2003). 引文出自第 18 页。

[12] “千万别说，人们可以高枕无忧”参见 Caples/Hahn, *Tested Advertising*, 133.

[13] 坦佩市的有线电视参见 W. Larry Gregory, Robert B. Cialdini, and Kathleen M. Carpenter, “Self-Relevant Scenarios as Mediators of Likelihood Estimates and Compliance: Does Imagining Make It So?” *Journal of Personality and Social Psychology* 43 (1982): 89–99.

[14]“1954 年，一个名叫亚伯拉罕·马斯洛的心理学家……”参见 Abraham Maslow, *Motivation and Personality* (New York: Harper, 1954).

[15] 请参考任何一本心理学入门书。每一本教科书作者都会在书中印一张马斯洛需求层次理论图，图的样子看起来很棒，然后他们接着会承认马斯洛理论中的层次结构部分并不完全正确。

[16] 关于奖金和新职位的研究出自 Chip Heath, “On the Social Psychology of Agency Relationships: Lay Theories of Motivation Overemphasize Extrinsic Rewards,” *Organizational Behavior and Human Decision Processes* 78 (1999): 25–62.

[17] 弗洛伊德·李的故事出自一篇精彩文章 Julian E. Barnes, “A Culinary Oasis,” *U.S. News & World Report*, December 6, 2004, 28.

[18] 爆米花机的故事出自 Caples/Hahn, *Tested Advertising*, 71.

[19]“当面对平权法案时……”参见 Donald Kinder, “Opinion and Action in the Realm of Politics,” in *Handbook of Social Psychology*, ed. Daniel T. Gilbert, Susan T. Fiske, and Gardner Lindzey, 4th ed. (London: Oxford University Press, 1988), 778–867. 大段引文摘自第 801 页。

[20] 詹姆斯·马奇的两种决策模式（结果衡量模式与身份认同模式）的讨论见于此书前两章 James G. March, *A Primer on*

Decision Making (New York: Free Press, 1994). 经济学分析尤其会假设一切决策行为皆基于结果衡量，因而会在某些身份认同因素也很关键的场合做出错误预测；“别把得州弄乱”宣传运动竟然没有用上乱丢垃圾罚款就能大获成功，必定让大多数经济学家跌破眼镜。

[21] 创意诊断“代数需求”的信息一出自 Joseph G. Rosenstein, Janet H. Caldwell, and Warren G. Crown, *New Jersey Mathematics Curriculum Framework* (New Jersey: New Jersey Department of Education, 1996).

[22] 迪安·舍曼的回答以及其他高中代数老师针对这一议题的讨论，参见网页 http://mathforum.org/t2t/thread.taco?thread=1739.

[23] “丹·赛雷克是美国首席研究员……” 参见 Seth Kantor, “Don’t Mess With Texas Campaign Scores Direct Hit with Ruffian Litterers,” *Austin American-Statesman*, August 4, 1989, A1.

[24] “我们管他叫布巴” 参见 Allyn Stone, “The Anti-Litter Campaign in Texas Worked Just Fine,” *San Francisco Chronicle*, November 28, 1988, A4.

[25] 达拉斯牛仔队球员的这一段影片出自 Robert Reinhold, “Texas Is Taking a Swat at Litterbugs,” *New York Times*, December 14, 1986.

[26] “这项宣传运动的信息是……” 参见 Marj Charlier, “Like Much

in Life, Roadside Refuse Is Seasonally Adjusted," *The Wall Street Journal*, August 3, 1989.

06 故事：促人起而行动

[1] 护士和深蓝色面容婴儿的故事出自 Gary Klein, *Sources of Power: How People Make Decisions* (Cambridge, Mass.: MIT Press, 1998), 178–179.

[2] 与前一章类似，本章也主要关注“故事”各种优点中的其中一条——激发行动。我们本来也可以讨论故事的其他优点——故事也能助人理解和记忆。故事很难讲得抽象，所以故事自然也继承了“具体”的全部优点。故事同时也是结合许多信息的“简单”（核心又精炼）方法。有关陪审团决策过程的研究显示，陪审员高度依赖故事来达成最终裁决。陪审员要面对大量事实，这些事实顺序经过打乱，中间常有大量漏洞，并且经过证人带有明显个人偏见的过滤。他们如何处理如此复杂的状况呢？研究结果发现，陪审员会很自然地构造出一个或多个故事来解释杂乱无章的信息，然后将自己的故事和控辩双方的故事相对比，从中选出最接近自己故事的那一个。南希·彭宁顿（Nancy Pennington）和里德·黑斯蒂（Reid Hastie）在一项相关研究中证明，判决结果很容易受陪审员是否容易构建出自己故事的影响，即使面对完全一致的信息时亦然。当辩方以故事顺序方式呈现证据而控方以非故

事顺序方式呈现证据时，仅有 31% 的陪审员投票判定被告人有罪；当控辩双方互换方式呈现完全一致的证据时，78% 的陪审员判定被告人有罪；当控辩双方都以故事顺序呈现证据时，陪审员对自己的判决感到最有自信，人们喜欢听到双方版本的故事，在脑中清楚看到所有证据，然后再下决定。参见 Nancy Pennington and Reid Hastie, "Explanation-based Decision Making: Effects of Memory Structure on Judgment," *Journal of Experimental Psychology: Learning, Memory & Cognition* 14 (1988): 521–533.

故事也能提升"可信"。梅拉妮·格林（Melanie Green）和蒂莫西·布罗克（Timothy Brock）研究指出，直接经验形成的看法比较有力量，故事能给我们真实体验的感觉。两位研究员发现，人如果被故事"洗了脑"——当人们感觉自己完全沉浸在心理模拟之中时，比较容易被故事说服。参见 Melanie C. Green and Timothy C. Brock, "The Role of Transportation in the Persuasiveness of Public Narratives," *Journal of Personality and Social Psychology* 79 (2000): 701–721.

[3] "新的 XER 主板配置……" 参见 Julian E. Orr, *Talking About Machines: An Ethnography of a Modern Job* (Ithaca, N.Y.: Cornell University Press, 1996). 引文出自第 137 页。

[4] 此项研究是数十项支持心理模拟重要性的研究之一。有关该领域研究的综述文章参见 Rolf A. Zwaan and Gabriel A.

Radvansky, "Situation Models in Language Comprehension and Memory," *Psychological Bulletin* 123 (1998): 162–185. 心理模拟不仅限于空间，还能模拟时间。在一个提到人们走进电影院的故事里，如果在故事进行 10 分钟后就提到"放映师"这个词，读者会比在故事进行 6 小时后才提到"放映师"更容易将之认出，即使两次提到"放映师"都位于距离电影院那部分故事仅有几个句子之隔。

[5] 关于"被动的读者"的最佳研究综述，参见 Richard Gerrig, *Experiencing Narrative Worlds: On the Psychological Activities of Reading* (New Haven, Conn.: Yale University Press, 1988). 理查德·格里格（Richard Gerrig）认为英国诗人塞缪尔·柯勒律治（Samuel Coleridge）将人欣赏故事的能力称为"搁置怀疑"是错误的，因为柯勒律治此语暗示人类默认心理状态是怀疑不信的。事实恰好相反。其实，人们很容易就会参与到故事中；反之要人持有怀疑态度去评价各种对象，在未经证实之前保持不信，才比较困难。阐明故事模拟力量的例子中，我们最喜欢的就是格里格的一项有关人们已知故事结局的研究。当人们沉浸在故事中时，会完全进入模拟状态，行为举止有如暂时忘记了已知结局。小心冰山啊，泰坦尼克号！

[6] 加州大学洛杉矶分校的研究参见 Inna D. Rivkin and Shelley E. Taylor, "The Effects of Mental Simulation on Coping with Controllable Stressful Events," *Personality and Social*

Psychology Bulletin 25 (1999): 1451–1462.

[7] 触碰皮肤、埃菲尔铁塔和柠檬汁等例子出自 Mark R. Dadds, Dana H. Bovbejerg, William H. Redd, and Tim R. H. Cutmore, "Imagery in Human Classical Conditioning," *Psychological Bulletin* 122 (1997): 89–103.

[8] "一项关于 35 个实验的报告"参见 James E. Driskell, Carolyn Copper, and Aidan Moran, "Does Mental Practice Enhance Performance?" *Journal of Applied Psychology* 79 (1994): 481–492.

[9] 创意诊断"问题学生"的信息一出自印第安纳大学与普渡大学印第安纳波利斯分校职业发展办公室所发的一份指导报告"Tips for Dealing with Student Problem Behaviors",参见 www.opd.iupui.edu/uploads/library/IDD/IDD6355.doc.

[10] 创意诊断"问题学生"的信息二起初由艾莉森·巴克曼发至此网页 http://research.umbc.edu/~korenman/wmst/disruptive_students2.html.

[11] "当福格尔选课时……"参见 Ryan Coleman, "Indiana U. Senior Gains New Perspective on Life," *Indiana Daily Student*, April 29, 1999.

[12] "当福格尔选课时……"摘自 David Kaplan, "A Losing Proposition: Jared Puts a Face to a Name for Subway Shops," *Houston Chronicle, January* 23, 2002, D1.

[13] 赛百味、斯乐斯基和奎兹诺斯的营业数据出自 Bob Sperber, "In Search of Fresh Ideas," *Brandweek*, October 15, 2001, M54.

[14] 关于罗丝 · 布卢姆金的描述出自沃伦 · 巴菲特 1983 年致股东的信件，参见 www.berkshirehathaway.com/letters/1983.html.

[15] 这些结论来自奇普在斯坦福大学所做的研究。在研究过一段时间的都市传说（这些故事经常专门制造恐惧、愤怒和厌恶等负面情感反应）之后，奇普想要知道有没有故事是因为激起正面情感而得以流传的。《心灵鸡汤》系列故事看来恰是合适的入手点。在研究三类故事情节出现概率的实验中，评判者只拿到分类系统，并不知道该项研究的假设理论。尽管各位评判者皆是独立完成评判的，但读过相同故事的评判者之间表现出高度一致的分类结果。

斯坦福大学的另一项研究结果表明，这三类故事情节是确保你的故事具有更高启发力的绝佳途径。首先，受试学生获指派一项任务，找出一个能启发班上其他同学的真实故事，不论是亲身经历的故事或者其他来源的故事均可。其次，其他同学来给这些故事的启发性（能否让人感到自豪、兴奋和坚决）逐一评分。结果显示，可归入三类故事情节之一的故事多半可排进前 50%，而排名位于前 10% 的故事中全部可归入这三类故事情节之中。

还有一项研究表明，每一类情节会驱动相应的特殊行为形式。受试者每天阅读一则经过挑选的故事，并且记录每一则故事的感受。挑战情节使人想设立更高目标，想接受新挑战，想工作更努力，想坚持更长久；联系情节使人想与他人合作，想伸手帮助他人，想对人更宽容；创造情节使人想做不一样的事，想创新，想实验新办法。因此，选对了故事，不仅能引导我们的行为方向，还能充满我们的心理电池，给予我们行动的能量。值得一提的是，这些情节都不会驱使“感觉良好”式行动。人们不会因此而想要去自我享受（如听轻音乐、看电视、吃大餐等）；相反，人们会想要出门工作，有所成就。因此，这些故事激发的是生产性行为而不是被动的自我投入行为。

[16] 大卫和歌利亚的故事出自《圣经 · 旧约》，撒母耳记上第 17 章。大卫后来成为以色列王国的第二代国王。

[17] 好撒马利亚人的故事出自《圣经 · 新约》，路加福音 10：25–37。

[18] “研磨机小组”的故事出自 Tom Peters, *Liberation Manage-ment* (New York: Knopf, 1992) 第六章。

[19] “世界银行的故事”本节主要依据是斯蒂芬 · 丹宁的两本杰作。第一本著作介绍的是讲故事在组织机构里的重要性：Stephen Denning, *The Springboard: How Storytelling Ignites Action in Knowledge-Era Organizations* (Boston: Butterworth-Heinemann, 2001)。有关故事在组织和组织文化中的角色，讨论这一议题的书籍已有数十本，但此书是其中的佼佼者，也

是各色商业书籍中的精彩作品。另外一本著作讨论的是跳板故事之外的其他故事情节：Stephen Denning, *The Leader's Guide to Storytelling: Mastering the Art and Discipline of Business Narrative* (San Francisco: Josey-Bass, 2005)。此处引文出自丹宁于 2005 年 6 月 9 日在 IDEO 公司的演讲。

[20] "这是一次非常奇怪的交谈……" 参见 Denning, *The Leader's Guide*, 63.

[21] "为什么不阐明这则信息……" 参见 Denning, *The Spring-board*, 80.

[22] "头脑中的小声音……" 参见 Denning, *The Leader's Guide*, 62.

[23] 这则失败的会议总结记录的故事出自 Klein, *Sources of Power,* 195–196.

结语：黏性如此产生

[1] 参见 Ralph Keyes, *Nice Guys Finish Seventh: False Phrases, Spurious Sayings and Familiar Misquotations* (New York: Harper Collins, 1992). 此书充满了有关谚语如何在传播过程中演进变化的各种有趣例子。